JN440916

MAILMAN

메 일 맨

This Korean edition was published by Woongjin Think Big Co., Ltd. in 2026
by arrangement with the original publisher, Simon & Schuster, LLC
through KCC(Korea Copyright Center Inc.), Seoul.

뉴욕의 컨설턴트에서
시골 우체부로,

길 위에서 찾은
인생의 진짜 목적지

메일맨

정혜윤
옮김

스티븐 스타링 그랜트
지음

웅진 지식하우스

일러두기

- 이 책은 국립국어원 표준국어대사전의 표기법을 따랐다.
- 용어의 원어는 첨자로 병기하였으며, 독자의 이해를 돕기 위한 옮긴이 주는 괄호에 '-옮긴이'로 표기하였다.
- 단행본은 겹낫표(『』)로, 논문·기사·단편·장절 등의 제목은 낫표(「」)로, 신문·잡지 등의 정기간행물은 겹화살괄호(《》)로, 영화·음악·방송 등의 제목은 홑화살괄호(〈〉)로 표기하였다.

얼리샤에게,

그리고 우리의 모든 종잡을 수 없는 꿈과 계획을 위해

들어가며

이 책은 회고록이다. 즉 과거를 회상하며 쓴 글이다.

이 이야기에 등장하는 사건과 인물은 전부 나의 기억을 최대한 되살려 쓴 것이다. 하지만 그들 중 누구도 곤경에 처하는 것을 원하지 않기에 일부는 이름을 바꾸었다. 이 이야기는 모두 나의 기억이고 나의 생각일 뿐, 나는 미국 우정국의 대변인이 아니며 이 글 또한 조직을 대표하는 어떤 이의 검토도 받은 적이 없다. 그렇기에 나는 전혀 공식적인 차원에서 그들을 대변할 수 없으며 그렇게 하지도 않았음을 밝힌다. 나는 미국 우정국 조직의 가장 아래에 속하는 농촌 지역 우편배달 보조원이었기에, 나의 관점에는 어쩔 수 없는 한계가 있음을 부디 양해해주기 바란다.

우편물 배달이라는 임무를 수행하기 위해 최선을 다해 일했다. 규칙에서 벗어난 상황에서는 늘 그 일과 내가 한 서약의 정신에 부합한다고 믿는 바대로 행동했다. 우편배달부로서 힘이 닿는 한 모든 편지와 서류, 소포를 배달하기 위해 날마다 애썼다. 나의 임무는 우편물의 존엄과 안전을 지키고, 내가 맡은 구역의 시민들에게 보편적인 서비스를 제공하는 일이었고, 나는 내가 가진 능력과 판단력을 최대한 동원하여 그 일에 임했다.

불완전한 기억과 편견, 뒤틀린 성격, 기억을 그럴듯한 이야기로 엮어내려는 작가적 본능, 스타링 집안 쪽에서 물려받은 적당한 허풍기를 가진 내가 이 책에서 하려는 것도 바로 그것이다. 버지니아주 블랙스버그Blacksburg에서 우편배달부로 지낸 시절에 관해 혼신을 다해 전하는 일 말이다.

운송 과정에서 내용물이 다소 줄어든 것처럼 보일 수 있음을 양지하시기 바란다.

차례

프롤로그

여러분의 세금이 이렇게 쓰이고 있습니다

나는 2001년식 포드 익스플로러의 오른쪽 조수석에 앉아 '주 도로 관리 구간 종료' 표지판을 지나 골짜기를 뚫고 먼지 풀풀 날리는 흙길 위를 미친 듯이 달리고 있다. 왼다리는 페달을 밟기 쉽도록 뜯어낸 콘솔 자리를 가로질러 쭉 뻗고, 왼팔은 살짝 헛돌 정도로 헐거운 운전대에 원숭이처럼 척 걸친 자세로. 파워스티어링 오일이 조금씩 새는 탓에 마치 공업 아로마테라피라도 받는 느낌이다. 골짜기의 북쪽 사면인 이곳은 영원히 그늘진 땅이다. 나무는 전부 작달막한 소나무이고, 도로는 뻗은 손끝으로 솔잎을 쓸며 달릴 수 있을 정도로 좁다.

이건 특수 제작된 차량이 아니다. 내가 몰고 있는 이 차는 그저 최소한의 사양만을 갖춘 공장 기본형 좌핸들 모델이다. 하지만 시골길에서 우편물을 나르기엔 이 익스플로러만 한 차가 없다. "포드는 강하다." 이 녹슨 짐승이 디트로이트의 공학자들이 애초에 계획한 것보다 훨씬 오래 살아남은 것은 녀석에겐 영혼이, 메이드 인 아메리카의 마법이 스며들어 있기 때문이다. 녀석이 켄터키주 루이스빌의 조립 라인을 떠난 지 19년이란 거친 세월을 지나면서도 여전히 살아 숨 쉬는 마법 말이다.

나는 지금 바퀴의 마찰력이 0에 가깝도록 이 고철덩어리의 운전대를 켄터키식 조준법(무기의 조준을 일부러 표적의 한쪽 끝에 맞추어 바람이나 중력 등의 영향을 조절하는 방법-옮긴이)으로 미세하게 조종하며 전속력으로 페달을 밟고 있다. 왜냐하면 지금 일정이 밀린 데다 구글님이 다음 배송지로 가는 길이라고 알려준 이 길은 거의 90킬로미터에 달하기 때문이다. 나는 구글님이 무슨 사탄의 애인이라도 되는 양 나를 지옥문으로 이끈다 하더라도 그녀의 목소리를 따를 것이다. 그건 내가 여름 내내 그 목소리나 강, 하늘을 가로질러 움직이는 해를 따라다녔기 때문이고, 그건 시간이 멈춘 듯한 이 황야에서 따라갈 무언가가 없으면 길을 잃고 말기 때문이다. 공간적인 차원을 말하는 게 아니다. 지리적으로는 내가 어디에 있는지 정확히 안다. 여기는 내가 자란 곳이다. 활엽수림이 우거진 퇴적층의 블루리지Blue Ridge 산맥, 애팔래치아Appalachia의 심장부, 내가 고향이라 여겼던 곳이다. 이곳에서 나는 영혼이 길을 잃은 듯한 느낌에 시달리고 있다. 내가 지금 뭘 하고 있는 건지 알 수가 없다. 나이 쉰에 고향으로 돌아와 우편물을 배달하고 있는 현실을 마주하노라니 정신이 아득해진다. 팬데믹 시기에 말단 공무원이 되어 우편물을 배달하고 있으려니 시골도 이 나라 자체도 낯설고 멀게만 느껴진다. 그러나 이곳 개별 분류함에서는 시간이 다르게 흐른다. 한정된 편지와 소포를 납작하게 만들어 몇 시간, 몇 달, 몇 해에 걸쳐 길게 펼쳐놓기에, 시간은 점점 엷어지고 또 엷어지다가 마침내 미적분 문제처럼 0에 수렴하게 된다. 혹은 우리 할머니의 말대로 "빵은 너무 많은데 버터가 모자라는 상황"이 된다. 지금 몇 시지? 오늘이 무슨 요일이지? 소포를 배달할 시간이군. 이제 내게 중요한 시간은 그것뿐이다. 그리고 오늘, 나에겐 배달할 물건이 하나 있다. 아침에 우체국을 나설 때부터 계속 기다려온 배달이다.

내 뒤에는 길이 1미터, 폭 15센티미터 정도 크기의 길쭉한 종이 상자 하나가 실려 있다. 반송 주소가 "아칸소 리틀록, 무사시 카타나"라고 박힌. 어릴 때 구로사와 영화를 수도 없이 본 내가 어떻게 그 뜻을 모를 수가 있겠는가. 상자 속엔 빌어먹을 검이 들어 있는 것이다. 그리고 미 우정국의 이상한 자매들이 그걸 배달하라고 나를 여기로 보낸 것이다.

흙길 진입로 끝 공터에 작은 데크가 딸린 단일형 트레일러 하우스가 있었다. 나는 차에서 내려 웨스트민스터 사원의 여왕에게 칼을 바치는 사람처럼 양손으로 상자를 받쳐 들고 트레일러를 향해 걸었다.

유리로 된 미닫이 현관문 너머로 거실이 보였다. 뒤쪽 침실과 연결된 복도를 침범할 정도로 큼직한 텔레비전이 거실을 완전히 점령하고 있었다. 그 사이를 지나가려면 분명 하루에 열 번은 두 팔을 머리 위로 올리고 게처럼 옆으로 걸어야 했을 텐데, 이는 TV 화질을 위해서라면 사람들이 얼마나 기꺼이 그 대가를 치르는지에 대해 많은 것을 말해주는 모습이었다. 타협이 일상인 세상사일지라도 어떤 것들은 절대 놓지 않는 법이다.

남자가 미닫이문을 활짝 열고 뛰쳐나왔다. 그는 호리호리한 몸에 헐렁한 파란색 티셔츠와 반바지, 쪼리 차림을 하고 까마귀처럼 새까만 머리카락을 치렁치렁 내려뜨린 모습이었다. 허리춤엔 가죽집에 넣은 벅 접이식 칼을 차고 있었다. 아침에 벨트와 칼을 차지 않고는 어쩐지 옷을 입다 만 듯한 기분이 드는 꼭 나 같은 사람인 것이다. 내가 들고 있는 상자를 보고 그가 멈춰 섰다.

"와 씨."

때로는 자신보다 더 큰 힘에 의해 무언가를 하도록 어딘가에 떨궈진 기분이 들 때가 있다.

"이야, 이거 고객님 검인 것 같은데요." 내가 나도 모르게 씩 웃자 그도 슬며시 따라 웃었다.

"와 씨!"

"뭐가 들었어요? 카타나? 노다시?" 내가 물었다.

그는 나를 인정하는 듯한 눈빛으로 바라보더니 진지한 말투로 말했다.

"일본이 아니라 유럽 쪽이에요. 양손검. 두 번째 팬데믹 지원금을 받자마자 드디어 내가 녀석을 갖는구나 했죠. 같이 볼래요?"

그는 내 품에 안겨 있던 상자를 집어 들더니 무슨 잠든 아이라도 되는 양 조심조심 풀밭에 내려놓았다.

당신은 누군가 오랫동안 바라던 것을 마침내 손에 넣는 순간에 그 자리에 있어본 적이 있는가? 기억이 닿는 한 줄곧 원해왔던 것이, 쓸모는 없을지라도 신화적인 힘이 장착된 무엇이, 오랫동안 마음속으로만 품고 다니던 관념이 1미터짜리 단련된 강철이라는 실체로 떡하니 눈앞에 나타나는 순간에?

그는 번개처럼 주머니칼을 꺼내 포장 테이프를 잘랐다. 이어서 안에 든 얇은 스티로폼을 꺼내자 검정 가죽집에 꽂힌 양손검이 두꺼운 종이 받침대 위에 얌전히 놓여 있었다. 그가 오른손으로 손잡이를, 왼손으로 칼집을 잡고 단번에 칼날을 쓱 뽑아 들자 마치 누군가 음향 효과라도 입힌 것처럼 오후 햇살에 비쳐 은빛으로 빛나는 칼날이 노래하듯 챙 울렸다.

"우! 그래! 이건 안두릴(J. R. R. 톨킨의 『반지의 제왕』에서 검은 왕족의 상징이자 아라곤이 사용한 검-옮긴이)이다. 서녘의 불꽃!"

"리븐델의 엘프들이 나르실의 파편으로 다시 벼려낸 칼."

우리는 서로를 바라봤다.

"그래, 친구. 사우론을 베었던 바로 그 검이지."

그 순간은 내가 모르는 사람과 나눈 가장 친밀한 순간 중 하나였다. 우리는 블루리지 산맥의 깊은 골짜기에 있는 것도, 버지니아 블랙스버그 지역 우체국의 가장 긴 시골길 구역 한가운데서 망연자실해 있는 것도 아니었다. 우리는 신화의 한가운데 있었다. 위대한 행위와 용감한 말, 올바른 손이 쥔 올바른 칼이 망가진 세상을 다시 온전하게 만들 수 있도록 창조된 꿈의 세계에 있었다. 솔직히 내 세금이 이보다 더 잘 쓰인 경우는 여태 본 적이 없다.

✦

2020년은 버지니아 시골에서 연방정부를 위해 일하기에 참으로 이상한 시절이었다. 내가 사는 곳은 절박한 마음으로 구한 일이 예측 불허에다 공포스럽고, 혼란스럽고, 모욕적이며, 무력감을 주고, 위험하면서도 교훈을 주고, 때로는 국가적 위기에 동료 시민을 상대하는 초월적인 경험을 할 수도 있는 곳이었다. 어떤 날엔 마치 내가 공익광고의 일부인 양 느껴지기도 했다. 그저 제때, 옳은 장소에 우편물을 들고 나타나는 누군가가 있다는 사실이 시민들이 버려지지 않았다는, 도움이 오고 있다는 증거였다. 그리고 미국 정부라는 거대한 기관의 맨 끄트머리에서 약이나 사회보장연금 수표, 사랑하는 이의 편지를 들고 누군가의 마당에 서 있는 사람이 곧 나였다.

바로 그 시점에 나는 이 남자의 손에 검을 건네기 위해 그곳에 있었다. 봉쇄령이 내려지고 선거가 예측 불허의 접전 양상으로 치닫는가 하면, 반쯤은 폭동 같고 반쯤은 만화 코스프레 쇼 같은 국회의사당 습격 사건과 월가를 뒤흔든 개미들의 반란이 일어나고, 세균전과 러시아 정보 기관의 활동을 둘러싼 온갖 음모론이 난무하던 때에. 식료품점 매대가 텅텅 비고, 사람들이 낮술을 마시고, 마리화나와 섹스 토이가 문 앞까지 배달되는 시기였다. 이 모든 건 마치 뱀이 제 꼬리를 먹듯 정보를 확대 재생산하는 미디어 환경 속 마법적 사고와 공포의 장막 아래에서 벌어졌다. 알루미늄 트레일러 앞 잡초 투성이에 깨진 유리 조각이 널

브러진 잔디밭에서, 완벽한 타인과 내가 엘론드가 아라곤에게 '이제 그만 목적 없이 돌아다니는 방랑자의 삶을 내려놓고 자신에게 운명 지어진 진짜 자신이 되라'고 부르는 그 순간을 재연하고 있었다.

나도 안다. 우리 모두 어떤 목적의식을 가진 삶을 원한다는 것을. 그러므로 나 역시 내가 일종의 시민적 책임감으로 그곳에 있었다며 온갖 미사여구를 동원하여 자기합리화를 해댈 수 있다. 신의 손, 휘트먼식 민주주의를 향한 충동, 미국 시민으로서의 확고한 의지, 우체국장의 요구에 이끌려 이곳에 오게 되어 신성한 임무를 수행했다는 식으로 말이다. 그리고 이 모든 것이 사실이라고 진지한 얼굴로 말할 수 있다. 물론 우편물을 배달하며 보낸 나날 동안 비참한 기분을 느낀 적도 많았다고도 말할 수 있다. 때로는 육체적, 정신적 건강이 심각한 위험에 빠지기도 하고, 우리 중 가장 강한 사람도 쓰러뜨릴 만한 지루함과 거의 날마다 싸워야 했다. 하지만 내가 그런 인내심 경기 같은 면, 그 자발적 고난을 얄궂게도 얼마간 즐겼음을 인정하지 않는다면 거짓말일 것이다. 사실 시시때때로 우라지게 재밌었다. 매일 좋은 일을 하나씩 하던 보이스카우트 시절로 다시 돌아간 기분이었다. 그 경험은 여태 살아오며 맛본 미국적인 경험 중 가장 깊고 핵심적인 것이었다. 나의 영혼을 확장시킨 시간이었다.

이것은 내가 우편물보다 훨씬 많은 것을 짊어지고 있던 시절에 우편물을 실어 날랐던 일에 관한 이야기다. 시골 우편배달부로서 보낸 한 해가 어떻게 내 삶을 구하고, 내가 누구인지를 가르쳐주고, 더는 마음이 닿지 못했던 이 나라에 대해 깊이 나를 교육시켰는지에 관한 이야기다.

그해에 나는 다시 미국을 사랑하게 되었다. 미국을 걱정하고, 미국을 위해 기도했다. 우편을 배달하기 전엔 기도라는 걸 한 적이 별로 없었지만 말이다. 하지만 어쩌다 보니 중년의 나는 이곳, 내가 자란 고향에서 지금까지와는 다른 종류의 일을 하고, 다른 종류의 인간이 되어 있었다.

나는 물건을 나르는 사람이었다. 사탕이나 인공호흡기부터 개 사료, 윤활제, 토마토 씨앗, 자동차 튜닝 잡지, 수감된 삼촌이 쓴 절박한 편지, 과학 저널, 모형 기차 세트, 삽화가 들어간 어린이 성경, 멀어진 연인이 손수 그린 엽서까지 온갖 것들을 실어 날랐다. 내가 스스로에게 들려준 이야기는 이러했다. 나는 벤저민 프랭클린(1775년에 미국 우정국의 필요성을 제안하고 초대 우정장관이 되었다-옮긴이)까지 거슬러 올라가는 형제단의 일원이다. 말과 복엽기를 타고 다녔던 사나이들의 후예다. 나는 국기를 달고 다니는 정식 연방 공무원이다. 국가적 위기의 시기에 정부의 공식 대리인으로 임명된 자, 시민의 신뢰와 사랑을 받는 시민의 충복이다.

나는 죽여주는 우편배달부였다.

제1장

엿 같은 도시

나는 컨설팅 일을 하다가 잘렸다. 나의 팬데믹은 그렇게 시작되었다.

2020년 3월 초 노스캐롤라이나 샬럿Charlotte에서 뉴욕행 비행기를 타기 위해 서둘러 공항으로 가는 참이었다. 소호에 내가 일하는 에이전시의 본부가 있었다. '플랜 Z'는 작은 마케팅 자문 회사로, 스타트업이자 광고대행사이자 일종의 실험적 분산형 유령 지주회사였다. 그게 대체 무슨 말인지 모르겠다고? 그건 시장 역시 마찬가지였다.

나는 전략 담당 책임자였고, 그날은 새 고객과의 대형 프로젝트를 시작하는 일 때문에 뉴욕으로 가던 길이었다. 고객은 상대(기업, 외국 정부, 다른 부유한 사람들)가 해외에 감춰둔 돈을 부유한 사람들에게 되찾아주는 일을 전문으로 하는 다소 비밀스러운 법률 회사로, 최상위 부자들, 오직 최상위 부자들만이 일순위로 믿고 찾는 법률 회사가 되기 위한 마케팅 전략을 원했다.

웨스트버지니아의 블루리지 산맥에 자리한 작은 대학 도시 블랙스버그에서 뉴욕으로 당일에 날아가 회의에 참석하는 일도 가능은 했지만, 그건 말하자면 근대오종경기 비슷한 올림픽 경기나 다름없는 모험이었다. 컨설턴트 버전으로 하자면 픽업트럭, 전력질주, 비행기, 택시로 이루어진 경기 말이다. 로어노크Roanoke에서 샬럿행 첫 비행기를 타고 뉴욕의 라과디아LaGuardia 공항으로 가는 비행기로 무사히 환승할 수만 있다면, 춥고 안개 자욱한 깜깜한 애팔래치아에서 눈을 떠 늦은 아침까지 맨해튼 미드타운의 이름 모를 사무실 건물이 바라다보이는 유리벽 회의실에 앉아 있을 수도 있었다.

그러나 오늘 아침, 나의 근대오종경기는 중도에 취소되었다. 샬럿에 도착했을 때 회의가 무기한 연기됐다는 연락을 받은 것이다. 일이 중단된 것은 법률 회사가 '해치를 닫았기' 때문이다. '해치를 닫는다'는 말은 장갑차 같은 데 들어가 해치를 닫고 방어 태세에 돌입한다는 뜻의 군대 용어다. 그들은 공항 탑승구 직원이 말한 '바이러스인가 뭔가' 때문에 방어 모드로 돌입하는 중이었다. 직원은 말했다. "다들 발길을 돌려 집으로 돌아가는 중이에요."

몇 시간 뒤에 탑승할 돌아가는 비행기를 기다리는데 비즈니스 라운지가 거의 텅 비어 있는 게 눈에 들어왔다. 도서관처럼 고요했다. 마치 SF 영화의 첫 장면 속에 들어와 있는 것처럼 으스스한 느낌이었다. 문득 오싹한 전율이 느껴졌다. 내 전두엽이 미처 따라잡지 못한, 온몸으로 느껴지는 깊고 동물적인 감각. 다가올 한 해 동안 익숙해질 감각이었다. 흡사 발밑에서 땅이 움직이고, 타고 있던 기차가 선로를 바꾸어 평범한 세상에서 완전히 미쳐버린 세상으로 넘어가는 느낌이었다. 유행병 전문가나 국가 비상사태 담당자가 아니어도 알 수 있었다. 우리 모두가 새로운 곳, 아마도 나쁜 곳으로 가고 있음을.

그 순간 모두가 얼마나 두려워했는지 우리는 종종 잊곤 한다. 세계 각국 정부들이 제대로 대응할 수 있으리라 믿는 사람은 아무도 없었다. 그러기에 대기업들은 유일하게 합리적인 행동을 했다. 거북이처럼 등딱지 속에 머리를 쏙 집어넣고 숨어버린 것이다. 전 세계 기업 경영진들은 지출을 줄이고 현금 비중을 늘리며 대응책을 세워나갔다. 이는 예상 가능한 파급효과를 가져왔다. 수익률이 낮은 업종들, 내가 몸담고 있던 실험적 광고대행사만이 아니라 동네 식당이며 예술영화관이며 서점까지 모조리 질식당해 사망 선고를 받기에 이르렀다.

아직도 공항에서 집으로 돌아가는 비행기를 기다리고 있는데 상사에게서 전화가 걸려왔다. “스티븐, 우리 둘 다 성인이니까 굳이 길게 얘기 안 해도 되겠지.” 늘 그랬듯이 그는 이 일에도 신사이고 프로였다. 나는 몇 년간 그와 함께 일하는 즐거움을 누렸지만 이제 그 시간이 끝난 것이었다.

그날 새벽 4시까지만 해도 직장인이었던 나는 이제 더는 아니었다.

✦

샬럿 공항의 중앙홀은 평소 시끌벅적한 소음으로 달아올라 있어 90데시벨짜리 ADHD 고문실이라 해도 과언이 아닐 정도다. 하지만 그날 활주로가 내려다보이는 거대한 유리벽 앞, 그 공항 특유의 흰색 흔들의자에 앉아 있으려니 어찌나 조용한지 꼭 산속 외딴 오두막 앞에 앉아 있는 느낌이었다.

해고 소식을 아내 얼리샤에게 알려야 한단 걸 알았지만 굳이 전화로 그걸 알릴 필요가 있겠느냐는 생각이 들었다. 나는 이 사이의 시간, 내가 또다시 해고된 사실을 아는 사람이 가족 중 오직 나뿐인 이 순간을 잠깐이나마 음미하고 싶었다. 버거킹 카운터로 걸어가 와퍼와 어니언링을 사들고는 무빙워크 옆 나무 흔들의자에 앉아 몸을 까딱이며 천천히 씹어 먹었다. 예전부터 나는 새 일자리 면접을 잘 봤다 싶은 날엔 행운을 굳히기 위한 의식처럼 빅맥을 먹곤 했다. 또는 해고를 당한 날에 불운을 내쫓는 일종의 희생 제의처럼 그걸 먹었다. 하지만 그날따라 꾸역꾸역 와퍼를 먹고 있자니 그게 마치 내 운이 완전히 다했다는 우주적 신호처럼 느껴졌다.

팬데믹 이전 20여 년간 나의 직책은 여러 가지 이름으로 불렸다. 브랜드 전략가, 마케팅 컨설턴트, 소비자 심리학자 따위였는데, 그냥 사람들이 자신에 대해 더 나은 기분을 느끼도록 돕는 대신 기업이 사람들에게 물건을 파는 법에 대해 더 나은 기분을 느끼도록 돕는 그런 심리학자였다. 후기자본주의에서 우리는 이를 '수요 창출'이라 부른다. 그것은 널리 통용되지도 않고, 아주 좁은 맥락을 벗어나면 딱히 쓸모도 없는 기술 체계라 할 수 있었다.

나는 인증된 구체적인 기술이 있는 심장전문의도 배관공도 아니었다. 내 이름 앞에는 닥터나 교수 같은 존칭도 붙지 않았다. 대위나 소령 같은 계급도 마찬가지였다. 나는 전 세계 자본주의라는 기계가 매끄럽게 돌아가도록 만드는 윤활유 같은 존재였다. 기업 세계에서 가장 공공연한 비밀이 마케팅이라는 흑마술이 실제로 통한다는 사실이기 때문이다. 나는 전 세계에서 가장 큰 몇몇 기업의 전략가로서 '보통 사람들'이 어떻게 자본주의라는 버스를 계속 굴러가게 만드는지를 이해하도록 유리탑 속 사람들을 도왔다. 미국 기업들이 계속 활용하는 한 보수가 꽤 괜찮은 직업이었다. 하지만 마케팅은 기업 지출의 탄광 속 카나리아(위험의 전조-옮긴이)로도 악명이 높다. 불과 몇 년 전에도 내가 다니던 프루덴셜Prudential사의 구조 조정 때 내 행동경제학 연구실이 문을 닫았으니 말이다. 경제가 활황이던 시절인데도 새 일자리를 구하는 데 수 개월이 걸렸다. 중성자탄이라도 맞은 듯 텅 빈 공항의 흔들의자에 가만히 앉아 있으려니 이번엔 상황이 훨씬 심각하다는 자각이 밀려왔다. 새 마케팅 일자리를 얻는 것은 당분간 거의 불가능에 가까운 일일 터였다. 적어도 확실한 건 내 건강보험이 만료되는 몇 주 안에는 절대 불가능하리라는 사실이었다.

그건 큰 문제였다. 나는 암에 걸렸기 때문이다.

암 진단을 받은 지는 고작 몇 달밖에 되지 않았다. 나의 아버지도 전립선암을 이겨냈고, 리치 삼촌도 그랬다. 그래서 솔직히 큰 걱정은 하지 않았다. 적어도 그렇게 스스로를 다독였다. 내 비뇨기과 의사는 암세포가 아직 전립선 내부에만 있다고 했고, 조직검사에서 발견된 조직들은 MRI로는 잡히지 않을 만큼 작은 크기였다. 암의 공격성과 위험도를 분류하는 글리슨 점수Gleason value도 낮은 편이었다. 요컨대 내 암은 암치고는 가장 순한 종류였다. 하지만 그렇게 관리 혹은 치유 가능하다고 여겼던 병이 이제 존재론의 문제로 변한 터였다. 나를 죽일 수도 있는 병을 앓고 있다는 걸 뻔히 알면서도 병원에 가지 못하는 미국인들 중 하나가 될 참이었으니 말이다. 세상은 이상한 방향으로 흘러가고 있었다. 그리고 나는 고환에 생물학적 시한폭탄을 매단 채 휑한 공항의 흔들의자에 앉아 와퍼를 우물우물 씹고 있었다.

나는 한 여자의 남편이자 두 10대 딸의 아버지였고, 블랙스버그의 브러시마운틴Brush Mountain 위 우리의 현대식 저택에 사는 모두가 나에게 의지해 중산층의 삶을 유지하고 있었다. 나는 차마 그 감수성 풍부한 예술가와 몽상가들에게 지금 우리의 처지가 얼마나 위태로워졌는지 깨닫게 하고 싶지 않았다. 저 브러시마운틴 위, 벽면마다 그림이 걸려 있고 서재엔 피아노가 놓인 우리의 유리벽 집은 가족들이 그 안에서 그림을 그리고, 음악을 연주하고, 공부를 하고, 글을 쓰는 하나의 거품과도 같은 공간이었다. 그들이 감정을 느끼는 공간이었다. 일기를 쓰고, 스웨터를 짜고, 요리를 해 먹는 아늑한 장소였다. 하지만 나는 지금 내가 어디에 있는지 잘 알았고, 분명히 그 아늑한 장소는 아니었다.

아버지는 그걸 이렇게 불렀다. 엿 같은 도시.

엿 같은 도시는 내가 가야 할 곳과 실제로 내가 있는 곳 사이에 있는 공간이다. 사이 직업. 무슨 일이 일어나고 있는지 아는 것과 아무것도 모르는 것 사이. 어찌어찌 커리어를 갖게 되고 그런 모습의 나—그게 뭐든 '진짜 나'가 아니라 내가 받아들여 살아갈 수 있었던 모습의 나—에게 익숙해져버린 지금, 문득 묻지 않을 수 없다. 내가 이 일을 하지 않는다면 나는 누구인가? (나의 조급한 생각은 기다렸다는 듯이 대답한다. "너는 실직한 낙오자야. 그게 너야.") 그러다 불현듯 이제 세상이 완전히 미쳐 돌아갈 것이라는, 이전의 질서는 단지 합의된 환상, 인위적으로 만든 허접한 규범들의 묶음에 불과하다는 철석같은 확신이 찾아왔다. 어차피 '진짜 세상'은 놀이터에서 하는 게임처럼 작위적이었다. 후기자본주의란 본래 하나의 게임, 내 장난감들을 챙겨 그만 집으로 돌아가라는 말을 들을 때까진 나도 꽤 잘했던 게임이니까. 그래, 맞다. 지금은 뷰카VUCA(volatile, uncertain, complex, ambiguous의 약자-옮긴이) 시대지. 불안정하고, 불확실하며, 복잡하고, 모호한 시대. 하지만 소비자 태도에 관한 파워포인트 프레젠테이션에서 그 말을 사용하는 것과 그걸 뼛속 깊이 느끼는 건 완전히 다른 이야기다.

이제 세상 전체가 엿 같은 도시였다.

대체 나는 어쩌란 말인가?

제2장

제 발로 떠난 고향으로 돌아오다

미 우정국이 볼 때 블랙스버그는 그저 우편번호 24060에 불과하다. 유니버시티 대로에 중앙 우체국이 있고 시내의 메인 스트리트와 맥코이에 지점이 있는. 내가 어렸을 땐 시내 지점밖에 없었다. 뉴딜 정책의 일환으로 1935년에 세워진 단출하면서도 위풍당당한 벽돌 건물로, 아치 모양의 높은 창들이 식민지 시대 윌리엄스버그의 건축물들을 떠올리게 하는 곳이었다. 우편번호는 총 31개의 배달 노선으로 구성되어 있으며, 주택부터 아파트, 상점, 실험실, 학교, 병원, 교회, 박제사, 농장, 기계 공장, 채석장, 컨트리클럽, 활주로 길이 1.7킬로미터짜리 공항까지 총 2만 3645개의 주소를 아우른다. 공항 활주로는 현재 737 비행기가 이착륙할 수 있을 만큼 길이를 확장 중인데, 이는 풋볼팀이 로어노크까지 45분을 달려가지 않도록 하기 위해서다. 호키 풋볼팀은 남서부 버지니아주의 종교이니까.

2011년에 내가 고향으로 돌아온 사실을 링크드인에서 본 고등학교 동창들은 하나같이 똑같은 문자 메시지를 보냈다. "진짜 직장 생활을 블랙스버그에서 하게 되다니! 완전 꿈같은 일이네." 확실히 거기엔 어딘가 꿈같은 면이 있었다. 대도시로 대학을 가 영영 돌아오지 않는 흔한 교수 자녀의 이야기에서 벗어난 일이었으니 말이다. 하지만 나 역시 떠나는 게 늘 꿈이었더랬다. 노스캐롤라이나로 대학을 갔고, 졸업 후엔 로스앤젤레스, 런던, 뉴욕으로 옮겨 다니며 살았다. 고향과 나 사이에 북아메리카의 광활한 땅이, 그리고 어쩌면 대양까지 가로놓여 있는 게 좋았다. 그러다 마흔쯤 되자 그 산들이 그리워지기 시작했다.

✦

블랙스버그는 흔히 '애팔래치아의 케임브리지'라 불린다. 인구 4만 4000명 중 2만 5000명 이상이 학생인 대학 도시이기 때문이다. 말하자면 기업 도시로, 그 기업은 바로 버지니아 폴리테크닉 주립대학교Virginia Polytechnic Institute and State University이지만 아무도 그렇게 부르지 않는다. 모두가 그냥 버지니아텍이라고 부른다. 그 마스코트가 '호키', 야생 칠면조다. 고등기술을 교육받은 노동력이 주산물인 최상위 연구 중심 대학이자 스탠퍼드나 MIT와 어깨를 나란히 하는 과학기술의 최강자. 작은 마을에 자리한 이 거대한 대학은 웨스트버지니아주 경계까지 차로 40분 거리인 버지니아주 남서쪽 끝 모퉁이, 워싱턴 DC와 리치먼드에서 멀찌감치 떨어진, 말하자면 세상에서 뚝 떨어진 외딴곳에 자리 잡고 있다.

하지만 산만은 달랐다. 한낮의 햇살엔 눈부신 활엽수의 초록 빛깔로 일렁였다가 해 질 녘이면 보랏빛이 감도는 푸른색으로 변신하는 산. 이 산맥은 동부 해안을 따라 뻗은 미국의 척추 애팔래치아다. 우리 동네의 지질학적 특징은 능선과 골짜기다. 석회암이 층층이 쌓인 비옥한 골짜기와 사암이 기암괴석의 절경을 이룬 산마루. 나무숲 사이로 난 산길을 걷다 보면 어느새 발밑이 모래사장처럼 변한 것을 발견하곤 한다. 3억 년 전엔 그 꼭대기가 진짜 바닷가 모래사장이었기 때문이다. 뾰족한 봉우리는 없지만, 완만한 능선이 여러 카운티를 아우르며 길게 뻗어 가다가 간간이 작은 언덕과 오목한 고갯마루가 끼어들어 재미를 더한다. 블랙스버그는 사방이 이런 지형에 둘러싸여 있다. 지금껏 알프스도 보고 시에라네바다, 로키, 추가치, 상그레드크리스토도 직접 봤지만 내겐 버지니아의 애팔래치아야말로 세상에서 가장 아름다운 산이다. 사실 이 산은 나이가 아주 많다. 약 5억 년 전, 지구가 젊고 격동적이었던 시절에 최초로 태어난 산들 중 하나로, 긴 세월 비바람과 뜨거운 햇살에 닳고 닳아 지금은 고요함만이 남았다. 잠시 귀 기울일 수만 있다면 누구나 그 평화를 느낄 수 있다.

블랙스버그는 산을 낀 도시의 분위기가 그대로 느껴지는 곳이다. 차를 타고 20분만 가면 낚시꾼들의 인기 휴가지에서 플라이 낚시를 즐길 수 있다. 플리스 재킷과 부츠 차림으로 출근해도 아무도 신경 쓰지 않는다. 모두가 딱 그렇게 입고 다니니 말이다. 날씨도 사계절 내내 대체로 온화한 전형적인 산악지대 날씨다. 남부치곤 여름은 시원하고, 겨울은 뼈가 시리도록 추울 때도 있지만 내가 눈보라를 경험한 건 이미 꽤 오래전 어릴적의 일이다.

나는 늘 스스로를 블랙스버그의 아들이라 생각해왔다. 여덟 살 때부터 늘 그랬듯 아직도 주머니칼을 가지고 다니고, 기회만 있으면 사무실에 출근하는 사람보단 낚시하러 가는 사람처럼 입고 싶어 한다. 하지만 나는 이곳 출신이 아니다. 이곳에서 태어나지 않았다. 나는 내 어머니의 가족이 살았던 루이지애나의 뉴올리언스에서 태어났다. 의공학자인 아버지가 태어나 자란 웨스트버지니아는 그랜트 가문이 1780년에 스코틀랜드에서 이주해 와 유리창을 만들며 살아온 곳이다. 아버지는 자진해서 루이지애나로 탈출하여 미국 화학 산업의 핵심 기업인 유니언 카바이드Union Carbide사의 아민(암모니아의 수소 원자를 탄화수소기로 치환한 형태의 화합물-옮긴이) 제조 공장을 세우는 일에 관여했다. 그 후 툴레인에서 의과대학을 졸업하고 듀폰DuPont사에서 일하다가 버지니아텍 교수가 되어 모든 공학의 근본을 이루는 물리학인 정역학과 동역학을 가르쳤다. 가르치는 일도, 산으로 돌아오는 일도 아버지의 오랜 꿈이었다. 스스로 인정하고 나니 그것이 나의 꿈이기도 함을 깨달았다. 처음엔 나 자신도 놀라지 않을 수 없었다. 젊었을 땐 이곳을 벗어났다는 사실이 그저 감사하게만 느껴졌기 때문이다. 하지만 나 역시 250년이란 세월을 이 산속에서 살아온 그랜트 가문의 후손일진대, 왜 고향을 그리워하지 않겠는가?

✦

어릴 때 우리는 블랙스버그를 버지니아 연방의 최서단 전초기지로 여기도록, 산맥의 동쪽 끝자락에 문명을 전파한 주인공으로서 자부심을 가지도록 배웠다. 버지니아주에 대해서도 마찬가지였다. '최초의 식민지', '대통령들의 어머니' 그리고 프리무스 인테르 파레스Primus Inter Pares('동등한 가운데 첫 번째'를 의미하는 라틴어 문구-옮긴이), 즉 미국 최초의 열세 주 중 으뜸이라는 자부심을 가지라고 배웠다. 토머스 제퍼슨이 '교만의 산'이라 부른, 버지니아 사람들의 이런 자기인식은 그로부터 400년이 지난 지금까지도 여전히 강하게 남아 있어 노스캐롤라이나 출신인 내 아내를 미치게 만든다. 하지만 나처럼 내 딸들도 연방 깃발 속에 가슴을 드러낸 아마존 여인의 젖을 먹고 자랐다.

블랙스버그는 역사나 비극에서 자유로운 곳이 아니다. 그곳에도 복잡다단한 인간 역사의 지층이 켜켜이 쌓여 있다. 대학 캠퍼스는 한때 남부연합 의회 의원 윌리엄 프레스턴William Preston의 소유지였던 땅에 세워졌고, 그 안에는 두 건의 학살 사건을 추모하는 기념비 두 개가 500미터라는 공간, 252년이라는 시간의 거리를 두고 세워져 있다. 하나는 쇼니Shawnee 인디언의 습격 사건,

다른 하나는 버지니아텍 총기난사 사건을 기리는 비다. 그러나 내가 돌아가고 싶은 내 기억 속 블랙스버그는 노먼 록웰Norman Rockwell(미국 중산층의 생활을 친근하고 인상적으로 묘사한 작품들로 유명한 20세기 미국 화가-옮긴이)의 마을 같은 곳이다. 약국과 극장, 아케이드와 야외용품점, 시청, 치과와 병원이 있는 전형적인 미국 메인 스트리트를 구현한 모형 철도 세트 같은 마을이다. '시내'에는 아케이드 세 곳, 도넛 가게, 중고서점이 있었다. 나는 자전거를 타거나 히치하이킹을 해서 산을 내려가 그곳에서 친구들과 하루를 보냈다. 수업을 마치면 블랙스버그 중학교에서 버지니아텍의 뉴먼 도서관까지 숙제를 하러 걸어갔지만 대부분은 거기서 그냥 아무 책이나 집어 들고 읽거나 시청각실에서 비디오를 보며 시간을 보냈다. 그러다 노리스홀에 있는 아버지의 연구실로 걸어가 아버지의 차를 타고 산으로 돌아왔다.

나는 내 딸 마틸다와 워커에게도 그런 어린 시절을 갖게 해주고 싶었다. 얼리샤와 나는 브루클린 포트그린의 우리 아파트 부엌 식탁에 앉아 이야기를 나눴다. 당시 내가 돈을 번 이래로 가장 수입이 많은 상황이었지만, 그럼에도 뉴욕시에서 집을 사기엔 턱없이 부족했다. 하지만 블랙스버그로 이사하면 충분히 가능했다. 블랙스버그에서는 돈의 가치가 훨씬 컸고, 차를 사서 식료품점까지 운전해 갈 수 있었다. 당시 다섯 살, 세 살이던 우리 아이들이 숲과 마당에서 뛰놀며 국내 최고의 공립학교에 다닐 수 있었다. 또한 블랙스버그는 버지니아에서 가장 '경제적으로 평등한' 도시로 평가받았다. 부자들도 너무 부자가 아니었다.

진짜 부자라면 애초에 다른 곳에 살았을 것이기 때문이다. 가난한 이들도 너무 가난하지 않았다. 외지에서 유입된 자본 덕분에 버지니아텍 연구 단지, 첨단 제조업 공단 등의 좋은 일자리가 넘쳐났기 때문이다. 블랙스버그는 미국에 남은 가장 중산층다운 도시였고, 우리는 아이들에게 더 공정한 나라가 어떤 모습인지를 보여주고 싶었다.

게다가 부모님이 여전히 그 도시에 살고 계셨다. 그러므로 내 딸들이 자신들의 할머니 할아버지를 제대로 알 수 있는 기회이기도 했다. 나의 할머니는 내가 고등학교 졸업반이던 해에 세상을 떠나실 때까지 우리와 함께 사셨고, 할머니의 사랑은 내 삶의 반석이 되었다. 한번씩 할머니는 뜬금없이 말씀하시곤 했다. "스티븐, 너는 참 좋은 아이야. 할머니는 너를 정말 사랑한단다." 그런 솔직하고 무조건적인 사랑이 없었다면 나는 분명 지금보다 훨씬 딱딱하고 차가운 사람이 됐을 것이다. 그러기에 내 딸들에게도 그런 사랑을 물려주고 싶었다.

✦

우리가 블랙스버그로 돌아왔을 때 사람들은 "어느 학과에 계세요?"라고 묻곤 했다. "무슨 일을 하세요?"가 아니고 말이다. 그래서 재택근무가 흔해지기 전부터 나는 그 방식으로 일하는 마케팅 컨설턴트라고 설명하는 게 일이었다. 하지만 나중엔 나도 경영대학에서 소비자행동론을 가르쳤다. 아버지와 나란히 강단에 서는 건 학부 때부터 꿈꾸던 일이었기에 나는 아버지에게 우리 둘 다 버지니아텍 교수라니 얼마나 신기한 일이냐고 이야기했다. 하지만 아버지는 별 감흥이 없으신 듯했다. "나는 정역학을 가르치는 명예교수고, 너는 그냥 겸임교수잖니. 진짜 교수도 아닌데 뭘."

어머니는 미생물학자였다. 나는 삼 형제 중 맏이인데, 어머니의 이론에 따르면 나와 데이비드가 '이상한' 이유는 자궁 환경의 근원이 뉴올리언스 수돗물이어서였다. 어머니는 말했다. "뉴올리언스는 모든 게 흘러내려오는 곳이야. 나라의 배수구 같은 곳이지. 그 강에 버려진 온갖 게 다 결국 우리 수돗물에 들어가. 거기에다 불소까지 집어넣고." 어머니는 수돗물 수질 검사 일을 했기 때문에 사람들이 생각하는 것보다 훨씬 자주 이 이야기를 했다.

막내 존은 다른 범주로 분류되었다. 존의 자궁 환경은 아버지가 듀폰 연구원 시절에 살았던 코네티컷의 지하수로 구성되었다. 마지막 빙하기 때 석회암 대수층(지하수를 품고 있는 지층-옮긴이)에 고여 형성된 엄청나게 맑은 물이었다. 데이비드와 나는 붉은 머리에 다혈질인 반면, 키 198센티미터의 존은 더 차분한 성격에 지난 20여 년간 비영리 단체에서 일해왔다.

그것이 귀향의 현실이 환상과 다른 한 가지 이유였다. 물론 부모님은 훌륭한 할아버지 할머니였다. 내가 어릴 때는 좀처럼 보여주지 않았던 인내심과 애정, 유쾌함을 내 딸들에겐 아낌없이 쏟아냈다. 아버지는 망가진 장난감을 고쳐주고 마당에 들어

온 사슴과 장난스레 대화했고, 어머니는 아이들에게 날마다 아침을 차려주고 맥도날드에도 몰래 데려갔다. 하지만 애팔래치아의 계곡과 능선 한가운데 숨은 큰 수수께끼, 아버지와의 거리를 좁힐 수 있을지 모른다는 나의 기대는 어떻게 되었던가? 어머니와 내가 서로에 대해 새로운 이해에 도달할지도 모른다는 기대는? 아니다. 사실 그런 생각은 애초에 의식적으로 한 적조차 없었다.

25년이란 세월은 블랙스버그도 바꿔놓았다. 뉴저지에서 여행 온 사람들 눈에는 여전히 그곳이 정겹게 보일 것이다. 아담한 벽돌집들, 말들이 자유로이 풀을 뜯는 목초지, 홀푸드Whole Foods(미국의 유기농 슈퍼마켓 체인점-옮긴이)도 트레이더조Trader Joe's도 없는 곳. 하지만 이제 시내의 상가와 주거지는 모두 부동산 큰손들에게 넘어가 개성 있는 식당들이 흔해빠진 술집과 샌드위치 가게로 바뀌었다. 그리고 거대한 학생 아파트 단지를 세우고 15년마다 한 번씩 허물면서 그때마다 점점 더 높이, 고속도로에 더 가까워지도록 다시 지었다. 이젠 지역 토박이들과 캠퍼스 사람들의 간극이 너무 커져 서로 완전히 다른 세계에 사는 것처럼 되어버렸다. 학교 이사회는 문화 전쟁의 격전지가 되었고, 트럼프가 당선된 2016년 이후에는 뜬금없이 남부연합기가 도처에 펄럭이는 광경이 펼쳐졌다. 어렸을 적엔 한 번도 본 적 없는 풍경이었다.

그래서 집을 사긴 했지만 사실 이곳을 집처럼 느끼지는 못했다. 산속으로 들어가는 일은 마치 오래된 부츠를 신는 일처럼 자연스러웠지만 마을에 정착하는 일은 달랐다. 익숙했던 곳이 너무도 낯선 곳이 되어 있었다. 하지만 블랙스버그에는 살아 있는 실험실이 있었으니 그곳은 바로 날마다 함께 살아가는 법을 실험하는 우리의 마음속이었다. 아무려나, 직장을 잃고 나서야 나는 그 실험실을 발견할 수 있었다.

제3장

종말의 우편배달부

평일, 주말, 공휴일에 농촌 지역의 지정된 구역에 우편물을 배달하고 수거하는 일을 수행한다. 근무일은 주 1일만 보장된다. 배정된 구역 고객들에게 다양한 서비스를 제공한다. 우체국 차량이 제공되지 않을 시 개인 차량을 이용해야 할 수도 있다. 농촌 지역 우편배달 보조원으로서 건강보험 혜택을 받을 자격이 주어지며, 향후 정규직으로 승진할 기회도 얻게 된다. 이 직무는 활동적이고, 실외에서 독립적으로 일하는 것을 선호하며, 간헐적인 고객 응대 업무를 원만히 수행할 수 있는 자에게 적합하다.

팬데믹 지원금을 받으려면 실업 수당을 신청해야 했다. 그래서 나는 매주 버지니아 고용위원회 웹사이트에 접속해서 재택근무라도 할 수 있는 일자리를 찾아 지원하여 수당을 받았다. 지원금은 우리 가족에게 큰 도움이 되었다. 어찌 보면 다행이었다. 찾아낸 일자리 대부분이 북부 버지니아에, 나머지는 리치먼드에 있었고 그중 하나라도 합격할 가능성은 티끌만큼도 없었기 때문이다. 게다가 거의 다 '환경 설정 매트릭스 관리자 3급' 같은 모호한 직책의 국방 산업 관련 일자리였다. 내가 사는 도시에는 아무것도 없었다. 오직 우편배달부 일뿐이었다. 그런데 그 일자리는 첫날부터 건강보험 혜택이 주어졌다.

급여는 눈물이 날 정도로 짰다. 그런 수준의 임금을 받은 건 20대 초반 이후 처음이었다. 하지만 다른 면들은 그럴 수 없이 완벽해 보였다. 건강보험이 제공됐고, 우정국의 예비군 같은 존재로서 일주일에 하루만 근무가 보장되었으므로 나머지 시간엔 더 나은 일자리를 찾을 수도 있었다. 게다가 나는 트럭도 있고, 기분 전환 삼아 실외에서 독립적으로 일하는 것도 대환영이었다. 케이브스프링Cave Spring은 로어노크에서 차로 40분 남짓의 거리에 있는 교외 지역이지만, 일주일에 딱 하루 일하는데 힘들면 얼마나 힘들겠나 싶었다.

인터넷의 문제는 충동과 행동의 거리를 너무 단축시킨다는 점이다. 충동 조절이 잘 안 되는 사람에겐 인터넷이 썩 좋은 문물이 아닐 수도 있다. 하지만 미처 그런 생각을 하기도 전에 나는 이미 미 우정국 웹사이트에서 이름과 주소 등의 이력서 비슷한 내용을 입력하고 있었고, 곧바로 적성 및 심리 테스트를 보게 된다는 안내를 받았다. 나중에야 안 사실이지만, 이것이 그 악명

높은 '미국 우정국 474 가상 입사 평가'였다. 레딧Reddit(미국의 가장 인기 있는 소셜 미디어 사이트 중 하나-옮긴이)의 미 우정국 커뮤니티 게시판에는 이 시험에 떨어졌다는 사람의 글이 수두룩했다. 그 이유를 알 것 같았다.

당신의 동료가 업무에 어려움을 겪고 있다. 당신은 상사가 즉시 끝내야 한다고 한 일을 처리하는 중이다. 동료는 화가 나 울고 있다. 이런 상황에서 당신은 어떻게 하겠는가?

A. 하던 일을 멈추고 동료를 돕는다.

B. 동료를 무시하고 하던 일을 계속한다.

C. 다른 동료를 불러 도움을 주게 하고 하던 일을 마저 한다.

D. 동료에게 상사를 찾아가 보라고 말한다.

나는 D를 골랐다.

당시에는 그 질문이 가상의 상황처럼 느껴졌지만 그게 아니었다. 우체국에는 정말로 울 일이 많았다.

얼리샤에게는 늘 블랙스버그와는 어울리지 않는 무언가가 있었다. 도시적인 스타일에 작은 몸을 가진 그녀는 단순히 '이곳 사람이 아니다'라는 분위기만이 아니라 아예 '미국 사람 같지 않다'는 느낌을 주었다. 뚜렷한 이목구비는 스페인이나 프랑스에 가면 더 자연스럽게 어울린다. 우리가 유럽에서 살았을 때 사람들은 늘 의아해했다. 이 아름다운 우리나라 여인이 저 허여멀건 양키 멀대놈과 대체 왜 함께 있는 거냐고.

얼리샤와 나는 항상 브러시마운틴 능선으로 난 소방도로를 걸으며 가족 전략 회의를 했다. 어른끼리 비밀 대화를 나누기엔 개방형 구조의 우리 집은 최악이라서 결국 선택지는 두 가지뿐이었다. 욕조에 앉아서 이야기하든가, 아니면 같이 밖으로 나가는 것이었다.

"드디어 건강보험 혜택을 제공하는 일자리를 우체국에서 찾은 것 같아." 나는 말했다.

"우체국이 마케팅 전문가를 뽑아?"

"아니."

"그럼 누굴 뽑는 거야?"

"우편배달부." 나는 일주일에 한 번만 일하면 되기 때문에 나머지 시간엔 계속 다른 일자리를 찾을 거라고 그녀를 안심시켰다.

"돈은 얼마나 줘?" 그녀가 물었다.

"시간당 18달러 50센트."

"그게 뭐야!"

"우린 2주 안에 건강보험이 필요해. 우선 급한 문제부터 해결하자고."

얼리샤가 잠깐 생각에 잠겼다.

"일주일에 딱 하루야." 나는 재차 말했다.

"스티븐, 그건 그냥 취미처럼 들려. 우리는 진짜 수입이 필요하다고." 얼리샤는 영화 프로듀서와 그래픽 디자이너로 일한 적이 있지만 지난 몇 년간 우리 집의 주된 수입원은 나였다.

"나도 알아, 안다니까. 하지만 지금은 일자리가 하나도 없어. 진짜 하나도." 나는 마치 블랙스버그, 아니 전 버지니아 남서부를 대신해 사과하는 기분이었다. 기술직이든 단순직이든 생활이 가능한 임금을 주는 일자리, 적어도 내가 자격이 되고 당장 채용 공고를 낸 일자리가 이곳에 하나도 없다는 사실에 대해서 말이다. 버지니아텍 경영대학의 마케팅과 학과장도 만나봤지만 학교는 신규 채용이 전면 동결된 상태였다. 1년 동안은 아무 자리도 없다고 했다. 아마 우리 같은 사람들은 여기에서 살면 안 되는 건지도 몰랐다. 이곳으로 이사 온 것 자체가 애초에 도박이었고, 나는 그 판에서 진 사람인 것 같았다. 나는 절망을 숨기려, 최대한 긍정적인 척하려 애썼다.

침묵. 얼리샤는 머릿속에서 숫자를 굴리고 있었다.

"있잖아, 너무 극단적으로 말하고 싶진 않지만 앞으로 상황이 얼마나 더 심각해질 수 있는지도 생각해봐야 할 것 같아."

"자꾸 몰아붙이지 마." 얼리샤가 말했다.

얼리샤가 경계심을 품을 법도 했다. 내 어머니 쪽 스타링 집안은 타고난 세일즈맨들로, 자동차며 엑스레이 기계, 말, 가스 배관 장비를 가리지 않고 닥치는 대로 팔아 산더미 같은 돈을 벌어들였다. 나 역시 그런 능력의 한 귀퉁이를 물려받는 축복을 받았다. 하지만 그 많은 사람을 제쳐두고 내가 아이디어를 가장 잘

팔았던 대상, 최고의 잠재적 고객은 언제나 바로 나, 스티븐이었다. 계획이 어처구니없을수록, 아이디어가 의심스러울수록, 위험이 불분명할수록 나는 오히려 스스로를 더 잘 속였다. 그것은 이성적인 사고가 아니라 동기화된 추론motivated reasoning(정보를 객관적으로 평가하지 않고 자신이 원하는 결론을 지지하는 방식으로 선택적으로 받아들이는 심리적 과정-옮긴이)이었고, 그 동기들이야말로 위험이었다. 호기심, 권태로부터의 도피, 양심, 일종의 자기파괴적 충동 같은 것들. 그런 것들이 늘상 나를 곤경에 빠뜨렸다. 이를테면, 직접 만든 잠수 장비를 차고 20미터 바닷속으로 내려간다든지, 가족을 데리고 시골로 낙향한다든지 하는 식으로.

"이번 팬데믹 말이야, 아무래도 꽤 오래갈 수도 있을 것 같아. 정상적인 경제가 무너질 수도 있어. 연방정부에 다리를 걸치고 있는 게 썩 나쁜 전략이 아닐 수도 있다고."

"대체 나한테 숨기는 게 뭐야?" 얼리샤가 물었다.

"숨기긴, 내가 아는 사실을 전부 그대로 말하고 있는 거야!"

"당신이 너무 들떠 있는 것 같아서 그래. 표정이 그래. 솔직히 말해. 이 일, 안전한 거 맞아?"

"2주 동안 교육받고 시작해. 원래 아주 안전한 일이래." 사실 나는 이 일이 얼마나 안전한지에 대해 아는 바가 전혀 없었다. 그리고 곧 깨닫게 되겠지만, 이것은 내가 지금껏 해본 일 중 가장 위험한 일이었다.

"당신의 또 다른 도전 프로젝트겠지." 얼리샤가 말했다. 늘 그렇듯, 그녀는 마치 내 소스 코드라도 읽는 양 나란 사람을 완전히 꿰뚫고 있었다. 내 머릿속에는 이런 그림이 들어 있었다. 사람들이 현관에서 미소를 지으며 나를 반기고, 나는 정부에서 지급한 마스크를 쓰고 마음속 깊이 느낀다. 이 일…… 재밌겠는데? 하고. 아니, 애매하겠다고 느낄까? 아니면 힘들겠다고? 어쨌든 확실한 한 가지는 이 일이 하고 싶다는 거였다.

"내 도전 프로젝트?" 나는 되물었다.

"당신이 온 LA를 돌아다니면서 실종된 개들을 찾아다녔을 때처럼." 맞다. 그게 내가 30대 초반에 실직하고 여섯 달 동안 했던 일이다. 내가 경험한 세 번의 실직 중 첫 번째 실직 때의 일이다.

"건강보험은 바로 적용돼?"

"응. 이건 임시방편이야. 일주일에 하루만 일하고 나머지 6일 동안은 더 나은 일을 찾아보는 거지."

얼리샤의 머릿속 엑셀 표에서 숫자들이 바삐 움직였다. 우리 집에서 나는 수입을, 얼리샤는 운영을 맡고 있었다.

"건강보험이 바로 적용되면 코브라COBRA(실직 등으로 건강보험 자격을 잃었을 때 본인 부담으로 이전 직장의 건강보험을 일정 기간 유지하는 제도-옮긴이)는 필요 없겠네. 그럼 우리 저축으로 최소 9개월, 길면 1년까지도 버틸 수 있을 거야." 그녀가 말했다.

걷는 동안 얼리샤가 몸을 약간 앞으로 기울이는 게 보였다. 마치 내가 보지 못하는 바람 속으로 걸어들어가는 사람처럼. 그녀는 냄새를 맡듯 직감을 따라가며, 나는 절대 이해하지 못할 계산식으로 모든 변수를 계산하고 있었다. 그러더니 어깨를 으쓱

하며 말했다. "우리에게는 활주로가 필요해. 이 집을 지켜야 하니까 그냥 해. 살아남고, 나아가자. 발바노 코치처럼 말이야."

1983년 노스캐롤라이나 스테이트 울프팩State Wolfpack 농구팀을 전국 챔피언으로 이끈 짐 발바노Jim Valvano는 노스캐롤라이나의 현대판 성인 같은 존재였고, 얼리샤가 개인적으로 무척 존경하는 인물이기도 했다. 그녀가 발바노 코치를 입에 올렸다는 건 지금 이 상황을 지독하리만치 진지하게 받아들이고 있다는 뜻이었다.

"그래, 자기 말이 맞아. 살아남고, 나아가자고."

이런 일에 동조하는 여자는 자신의 판단력과 이성에 대해 확고한 자신감이 있는 성숙한 인간일 수밖에 없다. 왜냐면 그녀는 지금 어리석다고까진 할 수 없어도 적어도 힘든 길로 가려는 멍청한 배우자에게 등을 두드리며 축복을 내려주는 중이니까. 이건 커리어 계획이 아니었다. 우리에겐 내 수입을 대체할 월급이 필요했지만 이 일로는 턱도 없었다. 그녀가 전적으로 옳았다. 실은 내가 알게 모르게 생략한 것들이 한두 가지가 아니었다. 이를테면 내 차를 써야 할 수도 있다는 사실은 말하지 않았다. 첫 90일은 수습 기간이라는 점과 '주 1회 근무'라는 말을 있는 그대로 믿었다는 점도. 실제로는 거의 주 6일, 때로는 7일 근무가 이어지는 게 현실이었고, 그건 레딧의 미 우정국 커뮤니티 게시판에서 3분만 검색했어도 알 수 있는 사실이었다. 하지만 나는 이미 종말 이후의 우편배달부가 되는 꿈에 깊이 빠져 있었다. 그게 단순한 몽상이 아닌, 가족의 생계가 걸린 상황에서 갖는 코스프레적 환상이란 점이 문제였지만 말이다.

이제 얼리샤는 고개를 끄덕이고 있었다. 내가 아닌 자신을 향해서였다. "그래, 해. 하다 보면 뭐든 나오겠지." 질문이 아닌 단언이었다.

✦

버지니아로 이사 온 이후 우리는 토드와 함께 살았다. 그는 20대 때 노스캐롤라이나와 캘리포니아의 독립영화 단체에 같이 있었던 친구로, 지금은 판타지 서사시를 집필 중이었다. 저렴한 월세와 그보다 더 저렴한 생활비로 큰 저택 손님방에 머물게 해주겠다고 꼬드겨 불러들인 터였다. 할리우드에서 10년을 버티던 내가 가족을 부양하기 위해 평범한 직장인이 된 사실에 실망했을지언정 토드는 결코 그런 내색을 보인 적이 없었다. 우리는 가족끼리도 서로 가깝게 지냈다. 토드의 여동생 멜로디와 그의 아버지와도 무척 친해서 내가 그분을 '미스터 플린첨'(flinch는 '움찔하다'라는 뜻으로, 소심한 사람이라고 놀리는 말-옮긴이)이라고 부를 정도였다. 토드가 멜로디에게 내가 우편배달 일을 할 거라고 전하자 그녀는 이렇게 말했다. "토드, 갑자기 소름이 돋았어. 스티븐은 애초에 이 일을 할 운명이었어. 분명 뭔가 중요한 역할을 하게 될 거야." 그건 밑도 끝도 없는 어떤 '감感'이었다. 캘리포니아식 '우주의 영적 에너지', 북동부식 '예감', 혹은 침례교식 '하늘의 계시' 같은. 플린첨 집안은 보통 사람은 수신할 장비가 없어 받지 못하는 정보 채널에 접속해온 유구한 역사를 지니고 있다. 나는 그들의 직감을 무시하지 않는 편이었고, 얼리샤도 이미 내게 한 번 해보라고 허락한 상태였다.

그날 오후 나는 시험을 통과했다는 이메일을 받았다.

제4장

세상에는 두 부류의 사람이 있다

시험에 통과하고 신원 조회를 마친 나는 로어노크 우편 교육원으로 2주간 교육을 받으러 갔다. 교육은 로어노크 우편물 처리 및 분배 센터Roanoke Processing and Distribution Center에서 진행됐는데, 사람들은 그곳을 'P 앤드 DC'라 불렀지만 내 귀엔 언제나 'PNDC'로 들렸다. 우편 교육원은 여러 층으로 이루어진 거대하고 창문 없는 건물의 한 귀퉁이에 있었다. 우정국은 제도적으로 창문을 기피했는데, 이는 우편물의 보안과 사생활 보호를 위해서라고 했다. 로어노크 우편물 처리 및 분배 센터는 앞면엔 아무것도 없고 모든 게 뒷면에 있는 건물이었다. 입구가 어딘지도 문 앞에서 담배를 피우는 사람들을 보고서야 간신히 찾았을 정도였다. 포마이카 바닥의 그 작은 공공건물 현관에는 이런 문구가 적힌 표지판이 서 있었다. “우리는 왜 출근을 할까요? 여러 연구에 따르면, 제 시간에 출근하는 사람들은 개인적·재정적으로 더 큰 혜택을 누린다고 합니다.”

그 2주 동안 친구이자 동기였던 사람은 재키였다. 처음 만나자마자 그녀는 대뜸 이 건물에 휴지가 있냐고 물었다. 뭐, 말도 안 되는 질문은 아니었다. 몇 주 전부터 시행된 봉쇄 조치 이후 전국적으로 품귀 현상이 벌어지던 참이었으니까. 재키는 어찌 보면 쉰 살 같기도 하고, 또 어찌 보면 일흔 살 같기도 했다. 45킬로그램도 채 안 나가 보일 정도로 몸집이 작았고, 로즈골드색 금테 안경을 썼으며, 치아 전체에 교정기를 끼고 있었다. 머리는 거의 상고머리 스타일이었다. 그리고 무슨 새도 아니면서 작은 소리만 나도 깜짝깜짝 놀랐다.

“이 건물 말인가요?” 나는 되물었다. 내가 인정하기조차 싫은, 백인 전문직 남자 특유의 재수 없는 말투로. “이 거대한 연방 건물에 휴지가 없다뇨! 미국에서 가장 마지막까지 휴지를 쓸 사람은 바로 북미항공우주방위사령부 벙커에 있는 사람들일 텐데요?” 하고 말하는 듯한 어조로.

“네, 혹시 필요하시면 드릴게요. 제가 좀 챙겨왔거든요.” 나는 사람을 재단하고 있었고, 그녀는 나눠주고 있었다.

재키는 내게 자기 핸드백 안을 보여줬다. 가방이라기보단 미 해병대 보급품 자루에 가까운 물건이었다. 그 안에는 두루마리 휴지 세 롤, 알루미늄 재질의 대형 맥라이트 손전등, 그리고 J 프레임 스미스 앤드 웨스 38구경 스페셜임이 거의 확실한 권총이 들어 있었다. 버지니아 슬림 담배처럼 버지니아 여성의 상징과도 같은 총, 즉 남부의 '여성용 권총'이었다.

"우리 집 지하실에는 가게 하나는 너끈히 차릴 만큼 물건이 쌓여 있어요. 세일할 때 달러 제너럴Dollar General(미국의 저가형 할인 매장-옮긴이)에서 왕창 사두거든요. 요즘 물건이 동이 났느니 어쩌니들 해도 저랑은 아무 상관없어요. 대신 꼭 잠가둬야 해요. 못돼먹은 언니가 와서 자꾸 훔쳐 가려 하거든요."

왜 나는 되고 언니는 안 되는지는 결국 사람을 두 부류로 나누는 문제였다. 제 몫을 다하는 사람과 그러지 않는 무임승차자. 이건 꼭 이곳만의 구분법은 아니었지만 애팔래치아 사람들은 이런 식의 구별 짓기에 유난히 재빠르고 얄짤없다. 성실한 사람이냐, 게으른 사람이냐. 믿을 만한 사람이냐, 쓸모없는 사람이냐. 지금은 나 역시 그녀처럼 일자리를 찾아 헤매는 처지였다. 당장은 내 몫을 못 하고 있는지 몰라도 적어도 노력은 하고 있었다. 어쨌든 교육원에서 함께 보내는 시간 동안 재키는 한결같이 나에게 너그러웠다.

✦

교육 첫날은 미 우정국의 사명에 관한 파워포인트 설명과 영상을 보여주는 게 다였다. 첫 시작은 내가 10대 때 크로거Kroger(미국의 대형 슈퍼마켓 체인-옮긴이) 계산원 보조로 일하던 때부터 지겹도록 들어온 사명 선언이니 기업 문화가 어떻느니 하는 뜬구름

잡는 헛소리였다. 미 우정국이 다른 조직과는 다르다는 걸 알 수 있는 첫 번째 실마리는 미 우정국이 자급자족형 기관이라는 내용으로만 구성된 수업이 있고, 우리가 고객들과 나눌 만한 이야기들을 제시하는 것으로 그 교육을 마무리한다는 점이었다. 말하자면, 지도부는 우리가 세금으로 운영되지 않는다는 사실을 사람들이 알아주기를 원했다.

이후 프레젠테이션의 분위기가 바뀌어, 우리는 〈고스트 타운Ghost Town〉이라는 애니메이션 스릴러물을 시청했다. 폐가로 소포를 배달하라는 임무를 받은 한 우편배달부의 이야기였다. 신입 배달부는 금발에 예쁘고 유난히 굴곡진 몸매로 그려졌다. 그녀가 자기 구역 중 '나쁜 동네'로 들어서는 순간 배경은 잔디가 무성하게 자란 앞마당에 차를 세워둔 집들로 바뀌었다. 이야기는 그녀가 다음 소포를 배달하기 위해 폐가로 향하면서 본격적으로 시작되었다. '모스'라는 인물이 담배를 꼬나물고 현관 앞에서 어슬렁거렸다. 인종을 가늠하기 어려운 그는 문신을 하고, 〈매트릭스〉에서 막 걸어나온 듯한 스포츠 선글라스를 쓰고 있었다. 그는 무슨 사이버펑크 소설에 등장하는 사람들 같기도 하고 약물 퇴치 공익광고에 등장하는 사람들 같기도 한 아주 다채로운 인종 무리와 함께였다. 금발의 신입 우편배달부는 그 폐가에 모여 있는 무리를 가만 쳐다보며 생각했다. '저 집은 사람이 안 사는 것 같지만, 소포를 빠짐없이 배달하는 게 내 임무지.' 그때 모스가 그녀를 향해 소리쳤다.

"그 소포는 내가 받아둘게요, 아가씨. 잘 찾아왔어요." 그러더니 호주머니 속 두툼한 지폐뭉치에서 100달러짜리 지폐 하나를 꺼내 그녀에게 건넸다. "애들 과자라도 사주세요." '아, 나 진짜 이 돈이 필요한데……' 그녀는 속으로 생각한다. 금발 머리는 그 이후로도 이 명백하게 버려진 집으로 몇 번 더 소포를 배달한다. 그러다 〈분노의 질주〉에 나오는 미셸 로드리게스를 닮은 여자를 만나게 되는데, 그녀는 금발에게 이렇게 말한다. "이쁜이, 우리 둘 다 모스 밑에서 일하는 거 알지?" 그리고 두 사람 사이엔 묘하게 동성애적인 긴장감이 감돌기 시작한다. 점점 더 많은 소포가 그 폐가로 배달되고, 모스는 그때마다 더 많은 돈을 건넨다. 그때 동기들이 너도 나도 중얼거리기 시작한다. "와, 엄청난 돈인데? 나라도 받겠네." 결국 금발 머리는 마약단속국, 연방수사국, 그리고 우편검열국 합동 수사대에 체포된다.

뒤이어 우편검열국에 관한 설명이 더 이어졌다. 미국 최초의 연방 법 집행기관으로서 아동 포르노 조직과 우편 주문 마약 조직을 소탕해왔지만 대부분의 시간은 우편물을 훔치는 사람, 특히 편지를 훔치는 우편배달부와 우편물 취급 직원들을 잡는 데 쏟는다고. 그들은 우편 분류장 위 거울 유리창으로 직원들을 몰래 지켜봤다고. 많은 요원이 실제로 우편배달부 출신이어서 직원들 사이에 들어가 완벽한 잠입수사를 할 수 있었다고. 연방교도소와 긴 형량에 관한 이야기가 끝나지 않았다. 그건 크로거에서 흘린 스파게티 소스를 닦아내는 일에 관한 이야기도, 시트콤 속 어수룩한 우편배달부에 관한 이야기도 아니었다. 스스로를 매우 진지하게 여기는, 자체적인 비밀 경찰 부대를 가진 조직에 관한 이야기였다.

첫 번째 휴식 시간 직전에 파워포인트를 돌리던 여자가 나가고 대신 웬 남자가 나타났다. 서른 살쯤 되어 보이는 다부진 체격의 남자는 파란색 우정국 셔츠 재킷 차림에 소매를 걷어 올린 모습이 마치 우체국의 제임스 딘 같았다. 이 청년에게선 다른 사람들과는 완전히 다른 분위기가 뿜어져 나왔다. 활기차고, 빠르고, 군더더기가 없었다. 양팔 가득 문신이 새겨져 있고 손목에는 큼지막한 카시오 지샥 시계가 채워져 있었다. 한눈에 봐도 전직 군인이었다. 그는 보스턴과 로어노크 지역 사투리가 뒤섞인 희한한 말투로 말했다.

“잠깐만요, 잠깐만요. 쉬는 시간 전에 몇 마디만 할게요! 저는 행크라고 합니다. 도시 배달부죠. 시골 배달부로 낚여 들어온 불쌍한 여러분들을 교육하러 왔어요. 첫째, 여러분은 우체국에서 가장 쉬운 일로 돈을 벌게 되는 겁니다. 둘째, 잘 들으세요. 거기 야구모자 쓴 분, 눈 똑바로 뜨고 잘 들어요. 딱 봐도 이 말이 꼭 필요할 분 같으니까. 연방정부 소유지 안으로는 총을 갖고 들어올 수 없습니다. 천천히 다시 한번 말하겠습니다. 제 경험상 여러분은 말로 하는 지시사항을 잘 못 알아듣더라고요. 여러분은…… 연방정부…… 소유지에…… 총을…… 갖고…… 들어올 수…… 없습니다. 차 안에 두는 것도 안 됩니다.”

재키가 내 팔꿈치를 쿡 찌르더니 속삭였다. “내 가방에 있는 총 얘기, 해야 할까요?”

“재키, 제발 총 얘기만은 절대 하지 마세요.”

행크가 나를 향해 고개를 돌렸다. “뭔가 하고 싶은 얘기라도 있으신가요?”

“아뇨. 그냥 연방정부 소유지의 독특한 성격에 관해 이야기를 좀 나눴어요.” 내가 말했다.

“그렇군요, 법률가 나셨네요. 좋습니다. 자, 이건 딴 얘긴데, 혹시 잠깐 휴식 시간을 갖고 차를 옮겨야 하는 분 계신가요?” 강의실 안의 절반이 손을 들었다.

“아이고, 맙소사. 손 내리세요! 저기 시유지에 세워놓은 트럭들 봤어요? 철조망 바로 뒤에? 그 사람들 다 여기서 일하고, 차에 총 한 자루씩은 있죠. 범죄라도 저지를 총이 필요하면 그냥 그중 하나를 털면 돼요. 절반은 차 문도 안 잠가놓으니까. 버지니아주에서는 차량 안에 총기를 두는 게 합법이지만 연방정부 소유지에서는 안 됩니다. 아시겠죠? 지금 밖에 나가면, 혹시 미우정국 소유지에 차를 세워뒀다면 절대 주차장에서 총을 꺼내지 마세요. 연방 보안요원들이 감시 카메라로 그걸 보면 즉시 우편검열국에 신고할 거고, 그럼 여러분은 체포당할 겁니다. 연방무기법 위반으로 법정에 서게 될 테니 우체국에서는 일할 수 없게 될 거고요.”

재키가 나를 흘끗 쳐다보며 입모양으로 말했다. “고마워요.” 그러더니 담배를 피우러 나갔다. 아마 차를 옮기고 총을 거기다 두고 왔을 것이다.

나는 낡은 가죽 서류가방에서 필기구를 꺼내 오전 내내 수업 내용을 받아적었다. 그렇게 하는 사람은 나뿐이었다. 얼마 후 재키가 펜을 빌려달라고 하더니, 우리 어머니가 장 볼 목록을 적을 때 쓰던 것과 같은 종류의 작은 스프링 수첩에 무언가를 받아적기 시작했다. 다음 날 그녀는 제대로 된 공책을 들고 나타나서는 내게 빅 볼펜 두 자루를 건넸다. "갚았어요! 이자까지 쳐서!" 그녀는 완전히 집중해서 수업을 듣는 사람이었다. 몇몇은 졸았다 깼다 하고, 트럭 운전사 모자를 쓴 사람들은 수업 시간의 95퍼센트는 잠에 빠져 있는 강의실에서 그녀는 말똥말똥한 눈으로 경청했다.

처음 며칠은 점심시간마다 내 트럭으로 가서 얼리샤가 싸준 렌틸콩밥을 먹었다. 그러던 어느 날 재키가 같이 점심을 먹자고 했고, 이후로는 쭉 점심 식사를 함께했다. 나는 앨럼스프링스Alum Springs에 있는 그녀의 집에 관해 많은 이야기를 듣게 되었다. 재키는 그전엔 펄래스키Pulaski에 있는 볼보 공장에서 대형트럭에 헤드라이트 다는 일을 했다고 했다. 자기가 키우는 아주 작은 조랑말과 닭과 염소 이야기도 했다. 어느 날엔 전남편이 폭력적이었다는 사실과 산탄총으로 자신의 팔을 쏘기까지 했다는 이야기를 털어놓았다. 보통은 산탄총에 맞고 살아남긴 힘들지만 재키는 "그때 전남편이 취해 있었던 데다 맨정신일 때도 사격 실력이 영 별로였거든요" 하고 말했다. 세상에는 두 부류의 사람이 있다. 총을 쏠 수 있는 사람과 그럴 수 없는 사람.

첫 주가 끝나갈 무렵 오전 수업을 받을 준비를 하고 있는데 재키가 전날 밤 81번 고속도로를 타고 귀가하던 중에 일어난 일에 대해 이야기했다. 플로리다 번호판을 단 검정 메르세데스가 뉴리버 다리 공사 구간 합류 지점에서 속력을 전혀 안 줄이고 자기를 앞질러 갔다고 했다.

"글쎄, 가만 앉아 그놈 뒤꽁무니만 쳐다보고 있을 수는 없잖아. 그래서 풀액셀을 밟아 녀석을 따라잡았지." 재키가 말했다.

"그래서 가운뎃손가락이라도 쳐들어줬어?" 동기 클레어가 물었다. 클레어는 동물을 사랑하는 거대한 몸집의 금발 여자였다. 버지니아 비치에서 바텐더로 일한 경험이 있어서인지 공격적인 단어에 아주 익숙했다.

"그 흑인 개자식한테 내 총을 보여줬지! 그 자식이 똑똑히 볼 수 있게 창문에 딱 붙여서. 그러니까 브레이크를 밟더라, 진짜야."

갑자기 강의실 안이 조용해졌다. 이건 너무 나간 거였다. 이곳 토박이들에게조차도. 재키의 눈이 핀볼처럼 이리저리 튀는 게 보였다. 그녀의 머릿속에서 무언가 나쁜 기억이 재생되고 있음을 그대로 보여주는 듯했다.

내가 할 수 있는 말은 많았다. 우리 중 누구라도 할 수 있었을 것이다. '재키, 그런 일을 겪었다니 안타깝네요.' '재키, 운전 중에 누가 끼어들었다고 총을 들이밀면 안 돼요.' '재키, 대도시 고속도로에선 원래 차선이 없어질 때까지 그대로 달리는 게 옳아요. 그 남자는 잘못한 게 없어요.' '재키, 당신 전남편 일에 대해 목사님이든 신부님이든 상담사든 누구든 찾아가 얘기해본 적 있어요?'

하지만 나는 그냥 가만히 있었다.

대신 전에 어디서 저런 눈을 본 적이 있는지 생각했다. 아버지와 함께 뒷마당 거치대에서 카누를 내릴 때였다. 거치대를 만들 당시에 말뚝 구멍용 삽으로 그 자갈투성이 땅을 파느라 얼마나 식겁을 했던지. 아버지는 '무지막지한 지지력'이 핵심이라며 반드시 구멍을 깊게 파야 한다고 했다. 왜냐면 당신이 만드는 건 무조건 오래가야 하므로. 배들은 용골이 위로 향하도록 엎어놓아 빗물이 흘러내리게 했다. 그때 붉은참나무에서 도토리 하나가 알루미늄으로 된 커다란 그루먼 카누 위로 툭 떨어졌다. 그러자 종소리 같은 울림이 아니라 마치 금속이 팡 터지는 듯한 총성 같은 소리가 울려 퍼졌다. 나는 아버지가 잽싸게 몸을 웅크리는 모습을 보았다. 손은 공격을 막거나 무기라도 찾으려는 듯 반사적으로 앞으로 쭉 뻗은 채였고, 눈동자는 딱 지금의 재키처럼 공포에 질린 채 핀볼처럼 이리저리 튀고 있었다. 우리 그랜트 집안 사람들은 서로 자주 안거나 스킨십을 하는 편이 아니다. 하지만 그때 나는 팔을 내밀어 아버지의 어깨를 감싸고 그 발작 같은 순간이 지나가길 기다렸다. 아버지는 우람한 체격에 강하고, 엄청나게 유능하며, 거의 우스꽝스러울 정도로 늘 자신감에 차 있는 분이다. 하지만 그 순간만큼은 두려움에 압도당한 모습이었다. 2007년 버지니아텍 총격 사건 이후 대학 측은 심리상담사를 붙여주었지만 아버지는 몇 번 가다가 곧 그만두었다. 내가 이유를 묻자 아버지는 이렇게 대답했다. "자꾸 글을 써보라고만 하더구나. 나는 다시 일을 하고 싶었는데 말이야. 그래서 그냥 일터로 돌아갔다."

그래서 나는 재키에게 아무 말도 하지 않았다. 내가 그녀를 위로할 수 없다는 걸 알아서였다. 나는 연민도 슬픔도 없이 나무 토막처럼 멍하니 그 자리에 앉아 있었다. 내겐 익숙한 감정이었다. 비록 200년 넘게 대대로 중산층이었던 그랜트 집안 사람으로서 평생 부족함 없이 살아왔음에도 나는 여전히 애팔래치아 사람이었기 때문이다. 나는 이 감정을 잘 알았다. 그건 절망감이었다.

✦

두 번째 주에는 시골 배달부를 위한 특별 교육이 시작되었다. 나는 약간 슬펐다. 더는 행크를 만나 그의 이야기를 들을 수 없었기 때문이다. 그는 살아 있고 깨어 있는 놀라운 사람이었다. 하지만 새 강사 톰도 훌륭했다. 행크와 비슷한 나이의 톰은 수염이 덥수룩하고 마른 체형에 자칭 '자유지상주의자'였다. 연방정부 최대의 기관에서 일하면서 어떻게 그렇게 확신에 찬 자유지상주의자로 살 수 있는지는 잘 이해되지 않았지만. 그가 자유지상주의자인 걸 어떻게 알았는지 궁금하다면 틀림없이 자유지상주의자와 시간을 보내본 적이 한 번도 없는 사람일 것이다. 그냥 5분만 기다려보라. 그러면 저절로 알게 된다.

톰은 인내심 있고 친절한 좋은 강사였다. 하지만 행크처럼 오로지 자기 혼자 재밌자고 하는 말이나 행동도 확실히 있었다.

"저는 미 육군 출신입니다."

"나라를 지켜주셔서 감사합니다!" 어느 날 아침, 반 전체를 위해 보장글스Bojangles에서 보베리 비스킷을 사왔던 청년부 목사 같은 남자가 불쑥 외쳤다.

"군 복무는 내 인생 최대의 실수였어요." 톰이 말했다.

그는 그 말을 그 주 내내 여러 번 반복했다. 때로는 그 말을 하는 톰의 얼굴에서 살짝 미소가 새어나왔다. 그럴 때마다 나는 동료들의 머릿속에서 강한 본능들이 서로 주먹다짐을 벌여 귀에서 연기가 피어오르는 듯한 모습을 지켜보는 게 즐거웠다. '저 사람은 참전용사야!' '그런데 군대를 깎아내리고 있다니!' 이 두 생각이 머릿속에서 난투극을 벌이는 모습을. 그 옅은 미소는 톰이 군대와 미국 정부가 자신에게 진 빚을 인지부조화의 잽으로 조금씩 스스로에게 갚고 있음을 말해주었다. 그는 폭발물 처리반 출신이었는데, "우리가 애초에 거기 가지 않았더라면" 아무것도 처리할 필요가 없었을 거라고 여러 번 말했다. 정부의 명령으로 이라크에 파견되어 폭발물을 처리해야 했다면 아마 나라도 자유지상주의자가 됐을지도 모른다.

"오레오 좀 드실래요? 제가 잔뜩 가져왔어요." 재키가 물었다. 흡연자들을 위해 짧은 휴식 시간이 주어진 터였다. 점심때 나는 미 우정국 내부 사이트에서 블랙스버그의 농촌 지역 우편배달 보조원 채용 공고를 보았다. 처음 지원하던 당시엔 케이브스프링에밖에 자리가 없었는데 이제 블랙스버그에도 자리가 난 것이다. 나는 즉시 지원서를 넣었다. 출퇴근 시간이 45분에서 6분으로 줄어들 수도 있었다.

오레오 봉지를 뜯으며 블랙스버그에 지원한 사실을 재키에게 말했다. "이제 이메일만 기다리면 돼요."

"이메일을 기다린다고요?" 재키가 물었다.

"네. 합격하면 자동으로 이메일이 오는 시스템이에요."

"오늘 바로 블랙스버그로 가요! 우체국장한테 직접 가서 말해요. 시스템 따윈 아무짝에도 쓸모없어요. 믿을 게 따로 있지. 자기 일은 자기가 직접 챙겨야 해요."

그날 오후 강의가 끝나고 모두가 뿔뿔이 흩어지는데 주차장에서 재키가 내 팔을 붙잡았다. "지금 바로 가요, 스티븐. 지금 당장 가서 우체국장한테 말해요." 세상에는 두 부류의 사람이 있다. 야무지게 스스로를 챙기는 사람과 피해자로 남는 사람.

재키는 시스템을 믿지 않았다. 그 불신의 일부는 블루칼라로서의 경험에서 우러난 것이었다. 평생을 교체 가능한 부품처럼 살아오다 보면, 시스템이 자신을 챙겨줄 리 없다는 걸 뼛속 깊이 알게 된다. 그 불신은 또한 애팔래치아 사람다운 냉소이기도 했다. 문화적으로 소외된 상황, 이를테면 '어디 한번 돼지처럼 꿀꿀거려봐'(영화 〈딜리버런스Deliverance〉(1972)에서 애팔래치아 산골로 여행 간 도시 남성들을 현지 백인 산골 주민들이 납치·폭행하며 조롱할 때 한 대사로, 이후 남부 시골 사람들은 폭력적이고 야만적이라는 편견의 상징이 되었다-옮긴이)라든가, '사촌이랑 결혼한다' 같은 농담의 대상이 되는 처지라면, 전문 관리자 계층이 내 존재 따윈 크게 신경 쓰지 않는다고 느끼는 것도 무리는 아니었다. 이런 사정이라면 과연 누가 현실적이었을까? 회사가 내세우는 논리를 무작정신봉하는 도시인이었을까, 아니면 눈빛이 번뜩이는 산골 여자였을까?

나는 곧장 차를 몰고 블랙스버그로 가서 우체국장과의 면담을 요청했다. 그리고 바로 재배치되었다. 고작 10분 남짓 만에. 산기슭에 있는 그 우체국이 집에서 5분 거리인 덕분에 아마 나는 지쳐 나가떨어지지 않고 그 일을 그럭저럭 해낼 수 있었을 것이다. 당시엔 몰랐지만 재키가 순진해빠진 날 구해준 셈이었다.

✦

어느 날, 교육을 마치고 돌아가는 길에 부모님 댁에 들렀다. 코로나 초기엔 형제들이 부모님 걱정에 늘 긴장한 상태였다. 혹시라도 바이러스에 노출될까 봐서였다. 그래서 나는 아버지 신용카드를 들고 크로거 마트에 가서 부모님이 메시지에 올린 목록을 그대로 구입해서 가져다드리곤 했다. 부모님 댁에 도착해서 아버지가 차에서 물건을 내리는 동안 나는 멀찌감치 떨어져 서서 떠들었다.

블랙스버그 지점으로 재배치를 받았다는 이야기며, 재키와 총 이야기까지 했다.

"플로리다에서 온 놈들은 그걸 몰라. 그런 식으로 촌사람을 자극하면 안 되지."

"그 사람은 그냥 고속도로를 달리고 있었던 거 아닐까요?"

"그 여자가 옳았다는 얘기가 아냐. 총 가진 촌사람을 자극하는 게 썩 좋은 생각은 아니라는 거지. 그 사람들은 죄다 총을 가지고 있거든." 몇 년 뒤, 우리가 보낸 간병인에게 총을 쏘겠다고 위협하게 될 사람이 한 말이다.

"다들 진짜 잘 모르는 게 뭐냐면, 여기 사람들은 자기들을 그냥 가만 내버려두길 바란다는 거야."

"마스크를 쓰란 말도 못 해요. 저희 동기들 중엔 마스크를 쓰는 사람이 하나도 없어요."

아버지가 기술적인 부분을 지적할 기회를 놓칠 리 없었다. "마스크는 제대로 쓰는 법을 알아야 해. 얼굴에 완전히 밀착되도록 써야 하는데, 옳게 쓰는 방법을 배우려는 사람이 아무도 없다니까."

"제 동기들은 오히려 마스크가 코로나를 만든다고들 하더라고요."

아버지는 장바구니를 내려놓고 내 눈을 똑바로 쳐다봤다. 그러곤 인간의 어리석음에 놀랄 때마다 늘 그랬듯 천천히 고개를 저었다. "이 사람들은 안 돼. 존슨 그 개자식 때부터 계속 시도해왔지만 소용이 없었지(존슨 대통령이 '위대한 사회'를 모토로 1960년대에 시행한 빈곤 퇴치, 교육 확대, 의료보험, 민권법 등의 정책을 말한다. 그와 동시에 베트남 전쟁 확대로 그는 거센 비판을 받기도 했다-옮긴이). 이 사람들은 그냥 너무 멍청해서 도와줄 수조차 없다니까."

아버지는 웨스트버지니아주 웨스턴에서 태어났다. 여름이면 할아버지와 삼촌, 사촌들과 함께 저 크랜베리 숲 오지에서 사냥과 낚시를 즐겼다. 자동차 엔진을 재조립할 줄 알았고, 방울뱀

껍질을 벗길 줄 알았으며, 채소를 통조림으로 만들 줄 알았고, 벽돌 쌓기, 전기, 목공 일도 할 줄 알았다. 날씨를 읽고 숲속의 모든 나무를 구분할 줄 알았고, 새를 부르고 동물의 흔적을 쫓을 줄 알았으며, 펌프식 산탄총은 당신 몸처럼 다뤘다. 내기를 걸고 카나와Kanawha강 반대쪽 끝까지 헤엄쳐 갔다가 되돌아온 적도 있었다. 도끼를 면도도 할 수 있을 만큼 날카롭게 갈 줄 알았고, 벌레가 언제 부화하는지도 훤히 꿰고 있었다. 평생 자연을 관찰하며 쌓은 지식을 바탕으로 자기만의 문양을 그려 넣은 인조 미끼를 썼다. 작은 시냇물에서 마법이라도 부리듯 정교하게 플라이 낚시를 하는 모습을 보면, 과묵한 거구의 남자가 그처럼 우아해 보일 수 있다는 것이 그저 놀라울 따름이었다. 아버지는 해 뜰 때부터 해 질 녘까지 장작을 팰 수 있었고, 체인톱을 외과 도구처럼 다뤘으며, 자동차는 무슨 나스카NASCAR(전미스톡자동차경주협회에서 주최하는 종합 스톡 자동차 경주 대회-옮긴이) 선수처럼 몰았다. 그는 강하고, 포기란 걸 모르며, 여든 살이 넘어서도 더위와 추위에 아랑곳하지 않는 사람이었다. 그는 이 모든 것을 갖춘 사람, 진짜배기 산사람이었다. 어쩌다 박사학위를 따고 대학교수가 됐지만 그는 뼛속까지 애팔래치아 사람이었다. 마치 200년 전 스코틀랜드 고원지대에서 직수입해 이 산에서 대대손손 키워온 감자처럼. 그러므로 아버지는 충분히 그런 말을 할 자격이 있는 사람이다.

제발 지적은 참아주시길.

✦

최종 시험날이 오자 재키는 안절부절못했다. 정말로 불안해했다. 모르는 사람에게 총을 겨누는, 사실상의 혐오 범죄를 저질렀던 그때보다 더 초조해 보였다.

"젠장, 난 이 빌어먹을 시험 완전히 망쳐버릴 거야." 그녀의 손이 떨리고 있었다.

우리는 일반 주차 교육을 마쳤고, 운전 교육도 끝냈으며, 이제 시골 배달부 교육까지 마친 상태였다. 시골 배달부 교육은 우편물 등급 구분법과 주소 변경 처리법을 알고, 그와 더불어 개와 운전 관련 안전 수칙을 숙지하고, 배달 중 우표와 봉투를 판매하는 등의 이동 우체국 역할을 하는 특수한 시골 배달 업무도 포함하고 있다.

이제 남은 건 최종 시험 단 하나였고, 사실상 이 시험이 합격과 불합격을 가르는 관문이었다. 합격만 하면 우리는 마침내 우편배달부가 되는 것이었다.

시험에서 우리는 가상의 우편물 꾸러미를 받았다. 잡지와 각종 인쇄물, 미분류 우편물, 우리가 자동 분류 우편물DPS, Delivery Point Sequence이라 부르는 기계로 배달 순서대로 분류된 우편물, 소형 소포 몇 개, 대형 소포 두어 개였다. 우리는 배달 가능한 것과 그렇지 않은 것, 다른 주소지로 전달해야 하는 것을 판단할 줄 알고 발송용 우편물을 수거하는 법을 안다는 것을 보여줘야 했다. 기본적으로, 우편배달부로서 수행해야 하는 세 가지 업무에 대해 검증받는 시험이었다. 자기 구역에 속한 다양한 우편물을 분류하고, 그것들을 배달하며, 발송 우편물을 회수하여 돌아오는 일. 우리는 모든 우편물을 배달 경로에 따라 순서대로 정리하고, 우편물 보관 요청 카드와 빈 주소 통지서가 있는지 분류함을 확인한 다음 우편물을 가방에 담아 들고 '거리', 즉 벽에 우체통을 주르륵 매달아놓은 바깥 복도로 나갔다.

말하자면 이것은 일종의 모의 우편배달이었다. 정확하면서도 말도 안 되게 단순화된 모의시험. 아버지라면 어차피 모든 모델은 불완전하다고 했을 것이다. 최종 시험 시나리오에서는 좌핸들 차의 오른쪽 자리에 앉아 운전하는 능력도, 섭씨 38도의 폭염 속에서 배달하는 능력도 측정하지 않고, 검은과부거미가 숨어 있는 우체통을 알아보는 법이나 얼음 웅덩이에서 트럭을 빼내는 법, 총을 든 시민이나 개의 공격, 혹은 "이름을 말해!"라고 외쳐대며 쫓아오는 말 그대로 정신이상인 고객을 상대하는 법도 평가하지 않았다. 이런 건 오직 실전에서, 생생한 현장 속에서만 배울 수 있다. 처음부터 그런 이야기까지 들려줬더라면 자진 이탈률은 훨씬 더 높았을 것이다.

나는 내 우편물을 주소지별로 분류하여 배달하기 시작했다. 편지와 잡지의 수신인은 전부 조지 코스탄자, 호머 심슨 같은 1990년대 TV 속 인물들의 이름으로 되어 있었다. 사이사이에 함정 문제도 많았다. 보관 우편, 전달 불가 편지, 특급 우편처럼 위장해놓은 일반 우편물 따위였다. 나는 20분 만에 전부 끝내고 만점을 받았으며 그런 나 자신이 자랑스러웠다. 시험은 정말로 까다로웠기에 한 통 한 통 신중히 살펴 처리해야 했다. 고개를 돌려보니 재키는 여전히 다리를 떨고 있었고, 눈은 다시 핀볼처럼 불안하게 이리저리 튀고 있었다.

"아무래도 다 망칠 것 같아요."

"재키, 괜찮을 거예요. 복잡하게 생각할 것 하나도 없어요."

"당신한텐 누워서 떡 먹기겠죠. 나는 시험엔 영 젬병이에요. 분명히 말아먹을 거예요."

"재키, 잘 들어요. 변화구 두어 개만 조심하면 돼요. '배달불가 대량 광고 우편'처럼 보이는 잡지가 하나 있을 텐데, 아니에요. 그건 정기간행물이니까 특급 우편으로 취급해야 해요. 다시 서류함으로 가져가서 전달 처리해야 해요. 전 주인한테 온 편지가 하나 있지만, 당신 분류함에서 전달 카드를 확인하면 배달을 나가기 전에 미리 잡아낼 수 있어요. 제리 사인펠트 앞으로 돼 있을 텐데, 분류함 중간쯤에 보면 그 사람이 이사 간 사실이 표시된 카드가 있을 거예요. 배달을 나가기 전에 그걸 전달함에 꽂아 넣으세요."

재키는 내가 말한 내용을 공책에 받아 적었다.

"재키, 우리 아버지가 늘 하시던 말씀이 있어요. 잘할 수 없다면 영리하게 해라. 무슨 말인지 알죠?"

재키는 공책을 던져놓고 의자에 주저앉았다.

"분명히 말아먹을 거야."

그녀는 만점으로 시험을 통과했다.

✦

나는 똑같은 사고실험을 해보는 습관이 있다. 이건 2015년 트럼프가 처음 대선에 출마했을 때 떠올린 생각이다. 아주 단순하다. 만약 비상사태가 생긴다면 주말 동안 누구한테 내 아이들을 맡길 수 있을까? 오바마 부부에게 맡길 수 있을까? 물론이다. 그들이라면 아이들을 잘 보살펴줄 게 분명하고, 나는 그런 자랑거리를 만들 기회를 기꺼이 환영할 것이다. 롬니 부부라면? 물론 예스다. 손주가 잔뜩 있는 사람들이니 좀 고지식하긴 해도 우리 딸들이 꽤 즐거운 시간을 보낼 것 같다. 물론 그는 시스템 그 자체인 사람, 베인 캐피털Bain Capital을 운영하던 당시에 회사를 '수확'하면서 귀찮은 노동자들, 그들의 비싼 임금과 복지를 쳐내던 사람이다. 하지만 일대일로 만나면 어쩐지 솔직하고 마음씨 좋은 사람일 것 같다. 부시 부부라면? 그것도 예스다. 조지 부시는 10만이 넘는 이라크 민간인의 죽음에 직간접적인 책임이 있단 걸 알지만 롬니 부부보다는 부시 부부가 나을 것 같다. 우리 아이들은 예술적 감수성이 풍부한데 조지는 화가이고 로라는 교사이기 때문이다.

그런데 주말 동안 아이들을 트럼프와 있게 한다면? 아니, 그건 절대 싫다!

하지만 재키는 괜찮을 것 같다. 우리 딸들이 조랑말과 병아리에 환장을 할 것이고, 끼니도 잘 얻어먹을 것이다. 재키는 목숨 걸고 아이들을 보호할 것이다. 저녁 식사 후에 같이 산책을 하면서 이 이야기를 하니 얼리샤는 대뜸 이렇게 말했다.

“당신 미쳤어? 상대가 흑인이라는 이유로 도로 한복판에서 총을 흔들어댄 사람이야! 아주 위험한 인물이라고!”

“그 사람이 흑인이어서라기보다 자길 열 받게 해서 그런 게 아닐까?”

“스티븐, 총을 꺼내 사람한테 대고 흔든 여자야. 이유가 무슨 상관이야. 미친 여자라고.”

“그래도 나쁜 사람은 아닌 것 같아.”

“스티븐, 당신은 애팔래치아 사람을 너무 좋아해.”

“그야 나도 애팔래치아 출신이니까!”

“아니야, 당신은 그냥 눈이 먼 거야.”

옳은 말이었다. 지금도 나는 그렇다.

✦

세상에는 두 부류의 사람이 있다. 가만히 앉아서 당하는 사람과 밖으로 나가 스스로 일을 일으키는 사람.

어떤 이들은 불운이 닥치면 그대로 주저앉고 만다. 하지만 어떤 이들은 아무리 넘어져도 몇번이고 다시 일어난다. 우리는 그걸 강인함, 투지, 결단력, 의지력이라 부르고, 미국적 덕목으로 여긴다. 하지만 이런 강인함은 늘 내게 애팔래치아적 기질의 핵심으로 느껴졌다. 매일 아침 일어나 불굴의 의지로 세상에 맞서는 것. 시도하고 실패하고 또 실패하면서도 더 독하게 덤벼드는 것. 절대 포기하지 않는 것. 미덕은 그저 '시도하는 행위' 자체에 있다. 그러니 시도하고, 시도하고, 또 시도하라.

직장에서 잘리거나 총에 맞더라도, 아니면 누군가 당신에게 멍청이라며 소리치거나 평생 그 모양 그 꼴로 살 거라며 비난하더라도 절대 개의치 마라. 생각하지 말고 그냥 다시 일어나 더 독하게 시도해라.

그런데도 사람들이 대체 왜 당신을 '너무 멍청해서 도와줄 수조차 없는 인간'으로 취급하는지 모르겠다고?

그런 것도 생각하지 마라. 그냥 다시 하던 일을 하러 가라.

제5장

아무런 마음의 유보도 없이

오리엔테이션 마지막 날, 파워포인트 슬라이드에 성조기가 나타났다. 하단에는 '취임 선서'라는 자막이 달려 있었다. 방 안엔 P 앤드 DC의 채용 담당자 돈 쿠퍼 씨가 와 있었는데, 그는 지문 채취와 신원 조회 안내를 담당한 사람이었다.

그 옆에는 서른 중반 즈음의 흑인 여성인 로어노크 우체국장 벤틀리가 서 있었다. 쿠퍼 씨는 우편배달부는 우편물을 책임지는 '공신력 있는 직책'이라 신원 조회가 연방 수사기관 바로 아래급 수준이라고 내게 말해주었다. 그는 큰 체구의 친절한 남자로 미 해병대 출신이었고, '캡틴 캥거루'를 떠올리게 하는 큼지막한 바다코끼리 콧수염을 달고 다녔다. 그는 (고등학교 때 나와 같이 스케이트보드를 타던 친구에게) 채취한 지문을 보내기 전에 나와 이야기하고 싶어 했다.

“스티븐, 여기 오는 모든 사람한테 이 말을 하는 건 아니고, 그냥 우편물을 배달할 사람들한테만 말하는 거예요. 여기 책상 뒤에 갇혀 있자니 사실 우편배달부들이 부러워요. 배달부들은 우체국의 영혼이죠. 당신도 곧 고객들에 관해 알게 될 거예요. 사람들이 언제 이사하고, 이혼하고, 생일과 졸업을 맞는지. 언제 아기가 태어나고, 세상을 떠나는지 전부 다 말입니다. 인생의 그 모든 파노라마를요.” 그는 호프 다이아몬드가 등기우편으로 스미소니언Smithsonian 박물관에 배달된 이야기를 들려주었다. 쿠퍼가 우정국에 대해 말하는 동안 그의 눈은 마치 복음을 전하는 사람처럼 반짝였다. 일반적인 우격다짐식 신입 교육이 아니라 진심 어린 마음에서 우러나는 반짝임이었다.

쿠퍼 씨는 벤틀리 국장에 대해서도 칭송을 아끼지 않았다. “얼마나 훌륭한 분인지! 그분은 전부 다 알아요, 스티븐. 컴퓨터 같은 두뇌를 가졌죠. 우정국에서 25년을 일했지만 그분만큼 시스템을 꿰뚫고 있는 사람은 본 적이 없어요. 로어노크에 오래 있을 분이 아니에요. 분명 저 위까지 올라가실 거예요.” 이제 쿠퍼 씨는 국장과 함께 일한다는 사실만으로 수염까지도 빛이 나는 듯했다.

“자, 여러분, 오늘 국장님께서 직접 이 자리에서 여러분을 미 우정국의 우편배달부로 임명하실 겁니다. 먼저 국기에 대한 맹세가 있겠습니다. 자, 모두 자리에서 일어나 깃발을 향해주시기 바랍니다. 벤틀리 국장님?”

그녀 옆에는 금빛 장식을 두른 성조기가 국기 게양대에 세워져 있었다. 내내 그 자리에 있던 물건이었지만 지금에야 눈에 들어왔다.

"저는 신입 우편배달부들이 선서하는 순간이 정말 좋습니다! 자, 모두 오른손을 가슴에 올려주세요……."

그때 갑자기 쿠퍼 씨가 동기들 중 하나를 획 돌아봤다. 늘 야구모자를 푹 눌러쓰고 교육 기간 내내 졸던 청년이었다.

"모자 벗어요! 지금 국기에 대한 경례 중이잖아요!" 전직 미 해병대원인 도널드 쿠퍼는 두 걸음 만에 청년의 코앞까지 다가갔다. 그러곤 손은 단순히 모아 펴는 것만으로는 충분치 않다는 듯 공기를 가르며 사열장 교관처럼 정확한 칼손을 만들었다. 청년은 얼른 모자를 벗었다. 순식간에 겁먹은 아이처럼 보였다. 지금 우리가 하려는 건 고등학교 미식축구 경기장에서 하는 국기에 대한 경례가 아니었다.

나는 ROTC에서 가르쳐준 대로 두 발을 모으고 똑바로 서서 왼손 엄지를 조심스럽게 청바지 솔기에 맞춰 내렸다. 오른팔은 자동으로 보이스카우트식 세 손가락 경례를 하지 않도록 신경 썼다. 내가 할 수 있는 건 이게 전부였다. 하지만 이번엔 뭔가 달랐다. 수십 년 동안 느껴보지 못했던 감정이 스쳐 지나갔다.

"좋아요, 여러분. 선서를 하겠습니다." 쿠퍼 씨가 말했다.

나는 미합중국 정부의 공식 공무원이 되는 중이었다. 지금의 우정국을 있게 한 역사 속 위인들만큼 엄청나게 중요한 일은 하지 않겠지만, 적어도 중요한 무언가의 일부가 된 듯한 느낌이

들었다.

"자, 모두 우정국 규정집 12-5페이지를 펴세요." 쿠퍼 씨가 말했다. "거기 '공직 선서'라고 적혀 있을 겁니다." 흰색 안내서를 펼쳤다. 그가 말한 대로 서약이 아닌 선서라고 적혀 있었다. 결혼 서약만큼이나 법적 구속력과 도덕적 무게가 있으며, 정신적으로도 중대한 변화를 가져오는 선서였다. 다만 나와 아내 그리고 내가 인정하는 어떤 더 높은 힘 사이의 약속이 아니라 나와 헌법, 미국 시민 사이의 약속이라는 점만이 달랐다.

나는 결혼식 때처럼 긴장됐다. 배반을 염두에 두어서가 아니라 그 순간이 너무도 진지하게 느껴졌기 때문이었다. 이건 단순한 계약이 아니었다. 월급보다 훨씬 큰 의미가 있는 일이었다.

"모두 오른손을 올리고 저를 따라 하세요." 벤틀리 국장이 말했다.

> 나, 스티븐 그랜트는 국내외의 어떠한 적에도 맞서 미 합중국 헌법을 지지하고 수호할 것을 엄숙히 맹세합니다. 헌법에 진정한 신의와 충성을 다하며, 어떠한 마음의 유보나 회피의 목적 없이 이 의무를 자발적으로 받아들이며, 이제부터 맡게 될 직무를 성실하고 충실하게 수행할 것을 맹세합니다.

방 안은 정적에 휩싸였다.

"여러분은 이제 우리 손안에 들어온 겁니다!" 쿠퍼 씨가 오래된 군대식 농담으로 그 정적을 깼다. 모두가 웃음을 터뜨렸지만 나는 여전히 그 엄숙한 감정의 여운을 느꼈다.

그건 오래전에 알았던 감정이었다. 유치한 애국심. 하지만 이번엔 좀 달랐다. 그건 내가 어린 시절 캠프 오타리의 기상 나팔 소리에 국기에 대한 경례를 하며 느꼈던 전율이나 대학 시절 육군 ROTC 사관후보생 훈련 때 느꼈던, 마치 총 든 보이스카우트가 된 것 같은 짜릿함과는 달랐다. ROTC를 떠나기 전 국기를 보며 들었던 감정은 일종의 소속감으로, 미국이 자유 세계의 마지막이자 최고의 희망이라는 감각이었다. 단순한 감정이었고 그리 깊지는 않았을 것이다. 아마 그래서 군대에 가겠다는 생각을 그렇게 쉽게 포기할 수 있었다. 작가가 되고 싶다는 나의 열망이 군 경력과는 양립할 수 없다고 생각하는 한 여자 앞에서, 국기라는 추상적인 상징은 힘을 잃었다. 작가는 창조적이고 감수성이 풍부하지만 군대는 그 반대라는 얼리샤의 말 한마디에 나는 군대를 나왔다. 그 후로 꽤 오랫동안 시도 때도 없이 그 결정을 후회했다. 그러다 서른 무렵에야 내가 나라에 별 쓸모없는 인간이라는 사실을 받아들였다. 그런데 그 감정이 되살아난 것이다. 마치 수십 년간 내 안에 갇혀 있던 무언가가 더 성숙하고 복잡해진 상태로 풀려난 느낌이었다.

내가 느낀 감정은 애국심의 어른 버전이었다. 무언가를 그 최고의 부분 때문에 사랑하는, 사랑의 성인 버전이었다. 충분히 많은 사람이 선의에 따라 행동하기에 결국엔 나라의 약점이 만회되리라는 믿음을 갖는 일이었다. 어른이라면, 겉보기에 모순되는 두 생각을 동시에 품을 수 있다. 그것들은 사실 서로 모순

되지 않기 때문이다.

애국심은 낡은 가치라기보다 오래된 가치, 근본적인 가치라 할 수 있다. 그것은 비판적 충성심이라는 덕목, 즉 자기 나라를 깊이 사랑하는 능력과 그 실패를 기꺼이 비판하려는 자세를 모두 지니는 일이다. 과거 세대들이 더 애국심이 강했는지는 나도 모른다. 나는 그저 우리가 과거를 지나치게 단순화하여 바라본다고 생각할 뿐이다.

1776년의 건국의 아버지들은 여러모로 오늘날의 미국을 알아보지 못할 것이다. 그럼에도 자유라는 권리가 이토록 확장된 것을 보면서 마음 깊이 감사할 것이다. 자유는 고통 없이 주어진 적이 없었다. 과거에 미국은 깊이 분열되었고, 시민적 절차가 무너질 때마다 폭력이 변화의 도구가 되었다. 우리의 정부가 우리를 대표할 수 있게 된 것은 1776년의 투쟁 덕분이었다. 우리는 성공했지만 결국 노예제라는 용납할 수 없는 형태의 죄악을 향후 90년 동안이나 묵인하고 말았다. 1865년에 이르러서야 마침내 그 엄청난 죄악을 폐지했지만 이를 위해 기어이 참혹한 대가를 치러야만 했다. 그리고 2020년 나라는 다시 투쟁의 소용돌이에 휩싸였다. 정체를 알 수 없는 바이러스와 정치권 전반에 퍼진 거대한 불만으로 다시금 진통을 겪게 되었다.

그러나 자유로운 법치주의 사회로 나아가기 위한 출발점이 바로 나라에 대한 사랑이다.

미국은 하나의 관념이다. 나라에 대한 사랑이 없다면 우리가 어떻게 그 관념을 완성할 에너지를 발휘하겠는가? 나라에 대한 사랑이 없다면 우리가 어떻게 관용할 수 있는 것을 관용하고, 바꿔야 할 것을 바꿀 도덕적 힘을 기르겠는가? 무엇이 되었든 어떻게 더 나아질 수 있겠는가? 한 나라는 냉소만으로도, 맹목적인 충성만으로도 지탱되지 않는다. 한낱 평범한 시민에 불과한 내가 이런 생각을 매일 하지는 않았다. 하지만 미 우정국 산하 로어노크 우편물 처리 및 분배 센터의 교육장에 서 있노라니 그 모든 것이 현재진행형으로 실감나게 다가왔다. 내가 나 자신보다 더 큰 무언가의 일부로 느껴졌다. 25년간의 컨설팅 경력에서는 단 한 번도 느껴보지 못했던, 휘트먼적 자기확장감이었다.

취임 선서는 신성한 믿음이자 기도의 한 형식이다. 헌법을 위한 기도, 미국과 미국 시민을 위한 기도다. 하지만 공짜 은총은 없는 법. 기도가 의미를 가지려면 행동을 통해 실현되어야 한다. 자연의 신은 우리 모두에게 양도할 수 없는 권리를 부여했다. 우리는 모두 평등하게 창조되었다. 세상을 잇는 우정국 같은 기관이 비로소 그러한 기도를 진실로 만든다.

우편배달은 멍청하고 시대착오적인 일이었다. 동시에 우편배달은 일상을 지탱하는 가장 핵심적인 행위였다.

이 두 가지 모두 사실이었다. 그게 바로 기도의 본질이다. 기도는 우리를 내려다보는 신을 향해 소원을 들어달라고 부탁하는 일이 아니라 해야만 하는 일을 시작하고 그 뒤에 따를 모든 노력을 기꺼이 감내하겠다는 의지의 표현이다.

나는 그 기도의 일부가 될 작정이었다.

제6장

생초짜, 출근하다

"10번 구역에 새로 온 사람 누구야?" 케이시가 테리에게 묻는 소리가 들렸다. 케이시는 짧은 머리에 성질이 급한 여자였는데, 내가 우체국에서 일하는 동안 오로지 내 잘못을 지적하기 위해서만 나에게 말을 걸었다. 그녀가 3번 구역에 살고 있다는 사실은 나중에야 알았다.

내가 사는 8번 구역 담당인 테리가 분류함 너머로 속삭였다. "이름은 스티븐 그랜트야. 내 구역에 살아. 너도 그 집을 봤어야 하는데! 완전 부자야! 도대체 여긴 왜 온 건지 모르겠어. 이상해."

케이시는 대꾸하지 않았다.

그때 지나가던 시내 배달부가 말했다. "우편배달부를 하기엔 나이가 좀 많지 않아? 교수였나? 아님 혹시 우편검열관인가?"

"아니야." 테리가 대답했다. "경제학자 비슷한 사람이야. 경제학 잡지를 구독하더라고. 근데 교수는 아니야. 어린 딸이 둘 있고, 새 차가 두 대. 전엔 프루덴셜에서 일했고. 부모님은 그레그 담당 구역에 사시고, 진짜 교수는 아버지야."

세상에! 나에 대해 또 뭘 알고 있을까? 나는 아무 말도 못 들은 척 소포를 운반용 카트에 차곡차곡 쌓았다. 그때 처음으로 우편배달부의 진짜 비밀을 알게 되었다. 배달부가 이름을 안다는 건 주소도 안다는 뜻이다. 그리고 주소를 안다는 건 우편물 내용을 안다는 뜻이다. 그건 결국 인터넷 시대에도 그들이 당신을 안다는 뜻이다.

이것이 블랙스버그 우체국으로의 첫 출근 날에 일어난 일이었다. 이상하고 의심스러운 사람으로 여겨지고 있다는 사실은 '신입'으로서의 긴장감을 완화하는 데 별 도움이 되지 않았다. 내 상사 데이비드는 내가 10번 구역의 대타로 일하게 될 거라고 말해주었다. 모든 구역은 공식 배달부와 배달 보조원이 각각 한 사람씩 배정된다. 공식 배달부가 일주일에 5일을 담당하고, 배달 보조원은 보통 여섯째 날, 주로 물량이 많은 월요일을 맡는다.

10번 구역에는 두어 개의 주택가와 아파트 단지, 그리고 기업 연구 단지CRC, Corporate Research Center(이를테면 테크랩TechLab, 리제네론Regeneron, 토크Torc, VPT, 그 외 버지니아텍 연구실에서 파생된 다양한 지적 재산 스타트업들처럼 수많은 대학 관련 기업들의 사무 및 연구 단지)가

포함되어 있었다. 이 구역의 공식 배달부는 대체 인력 부족으로 몇 달 동안이나 가지 못했던 휴가를 기다리고 있던 참이라고 했다. 그래서 내가 현장 실습을 하루 마치고 나면 바로 2주 동안 주 6일을 일하게 될 거라고. 그래서 이 일이 주 1일 알바 정도가 될 거라는 환상은 정확히 10분 만에 박살 났다. 그래도 나는 이건 담당 직원이 휴가를 가야 해서 그런 것뿐이고, 2주 뒤엔 스케줄이 다시 원래대로 돌아갈 거라고 스스로를 달랬다. 하지만 그건 완전히 틀린 생각이었다. 나는 '정상적인 상황'에서 일을 시작한 것이었다. 다만 그걸 알기엔 내가 너무 풋내기였고, 이는 내가 빌어먹을 생초짜였기 때문이다.

나의 공식 배달부는 캐시였다. 그는 10번 구역을 '꽉 잡고' 있었다. 30대 초반의 잘생긴 흑인 남성인 캐시는 하나도 힘들이지 않고 이 일을 해냈다. 몸이 축구선수처럼 단단하고 키가 컸으며, 주말이면 어린이 축구 심판을 본다고 했다 .

처음 만났을 때 내 소개를 했더니 그는 대뜸 "1872 패트 드라이브의 스티븐 그랜트 씨죠?" 하고 물었다.

"네, 맞아요."

"블랙스버그에 스티븐 그랜트 씨가 두 명인데, 다른 한 분은 시내에 살아요."

"아, 맞아요." 나는 놀란 기색을 감추려 애썼다. 나도 다른 스티븐 그랜트에 대해 알고 있었다. 언젠가 그가 내 도서관 연체료를 대신 내줬고, 세탁소 주인이 그의 셔츠를 내게 건네려 한 적도 있었기 때문이다.

"경제학자 비슷한 분 아니세요?"

"그 비슷해요. 지금은 아니지만."

"이제 자기 우편물을 자기한테 직접 배달하는 거네요."

"아마도요?"

"어쨌든 CRC에 대해 잘 아실 테니 다행이네요." 내가 개인 사무실을 두고 있던 기업 연구 단지를 말하는 것이었다. "거기서 배달 보조원들이 자주 길을 잃거든요. 자, 그럼 이제 시작합시다. 본인 서류가방은 우편 분류함 아래에 두실래요?"

그렇다. 나는 첫 출근 날 가죽 서류가방에 커피 한 잔을 들고 나타났던 것이다. 마치 몇 건의 회의에 참석한 후 공유오피스에라도 갈 사람처럼. 그제야 내 꼴이 얼마나 우스꽝스러웠는지를 깨달았다. 친절하게도 캐시는 내 체면을 살려 말해주었다. 그렇게 우리는 일을 시작했다.

우편 분류함은 배달부의 본진으로 매일 아침이 시작되고 하루가 끝나는 장소였다. 캐시의 분류함 벽면에는 아내와 아이 사진이 자석으로 붙어 있었다. 손주들 사진이 붙어 있는 분류함도 있었다. 한 시내 배달부의 분류함에는 로널드 레이건 달력이 걸려 있었다.

몇몇 친구가 내게 물었다. "그럼 너는 그냥 우체국에 가서 트럭으로 갈아타고 배달을 나가는 거야?" 마치 우편물을 분류하고 실어주는 팀이라도 따로 있는 줄 아는 듯했다. 솔직히 말해서 그냥 우편물 배달만 하면 된다면 우편배달부는 최고의 직업 중 하나일 것이다. 하지만 현실은 그와 다르다. 배달부들은 날마다 자기 우편물을 체계적으로 분류해 트럭에 실은 다음, 정해진 순서대로 하나씩 배달한다. 우리는 한쪽에는 우편물이 들어오는 적하장, 반대쪽에는 우편물 트럭들이 우편물을 싣고 나가는 적하장이 있는 큰 창고 같은 공간에서 일했다. 모든 곳에 공업용 기름 냄새와 담배 냄새가 자욱했지만 다른 냄새도 섞여 있었다. 잉크와 종이 냄새, 바로 우편물 냄새였다.

수많은 사람이 고된 노동으로 배달부를 뒷받침하지만 결국 우편의 질서를 통합해내는 사람은 배달부다. 배달부들은 수송물을 트럭에 싣고, 배달 경로를 익히고, 배달을 하고, 고객을 만나고, 발송물을 수거하고, 주소가 바뀐 우편물을 전달하고, 부재 중인 고객을 위해 우편물을 보관해둔다.

이 모든 일이 우편 분류함에서 시작된다. 각 구역마다 저만의 분류함이 있고, 각 분류함은 정해진 구역만의 것이다. 서서 일하는 책상을 둘러싸고 있는 커다란 철제 책꽂이를 상상하면 된다. 우편 분류함은 갈색 분체도장된 철판으로 만들어져 있다. 어쩐지 디킨슨 소설에나 나올 것 같은, 칸칸이 나눠진 작은 구멍에 종이를 분류해 넣는 모습이 떠오른다면 옳게 상상한 것이다. 19세기 말과 20세기 초의 우편 분류함들은 나무로 만들어져 마치 실용적인 빅토리아시대 가구처럼 보였다. 하지만 현대의 우편배달부들은 그게 우편 분류함이란 걸 확실히 알아볼 수 있다. 내가 맡은 10번 구역 분류함은 모든 칸을 일렬로 죽 늘어세우면 대략 20미터 정도의 크기로, 주소지마다 한 칸씩 배달 순서대로 분류되어 있었다.

우편물을 분류해 넣는 작업은 순전한 육체노동이었다. 각 주소지마다 독자적인 칸이 있으니 주소지가 얼마 안 되는 구역은 분류함 크기가 작고, 주소지가 많은 구역은 분류함도 크다. 거기엔 추상적으로 생각할 것이 하나도 없었다. 11번 구역은 코딱지만 했다. 시골 배달 구역 끝에 딱 원룸 아파트 책장 크기의 수직함 하나만 달랑 있었다. 10번 구역은 다른 대부분의 구역들과 비슷했다. 하지만 3번 구역 같은 괴물 구역도 있었다. 그 구역은 너무 커서 왼쪽에 분류함을 하나 더 붙였을 정도였다. 배달부의 눈으로 보면 그게 괴물이란 걸 한눈에 알 수 있다. 처음에 그 구역을 맡았을 때는 경험이 없어 그게 얼마나 거대한지를 제대로 알지 못했다.

몇 년에 한 번씩 관리팀이 나와 우편물의 양, 주소지 수, 그 구역이 시골인지 아닌지 등을 고려하고, 하루 여덟 시간 동안 배달할 수 있는 양에 따라 구역의 크기를 정했다. 하지만 사실 그런 평가는 그리 자주 이뤄지지 않기 때문에 구역의 크기가 일정하지 않고, 특정 구역이 시내에 속하는지 시골에 속하는지에 대한 평가도 임의적으로 보일 때가 많았다. 내가 속한 10번 구역은 내가 어릴 때만 해도 소들이 풀을 뜯던 들판이었기 때문에 처음에 시골 구역으로 분류된 것이 말이 되었다. 하지만 기업 연구단지가 폭발적으로 성장하고 대학이 확장되면서 새로 지은 단독주택과 아파트 단지 때문에 이 구역은 이제 도시 구역에 더 가까운 모습이 되어 있었다. 말하자면, 대부분의 배달이 차에서 내려 걸어가야 하는 형태로 이루어졌다. 시골 배달부들은 그처럼 기존 방식을 벗어난 배달을 싫어했다. 하지만 나는 걷는 방식이 좋았다. 트럭에서 나와 인도 위를 걸을 수 있어 마음에 들었다.

우편배달부라는 직업은 겉보기엔 아주 단순하다. 사람들은 통계학자가 무슨 일을 하는지, 에어컨을 어떻게 고치는지 잘 모른다. 하지만 교사나 우편배달부는 누구나 할 수 있을 것 같다고 생각하는 경향이 있다. 우편물을 집어 들고 정해진 길을 다니며 배달하는 일이 어려울 게 뭐겠느냐고 말이다. 텔레비전 드라마 때문에 사람들은 우편배달이 그저 시도 때도 없이 커피를 마시고, 점심을 세 시간씩 먹고, 지루한 주부들과 잡담이나 하며, 노조 덕분에 대충 시간이나 때우는 직업이라는 인상을 갖게 됐지만 그건 다 헛소리다. 아침에 출근하면 새벽 4시부터 나와 일하고 있는 사람들이 항상 있었다. 하루 일을 마치고 퇴근할 때도 여전히 남아 일하는 사람들이 있었다. 사실 우편물을 우편함에 넣고, 고객과 잠깐 몇 마디 나누고, 친근하면서도 너무 오래는 머무르지 않는 그것조차 보기보다는 어려운 일이다.

블랙스버그 중앙 우체국에는 창구 직원들이 앉아 있고, 사람들이 서류를 작성하거나 봉투에 주소를 적는 책상이 놓인 공공 구역이 있고, 발신 우편함과 사서함이 비치된 로비가 있다. 하지만 진짜 마법은 무대 뒤에서 벌어진다. 창구 벽 뒤에는 격납고 같은 넓은 공간이 펼쳐져 있는데, 거기에는 구역별 분류함들과 소포 분류장, 트럭 적하장이 딸린 수취 구역이 있다. 그리고 배달부들이 우편물 운반에 쓰는 다양한 카트와 관리자들의 책상, 반송된 소포를 임시로 담아두는 카트, 그리고 뜻 모를 약어들이 붙어 있는 상자들 속에 반송된 우편물을 담아놓은 카트 따위가 있다. 이 모든 것이 절반은 미국식 과학적 관리법, 절반은 오랜 관습이 절묘하게 결합된, 치밀하게 안무된 춤처럼 흘러간다.

미 우정국의 모든 것은 시계처럼 정밀하게 돌아간다. 물론 화이트칼라의 업무도 정해진 일정에 맞추어 돌아가지만 리듬은 없다. 지식노동은 프로젝트 단위로 움직이기 때문이다. 우편배달은 지식노동이 아니라 매일 똑같은 일을 반복하는 숙련노동이자 시스템의 운용이다. 우편배달에는 리듬이 필요하다. 배달부에 따라 약간의 변주는 있을지라도 모두가 기본적으로 같은 기준을 따른다. 그걸 주도하는 사람이 우편물 처리원들이다. 그들은 오후부터 다음 날 새벽까지 2교대, 3교대로 근무하며 '우편흐름Mailstream'이라는 것을 만들어낸다.

우편 교육원에서는 오전 7시 반까지 출근하라고 했다. 알고 보니 전날의 야간 근무조가 일을 마무리할 시점에 딱 맞춰 도착하라는 뜻이었다. 수셰프가 식재료를 미리 손질해놓고 셰프를 기다리듯 우편물 처리원들은 뒤에서 우편흐름을 준비하는 필수불가결한 일을 한다. 배달부들이 그걸 나름대로 정리해 들고 나갈 수 있도록 정리해놓는 것이다. 시내 배달부들은 정교하게 관리되는 시스템의 일부였다. 그들은 정각 7시 반에 출근해 거의 초 단위로 움직였다. 반면, 내가 소속된 시골 배달부들은 출근 시간이 제각각이었다. 우리는 시간이 아니라 구역을 기준으로 임금이 산정되기 때문이었다. 토미는 우리 시골 노조 대표이자 가장 경력이 오래된 시골 배달부로(내가 고등학생이던 1980년대부터 이 일을 했다), 그린즈버러Greensboro 우편 트럭이 도착하는 새벽 5시쯤에 출근했다. 그는 우편물이 도착하기가 무섭게 우체국 문을 나섰다. 웨이드도 비슷했다. 두 사람 다 저 두메산골까지 가야 하는 장거리 구역을 맡고 있었다. 캐시는 완전히 프로여서 9시 반쯤에 느긋하게 출근해도 남들보다 일찍 자기 구역 배달을 마쳤다. 시골 배달부는 언제, 어떻게 하든 그날 맡은 일만 끝내면 그만이었다.

✦

미 우정국에는 배달부가 아침마다 책임져야 하는 몇 개의 우편 흐름이 있다. 나는 마지막 날까지도 웨이드나 캣, 그레그 같은 고참들이 한마디씩 해준 덕분에 분류함에 무언가를 남겨두고 출발하거나 우편물 처리원들에게서 받아가야 할 것을 잊어버리는 불상사를 겪지 않을 수 있었다. 나중에는 나만의 간단한 체크리스트를 만들긴 했지만 내가 그걸 무시하고 그냥 생각나는 대로 할 때마다 고참들이 나를 구해줘야 했다. 그나마 1년이 다 되어서야 나는 간신히 우편물을 (거의) 실수 없이 분류할 수 있게 되었다.

새벽 4시 반경부터 우편물 처리 및 분배 센터에서 첫 트럭이 도착한다. 한 트럭은 보통 모든 자동 분류 우편물을 잡지류, 미분류 우편물과 함께 가져온다. 이 자동 분류 우편물은 배달 준비 구역에 있는 카트에 실리고, 나머지는 창구 직원들이 구역별로 분류한다. 그런 다음 이 모든 것을 배달 순서대로 우편 분류함에 분류해 넣는 것은 친절한 우리 동네 배달부의 일이다. 편지류, 잡지류, 소포 등 모든 종류의 우편물을 분류해 넣는데, 이 일을 우리는 '우편물 꽂아 넣기'라 부른다. '미분류 우편물'도 마찬가지다. 미분류 우편물은 자동 분류 우편물에서 이탈해 헐렁한 자루에 담긴 것들이다. 아마 주소 일부분이 누락됐거나 봉투의 크기나 두께가 표준에서 벗어난 것들, 또는 늦게 도착했거나 잘못 놓여져 뒤늦게 발견한 편지들일 것이다. 어떤 이유로 미분류 우편물이 되었든 그걸 분류하는 건 배달부의 일이었다.

캐시를 따라 각 작업장—잡지류, 미분류 우편물, 긴급 우편물, 자동 분류 우편물—을 돌자니 이런 생각이 들었다. '대체 이걸 다 어떻게 기억하라고?' 아직 구역별 분류함까진 가지도 않았을 때였다.

이제 '주소별로 꽂아 넣기'가 남았다. 분류함 앞에 서서 네이선 대거 앞으로 온 스포츠 잡지를 집는다. 주소는 2001 플랜테이션로드, 아파트 B-1. 플랜테이션로드는 배달 구역의 초입에 있는 길임을 기억하고 왼쪽 위 칸에 잡지를 꽂는다. 로리 부엔디아의 씨앗 카탈로그를 집었을 땐 그녀가 리지로드의 끝 쪽에 산다는 걸 알기에 오른쪽 아래 책상 언저리 칸에 꽂는다.

'그런데 사우스게이트가 어디에 있는지 배달부가 어떻게 알지?' 하고 생각한다면 답은 간단하다. 그냥 외우는 것이다. 물론 멍청한 살덩이 로봇처럼 칸마다 적힌 주소를 하나하나 읽어가며 제자리를 찾을 수도 있다. 하지만 현실은 그냥 구역 내의 길 전체를 통째로 머릿속에 집어넣어야만 한다. 그게 정해진 시간 안에 모든 우편물을 분류함에 꽂아 넣을 수 있는 유일한 방법이다.

주소지별 분류 작업은 우편배달부가 하는 일 중 가장 힘든 축에 속한다. 아주 꼼꼼하고 집중해야 하기 때문에 나 같은 ADHD 환자는 매일 아침 한 시간 동안 지옥을 맛본다. 하지만 이 작업이 내가 하는 가장 중요한 일 중 하나인 것은 분명하다. 거기에 나머지 모든 것이 달려 있기 때문이다. 여기서 제대로 해놓으면 나머지 시간은 순조롭게 흘러갈 테지만 여기서 꼬여버리면 이후 열 시간이 악몽이 될 것이다. 주소지별 분류는 일말의 실수도 용납하지 않으며, 배달부로서의 성패 또한 거기에 달려 있다.

하지만 처음에 캐시가 우편물을 꽂아 넣는 모습을 봤을 땐 이런 사실이 전혀 보이지 않았다. 그는 끊임없이 배달 구역에 관해 말해주었다. "스미스랜딩Smith's Landing에서는 항상 물을 마시고 화장실을 이용할 수 있어요. 배달할 게 없어도 프랫하우스frat house까지는 반드시 차를 몰고 내려가세요. 한번씩 구역에서 나와 점검을 하니까 그냥 가세요." 그는 너무도 유연한 몸놀림으로 한 번도 멈추지 않고 작업을 이어갔다. 왼손을 아래로 쭉 뻗어 우편물 몇 개를 한꺼번에 집더니 하나씩 분류함에 착착 꽂아 넣었다. 왼쪽, 오른쪽, 가운데. 완벽한 리듬으로.

"자, 한번 해 봐요. 금방 올게요."

캐시가 떠나고, 나는 우편물을 집어 든 채 분류함 앞에 섰다.

좋아. 파멜라웨이에 사는 벤 리 앞으로 온 《포브스Forbes》 잡지라…… 파멜라웨이가 대체 어디야!

찾아볼 도표도, 좌표나 인덱스 같은 것도 없었다. 배달길 초입에 있는 거리는 전부 플랜테이션로드에 있었기 때문에 거기가 아니란 건 알았다. 내가 길을 좀 아는 기업 연구 단지 쪽도 아닌 것 같았다. 그래서 분류함의 앞쪽 절반은 제외시켰다. 그런 다음 그냥 그 자리에 서서 파멜라웨이가 나올 때까지 왼쪽에서 오른쪽으로 거리 이름을 하나하나 훑어갔다. 나는 숫자 난독증이 약간 있어서 번지수는 도돌이표처럼 같은 곳을 여러 번 돌아가 다시 읽어야 했다. 파멜라웨이는 거의 구역 끝에 있어서 이런 무식한 방법으로 제자리를 찾는 데는 한참이 걸렸다.

아, 제발. 이제 겨우 한 통이라니. 내 안에서 공포가 밀려왔다. 내일은 이걸 혼자 해야 한다고?

소포는 부피가 크기 때문에 그냥 케이지처럼 생긴 구역별 보관대에 무작위로 쌓여 있었다. 그것들을 배달 순서대로 분류하는 것 역시 배달부의 일이다. 어떤 배달부들은 소포마다 카드를 만들어 분류함에 꽂아두었다. 그러면 배달 도중에 우편물 사이에 끼워둔 형광색 카드를 보고 그 주소지에 배달할 물건이 있음을 떠올릴 수 있다. 배달 일에 점점 익숙해지면서 나는 소포를 배달할 곳을 그냥 머릿속으로 기억할 수 있다는 걸 알았다. 뇌에 마치 컴퓨터처럼 그걸 자동으로 떠올리는 경로가 만들어진 것이다. 하지만 그게 작동하려면 내 구역의 모든 경로를 다 외우고 있어야 했다. 처음에 고참 배달부가 그렇게 하는 걸 봤을 때는 무척 놀랐다. 그러던 어느 날 10번 구역 소포를 분류하다가 문득 이제 나도 '그렇게' 됐다는 걸 깨달았다. 그날 이후로 나는 완전히 처음 가보는 구역이 아니면 소포 카드가 더 이상 필요하지 않았다. 내 머릿속에는 10번 구역의 지도가 들어 있었다.

✦

일단 우편물을 분류함에 다 꽂아 넣고 나면 그다음엔 '분류함에서 빼야' 한다. 분류함에 꽂힌 우편물을 꺼내 납작한 플라스틱 통에 옮겨 담는 것이다. 이제 모든 것이 배달 순서대로 정렬되어 있다. 그 플라스틱 통들을 순서대로 트럭에 싣고, 소포를 '마지막에 꺼낼 것을 가장 먼저 넣는' 방식으로 싣는다. 그렇게 하면 바깥에서 트럭 꽁무니를 말아 올려 필요한 소포를 바로 꺼낼 수 있기 때문이다.

"좋아요, 이제 거의 준비됐어요." 캐시가 말했다. 그는 모든 단계를 세심하게 가르쳐주었다. 교육원 모의시험 때와 비교하면 그 50배는 되는 양이었다. 캐시는 소포 전체를 어떻게 수레에 펼쳐놓아야 하는지도 보여주었다. 기다란 자동 분류 우편물 통, 손수 분류한 우편물과 잡지가 담길 회색 격자무늬 통, 미디어 우편물 통, 그리고 마지막으로 큰 소포들. 이렇게 끝에서 끝까지 죽 펼쳐놓고 종류별로 쌓아 올렸다.

캐시는 큰 소포의 경우 호드[hod]를 사용해 정리했다. 호드란 세탁 바구니 크기의 반투명 양손잡이 플라스틱 통이다. 호드는 무슨 약자가 아니라 벽돌공들이 벽돌을 나를 때 쓰던 나무 상자나 바구니를 가리키는 중세 영어 단어다. 아주 옛날에 사용하던 도구 이름이 아직까지 남아 있는 것이다. 좋은 호드는 배달부들이 몇 개씩 차지하고 깨끗하게 관리했다. 사실상 연방정부 소유물이었지만 소포나 잡지류만이 아니라 도시락, 재킷, 테이프, 공구까지 온갖 물건을 보관하는 데 활용되었다. 호드는 미 우정국을 지탱하는 다섯 가지 핵심 동력 중 하나다. 나머지 네 가지는 고무줄, 우선 우편, 레드불, 담배다.

첫날에는 머리가 완전히 돌아버릴 것 같았다. 채용 당시 쿠퍼 씨가 첫 몇 주에 관해 한 말이 떠올랐다. "정신줄을 놓으면 안 돼요. 시야를 좁히지 마세요!" 하지만 나는 정신줄을 놓기 일보 직전이었다.

"젠장, 이거 진짜 복잡하네요."

"단계가 많긴 하지만 조금만 지나면 몸이 자동으로 움직이게 될 거예요. 그냥 침착하게, 한 단계 한 단계 빼먹지 말고 해요." 캐시가 말했다.

우리는 수레 위에 모든 우편물을 정리했고, 나는 휴대전화를 꺼냈다. 내일이면 캐시가 여기에 없을 테니 정렬 방식을 기억해두고 싶어서였다. 그 순간, 9번 구역 분류함으로 향하던 캐시가 갑자기 몸을 홱 돌리더니 꼭 〈엑소시스트〉의 악령 들린 사람처럼 머리를 미친 듯이 흔들었다. "우편물 사진 찍으면 안 돼요!"

"아, 그냥 내일 어떻게 할지 기억하려고 찍는 거예요."

"우편물 사진은 절대 찍으면 안 돼요. 그러다 짤린다고요."

'그러다 짤린다.' 나는 그 말을 정말 자주 들었다. 해고될 만한 일을 저지르는 사람들도 보았다. 하지만 진짜로 해고된 사람은 단 한 명도 없었다. 심지어 우편 트럭을 절벽 아래로 떨어뜨린 사람조차도 해고되지 않았다.

캐시가 나에게 그렇게 호통을 친 건 신입 배달부들의 생존율이 워낙 낮기 때문이었다. 관리부에서 온갖 심리검사를 한들, 어차피 이 일을 버틸 사람은 정해져 있다. 끈기, 총기, 상황 대처 능력이 있는 사람이라야 우편배달부가 될 수 있다. 모두가 특전사가 되거나 NFL에서 뛸 수는 없는 것처럼 모두가 우편배달 일을 할 수 있는 건 아니라는 말이다. 겉보기와 달리 이 일은 사실 꽤 어렵다. 대부분의 신입이 오래 버티지 못하고 이탈했기 때문에 고참들도 신입에게 굳이 말을 걸지 않았다. 나 역시 두 달 고비를 넘기고 나서야 다른 배달부들이 말을 걸어오기 시작했다. 두 달이 분기점이라는 게 오랜 경험에서 나온 결론이었다. 그 정도 버텼으면 이후로도 쭉 해나갈 수 있다는 뜻이었다.

지금까지 설명한 과정이 너무 길고, 고되고, 복잡하고, 눈물겹게 들린다면 그건 진짜로 그렇기 때문이다. 이 일은 햇살 아래서 휘파람을 불며 방긋 웃는 고객에게 우편물을 전하는 일과는 거리가 한참 멀다. 현관문 앞에서 목욕가운 차림의 여성 고객에게 반가운 인사를 받는 일과도, 우편물 트럭 안을 들여다보고 싶어 하는 동네 아이들과 노닥거리는 일과도, 한적한 시골길 그늘에 앉아 샌드위치를 먹는 일과도, 석양이 내려앉은 아름다운 세상을 바라보는 일과도 거리가 멀다. 실상은 형광등 아래 딱딱한 콘크리트 바닥에 서서 담배 연기와 적하장 배기가스를 들이마시며 반복적이고 까다로운 작업을 쫓기듯이 해내야 하는 일이다.

주소지별 분류는 배달부의 업무 중 가장 지랄 맞은 일이기에 그 시절의 추억 중 그 일만큼은 전혀 그립지 않다. 마지막 편지를 배달하며 이런 생각을 했을 정도다. '그래, 살면서 무슨 일을 겪든 적어도 우편물을 주소지별로 분류할 일은 다시 없겠지.'

내가 우정국에서 보낸 시간 중 최소 200시간, 아마 거의 300시간을 우편물 분류에 썼을 것이다. 지금도 그 절차를 기억하기에 당장에라도 10번 구역과 11번 구역 우편물을 주소지별로 분류할 수 있을 듯하다.

하지만 그 일을 실제로 한 기억은 잘 떠오르지 않는다.

내가 썼던 소프트웨어 매뉴얼은 기억난다. 브랜드 캠페인 아이디어를 제안했던 일이나 실험을 설계했던 일도. 30년 전 에세이 시험에 썼던 답조차 조금은 기억난다.

그런데 우편물 주소지별 분류하기는? 전혀 기억나지 않는다. 마치 텅 빈 화면처럼. 기억의 구멍처럼. 그냥 뇌가 스스로 거부한 것이다.

내가 우편물 분류 작업에서 기억하는 건 나의 고객들이다. 몇 년 후에 동네 헬스장에서 어떤 남자를 만났을 때 그의 이름을 듣는 순간 이런 생각이 스쳐 지나갔다. 《포춘》, 《이코노미스트》, 《하버드 비즈니스 리뷰》. 모교에 후하게 기부하는 사람, 민주당원, CEO. 1000여 개가 넘는 주소 중 하나였지만 나는 단번에 그를 기억해냈고, 그의 《이코노미스트》를 먼저 읽고 조심스레 그의 우편함에 넣어두었던 그 모든 시간에 대해 그에게 말없이 감사를 전했다.

제7장

거울 미로에서 길을 찾는 법

그날은 우편배달부로 처음 혼자 일을 하게 된 날이었다.

전날 밤 나는 첫 출근을 앞둔 사람답게 온갖 초조와 불안에 시달렸다. 잘해내고 싶었다. 창피한 실수는 하고 싶지 않았다. 감독관이나 고참들이 신입에게 늘 하는 말이 있다. “우편물을 따라가라.” 어차피 자동 분류된 우편물이 배달 순서대로 상자에 정리되어 있으니 이론상으로는 그대로 주소지를 하나씩 찾아가기만 하면 된다. 하지만 말이 쉽지, 그리 쉬운 일이 아니다. 특히 도로 이름에 아직 익숙하지 않다면 더더욱.

그 전날 캐시가 나를 태우고 전 구역을 돌면서 함께 우편물을 배달했다. 게다가 나는 이미 4년 가까이 기업 연구 단지에서 일한 경험이 있어서 다른 신입들에 비해 엄청나게 유리했다.

기업 연구 단지는 버지니아텍에서 개발한 지적재산을 민간 부문으로 이전하기 위해 1985년에 설립되었다. 나는 엉터리 같은 1970년대식 개방형 구조의 집에서는 절대 일을 할 수 없다는 사실이 분명해지자마자 2016년부터 거기에 1인 사무실을 마련하여 재택근무를 했다. 내 사무실은 문과 창이 하나씩 딸린 세 평 좀 안 되는 방으로, 내겐 안성맞춤이었다.

기업 연구 단지 안에는 길이 몇 개 되지 않았지만 거울 같은 유리창이 달린, 거의 똑같이 생긴 벽돌 건물들이 죽 들어서 있어 어디가 어딘지 분간하기 힘든 미로처럼 느껴졌다. 단층 목조 주택과 간판이 선명한 타이어 가게, 슈퍼마켓 등의 풍경에 익숙한 시골 출신의 배달부라면 기업 연구 단지는 일종의 어디가 어디인지 알 수 없는 거울 미로였다. 주소는 숨어 있고, 체크무늬 셔츠를 입은 과학자들이 알 수 없는 일을 하는 암호 같은 이름의 건물들이었다. 하지만 나에겐 비밀 기지처럼 익숙한 안식처이자 제2의 집이었다. 우체국장이 그 구역을 내게 배정한 것도 바로 그런 사실을 알아서였다. 내가 오기 전까지 그곳은 모두가 가장 기피하는 노선이었고, 신참이라면 반드시 나가떨어지는 실패의 구역이었다.

캐시가 꿀벌처럼 그곳을 뱅글뱅글 돌며 이동하는 동안 나는 복잡하게 이어진 길을 꼼꼼하게 메모했다. 캠퍼스는 나에게 익숙한 곳이었음에도 길은 혼란스럽기만 했다.

그날 답사를 마치고, 나는 혼자 다시 돌아가 그곳을 운전해 보았다. 구글 지도로 경로를 만들어, 마치 노르망디 상륙 작전을 앞두고 낙하 준비를 하는 공수부대원처럼 정밀하게 점검했다. 노란 메모지에 배달 순서대로 옮겨 적은 주소와 거리 이름을 쭉 훑어 내려가며, 모든 코너를 돌 때마다 머릿속으로 길을 하나하나 시각화했다. 시간만 더 있었으면 아마 축소 모형을 만들어 그 위로 성냥갑 크기의 미니 우편 트럭이라도 다니게 했을 것이다.

그날 밤에는 잠자리에 들어서도 뒤척이며 자꾸 깼다. 평소 천둥이 쳐도 모를 만큼 잘 자는 내겐 드문 일이었다. 하지만 잠에서 깰 때마다 각 건물과 우체통과 공동 우편함을 너무도 또렷하게 떠올릴 수 있었다. 익숙했던 장소가 '우편배달부의 시각'으로 보니 낯설게 다가오는 희한한 경험이었다.

이 일을 제대로 해내고 싶었다. 그 마음속엔 새로운 일을 시작할 때 느끼는 불안감도 숨어 있었는데, 나는 늘 지나칠 정도로 준비를 해서 그 불안을 메워왔다. 내겐 이 일을 완전히 망쳐버리면 어쩌나 하는 깊은 두려움이 있었다. 어쩌면 나는 '직업적인 성공'을 마치 코팅처럼 두르고 있지만 사실은 연쇄적으로 일을 그르치는 실패자일지도 모른다는 은근한 의심 때문이었다. 오직 무지막지하게 머릿속으로 예행연습을 하는 것만이 첫날부터 '죽을 쑤는' 대참사를 막는 유일한 방법이었다. 만약 내가 고작 우편배달부 일조차 제대로 해내지 못한다면 그게 내 인생에 무엇을 의미하게 될지 진심으로 두려웠다.

동이 트자 한시라도 빨리 일을 시작해 그 기다림을 끝내고 싶었다. 배달 중엔 커피 마실 시간도 없을 거라는 생각에 뜨거운 커피를 꿀떡꿀떡 들이켜고 문밖을 나섰다. 사무실에 도착해서는 오래된 나만의 주문을 외웠다. '천천히 하면 매끄럽게 되고, 매끄럽게 되면 빨라진다.' 시간의 압박에 휘둘리지 않을 작정이었다. 체크리스트를 따라 신중하게 차근차근 수행하리라. 계획을 세우고, 그에 따라 일을 하리라.

나는 내 구역 분류함으로 걸어가 작업을 시작했다. 천천히, 한 번에 하나씩. 마치 아무 그림도 없는 직소퍼즐을 맞추는 기분이었지만 서서히 어떤 질서가 생겨나는 것 같았다. 나는 계속 집중했다. 그런데 어느 순간, 30대 초반의 시골 배달부 캣이 어깨 너머로 고개를 내밀었다.

"아니, 지금 10시가 다 됐는데 뭐 하는 거예요, 스티븐! 어서 나가요!"

"그게 늦은 거예요?" 다른 배달부들은 이미 다 나가고 없다는 걸 깨닫는 순간, 심장이 철렁 내려앉았다.

"장난해요? 이건 제가 마저 할 테니 어서 소포부터 실어요."

나는 모든 우편물을 수레에 싣고 감독관 책상에서 사인을 한 다음 보안 장비함에서 우편 트럭 열쇠와 주유 카드, 공용 우편함 열쇠를 건네받았다. 차에 소포를 싣는 동안 캣이 우편물을 가지고 나왔다.

"서둘러요! 가세요! 바로 나가요!"

나는 백미러와 사이드미러를 조정하고, 시동을 걸고, 차를 뺐다. 드디어 길 위에 오른 것이다.

블랙스버그 중앙 우체국 주차장을 빠져나와 주차해둔 내 트럭을 지나 유니버시티센터University Center 방향으로 우회전. 다시 글래이드로드Glade Road 쪽으로 우회전. 만약 우편 트럭의 기름이 바닥났거나 게토레이가 필요하거나 슬림 짐(육포 브랜드 이름-옮긴이)이 떨어졌다면 엑손 주유소로 올라가 가빈 씨에게 인사를 건네면 된다.

이제 올드글레이드로드로 좌회전해서 도드슨Dodson 도시 해충 관리 연구소 앞을 지난다. 만약 현미경이 필요 없는 큰 생명체가 나타났는데 그 녀석과 내 집에서 같이 살고 싶지 않다면, 분명 도드슨 연구소 사람들이 지금 그놈을 죽일 방법을 찾고 있을 것이다.

다음엔 프라이시스포크Prices Fork로 우회전, 460번 고가도로를 건너서 플랜테이션Plantation으로 좌회전. 그런 다음 캐릴론 가정의학 센터로 우회전. 여기까지는 항상 쉬웠다. 그냥 차에서 내려 우편물 뭉치—주로 의학 저널이나 가끔씩 들어오는 구식 엑스레이 필름—를 건네고, 발신 우편물 뭉치를 꺼내 오기만 하면 되었으니까. 들어가서, 주고, 나오면 끝. 식은 죽 먹기였다.

서비스 도로를 따라 내려가면 힐튼 가든 인 호텔이 나오는데, 거기에선 언제나 화장실을 사용하거나 로비에 비치된 커피를 따라 마실 수 있었다. 어느 날 아침 총지배인에게 물었더니 앞으로 묻지 말고 언제든지 그냥 이용하라고 말해주었다. 그전까지 수없이 마셔온 힐튼 가든 인 로비 커피를 그렇게 내 고향 블랙스버그에서 마시고 있자니 묘한 기분이 들었다.

플랜테이션으로 다시 나가 스미스랜딩으로 들어가면 아파트 건물 다섯 동과 관리실 건물로 이루어진 큰 단지가 나온다.

스미스랜딩은 모든 우편함이 한곳에 모여 있다. 건물 바로 앞에 차를 세우고 우편물과 소포를 들고 안으로 들어가 입구에 임시 출입 제한 체인을 걸어놓으면 아무런 방해 없이 작업할 수 있었다. 나는 공용 우편함 열쇠로 모든 우편함을 열었다. 그 열쇠는 우편번호 24060 지역의 모든 우편함을 열 수 있는 우스꽝스러울 정도로 큼직한 청동 조각으로, 가끔 배달부가 이 열쇠 때문에 강도를 당하거나 총에 맞기도 했다. 소포 절도범이나 신원 도용범들에겐 그게 금광을 여는 열쇠나 다름없기 때문이다. 만약 열쇠를 잃어버린다면 우정국에서의 경력은 그날로 끝이다. 그래서 나는 항상 그 열쇠를 벨트에 체인으로 매달아놓거나 우편 트럭 안에 넣고 잠가두었다.

그다음엔 플랜테이션 끝까지 내려가서 스미스필드드라이브Smithfield Drive로 좌회전한다. 그러면 고속도로 아래를 지나 말 목장까지 이어지는 비포장도로가 나온다. 그 탁 트인 공간 일부는 지금 버지니아텍 드론 공원이 되어 마치 도심의 골프 연습장처럼 거대한 검정 입방체 모양의 그물망으로 둘러싸여 있다.

이 근처에는 식민지 시대에 프레스턴 대령의 농장이었던 스미스필드 플랜테이션Smithfield Plantation도 있었다. 이 농장은 대대로 후손에게 이어지다가 그중 한 명이 남부연합군에 가담하여 패전하는 바람에 다른 사람에게 넘어가게 되었다. 이곳은 살아 있는 역사 박물관이 되어 중학생이었던 나를 지루하게 만들더니, 30년이 지난 지금까지도 꿋꿋이 살아남아 여전히 내 아이들을 지루하게 만들고 있다.

나는 이 비포장길을 달리다가 가끔씩 아버지와 아버지의 절친한 친구 개리 브라운 박사가 함께 산책하는 모습을 마주치곤 했다. 개리 박사는 레이더 공학자로, 내가 아는 사람 중 가장 성실하고 믿음직한 사람이었다. 아버지는 우편 트럭을 몰고 지나가는 나를 볼 때마다 무척 반가워하셨고, 처음 두 분과 마주쳤을 땐 당연히 트럭 안을 구경시켜달라고 하셨다.

"이 리벳들 좀 봐." 개리 박사가 말했다.

"완전 구식이네. 옛날 비행기 동체에 쓰던 것과 같아. 이거 제대로인데." 무언가가 어떤 원리로 조립되었는지 알아내는 것보다 아버지를 기쁘게 만드는 일은 없었다.

처음 마주친 이후로 만날 때마다 아버지는 나와 대화를 나누고 싶어 했고, 개리 박사는 계속 산책을 이어가고 싶어 했다. 아버지는 내 일을 궁금해했다. 그동안 내가 다니던 기업들의 수수께끼 같은 세상과는 달리 우편배달은 구체적이고 이해할 수 있는 일이었기 때문이다. 그는 내가 이제 우편배달부라는 사실에 대해 전혀 재단할 마음이 없어 보였다. 놀라운 일이었다. 나중에 아버지는 말했다. "너도 알겠지만, 공학자란 것도 그런 거야. 온갖 일을 다 해보게 되지."

개리 박사가 우리 대화를 끊었다. "그만해, 윌리. 이제 우리도 가야지. 미안하네, 스티븐. 배달 일이 바쁠 텐데."

"가야겠다, 스티븐." 아버지가 열린 차창으로 몸을 기울여 속삭였다. "개리는 제 속도를 벗어나면 짜증을 내거든."

나는 버지니아텍 사관후보생단의 야외 장애물 코스를 지나,

덕Duck 연못에서 우회전하여 죽 내려가다가 로터리를 돌았다. 그러고는 사우스게이트Southgate 도로를 따라 내려가며 시 경계 바로 밖의 몇몇 집에 우편물을 배달한다.

그다음엔 다시 기업 연구 단지로 들어가 리서치센터드라이브Research Center Drive를 따라 내려가다 보면 불과 몇 에이커 정도 되어 보이는 오래된 활엽수림을 지나게 된다. 그곳 참나무들은 300살은 족히 되어 보였다. 봉쇄 조치로 사람들의 통행이 뜸해지자 이 작은 숲은 그야말로 생명이 살아 숨 쉬는 곳이 되었다. 큰오색딱따구리부터 파랑어치, 붉은꼬리매, 울새, 핀치새, 동부멧새, 야생 칠면조, 흰꼬리사슴, 큰뿔올빼미, 여우, 마멋, 다람쥐, 구렁이까지 온갖 동물이 번성했다. 나는 이 길을 지날 때면 일부러 차를 천천히 몰았다. 나중에 모든 것이 다시 제자리로 돌아가자 이 야생동물들은 투명인간처럼 자취를 감췄다. 하지만 10번 구역 배달을 막 시작하던 당시에는 마치 내가 지구상에 남은 마지막 우편배달부가 된 기분이었고, 그 광경은 인류가 사라진 뒤의 세상처럼 보였더랬다.

길 건너에는 국립기상청이 있었다. 새벽과 황혼이 내려앉은 하늘 위로 기상 관측용 기구들이 떠올랐다. 내가 고등학교에 다닐 무렵 한창 공사 중이던 그 땅에는 휑한 갈대밭에 훗날 접시 모양의 안테나와 제어 시스템을 지탱해줄 콘크리트 기둥뿐이었다. 그곳은 내가 즐겨 찾던 은밀한 장소들 중 하나였다. 인적 없는 어둠 속, 적막한 콘크리트 구조물 위에 누워 있으면 마치 미래를 내다볼 수 있을 것만 같았다. 열일곱 살의 나는 여기서 우편물을 배달하는 쉰 살의 스티븐을, 운동화에 야구모자를 쓰고 워크맨보다 작은 휴대용 무선 네트워크 컴퓨터로 경제 팟캐스트나 듣고 있는 이 남자를 어떻게 생각할지 궁금했다. 아마 이렇게 생각할 것이다. '맙소사, 저 불쌍한 자식. 저렇게 지루한 일을 하며 먹고살다니!' 그것이 10번 구역을 도는 내내 나를 따라다니던 괴리감의 일부였다.

기업 연구 단지에는 고등 추진력 및 동력 연구소Advanced Propulsion and Power Lab, 토크 로보틱스Torc Robotics 연구개발센터, 흄Hume 국가안보센터, 블록체인 기업 블록원BlockOne과 같은 어딘가 비밀스러운 최첨단 기업들이 있었고, 이 모든 기업 건물들 한가운데 테크랩이 자리했다. 어머니는 그곳에서 20년 가까이 제품개발 책임자로 일하며 도시 상수도 시스템에서 유해 병원체를 검출하는 검사 키트를 만들었다. 그중에는 아메바성 이질, 대장균, 지아르디아, 크립토스포리디움 같은 위험한 미생물들이 포함되었다. 이 모든 위험한 미생물은 연구실 안, 직원들이 흰 보호복을 입고 멸균 절차를 따라야 하는 고위험 생물실험실에 있었다. 어머니가 그곳에서 20년을 일하는 동안 모든 동료가 최소 한 번씩은 오염되어 병원 신세를 졌지만 어머니만은 예외였다. 어머니는 늘 현재와 세부적인 것에 고도로 집중하는 사람이었기에 단 한 번의 실수도 하지 않았다. 스무 해 동안 단 한 번도. 테크랩에 우편물을 배달할 때면 그 모든 테스트를 감독하며 수백만 명의 식수를 안전하게 지켜온 그 치밀하고 엄격한 여성을 떠올렸다. 그런 일을 해내는 데는 대체 어떤 마음가짐이 필요한지도.

어머니는 늘 두목이었고, 실험실은 그녀의 권좌였다. 만약 그때의 어머니가 지금의 자신을 볼 수 있다면, 위험한 제국의 당당한 여왕이었던 이가 지금의 쪼그라든 자신을 본다면 무슨 생각을 할까. 어머니의 빈틈없던 두뇌는 이제 사라지고 없었다. 그녀는 당황하고, 방향 감각을 잃고, 절차적 기억마저 흐려졌다. 혈관성 치매에 이 모든 것을 빼앗긴 것이다. 과거의 그녀는 자신을 기다리고 있는 것이 무엇인지 몰랐다는 사실이 다행이라면 다행이었다. 말년의 그녀는 때로는 뉴올리언스로, 때로는 테크랩에서 일하던 시절로 돌아갔다. 치매 요양원 방이 '호텔 방'이 되기도 했다. 모든 장소와 시간이 뒤섞여 공존했다. 그래서 테크랩 현관에 들어설 때마다 나는 상실감을 느끼지 않을 도리가 없었다.

그밖에도 새로 만든 정골 의과대학, 음악학교, 문 닫은 요가 스튜디오, NFL 선수들을 위한 3D 프린트 헬멧을 설계한 스포츠 용품 회사가 있고, 내가 가르쳤던 버지니아텍 출신들이 세운 자동으로 엽서를 출력하는 키오스크를 만든 회사도 있었다. 돼지에게 이식할 유전자 변형 장기를 배양하는 유전자 복제 회사도 있고, 도저히 마시기 힘든 '발효 건강 음료'를 만드는 음료 스타트업도 있었다. 그들의 회의실에는 팔리지 않은 음료 상자들이 먼지를 수북이 뒤집어쓰고 잔뜩 쌓여 있었다. 신용협동조합 뒤편에는 창이 없는 벽 너머의 공간이 있었다. 대학 소유의 그 공간은 방마다 보안시설이 갖춰져 있어, 기밀 프로젝트에 자문하는 교수들이 안전하게 화상회의를 할 수 있었다.

그리고 아파트 건물이 몇 개 더 있었다. 그중 한 집에 사는 여자는 살아 있는 벌레를 정기적으로 배송받았는데, 항상 자기 집 문 앞까지 직접 배달해주기를 원했다. 그녀의 앞마당에는 꽉 대기에 웹캠이 설치되어 있었고, 깃털로 장식된 주술적인 분위기의 지팡이가 땅에 꽂혀 있었다. 나는 문 앞에 벌레가 담긴 상자를 두고, 지팡이에 나사못으로 고정된 무선 초인종을 누른 뒤, 그녀가 웹캠으로 나를 보는 것을 확인하고 떠나면 되었다. 항상 시선은 카메라를 응시한 채 뒷걸음질로 물러섰는데, 어쩐지 섬뜩한 기분이 들어서였다.

딸 워커가 유치원에 들어가기 전에 다녔던 어린이집도 그 길에 있었다. 또 한번 과거의 나를 떠올리게 되는 곳이었다. 갓 뽑은 내 타코마[Tacoma] 트럭에서 내려 워커와 손을 잡고 레인보우 라이더스 어린이집 안으로 들어가던 나를. 그 옆에는 블랙스버그에서 가장 질 나쁜 우편함을 보유한 아파트 단지가 있었다. 여름에는 손을 델 정도로 뜨겁게 달아오르고, 겨울에는 살갗을 얼어붙게 하는 그 얇은 알루미늄 통은 바람이라도 불면 우편함 문이 저절로 닫히면서 손가락을 끼게 하기 일쑤였다. 제조사에 항의 메일이라도 쓸까 생각했지만 그 회사는 이미 망한 지 오래였다. 뭐, 시장에서도 나름의 정의가 작동한 것이리라.

주택을 개조한 휴대전화 기지국도 있었다. 지붕 위로 안테나 탑이 곰팡이처럼 삐죽 솟아올라 있었다. 경찰직을 은퇴하고 사사건건 이웃을 들볶아대는 고집불통 노인이 사는 집도 있었다. 나는 그 집 앞은 가능하면 피해 가려 애썼다. 그리고 마지막으로, 코로나를 핑계로 화장실 사용을 절대 허락하지 않은 대형 아파트 단지도 있었다.

이제 버지니아텍 공항만 지나면 거의 끝이다. 내가 한창 잘 나가던 시절 세스나Cessna(경비행기 제조 업체-옮긴이)를 몰던 곳. 나의 옛 교관은 이제 공항 운영 책임자가 되었기에 배달할 소포가 있으면 그에게 들러 인사를 나누곤 했다. 미식축구 경기가 있는 날이면 부유한 동창들의 개인 제트기들이 활주로에 줄지어 서 있었다.

활주로 끝자락에는 작은 벽돌 방갈로가 한 채 있었다. 앞마당에 낡아빠진 도요타 4러너가 1년째 방치되어 있는 개인 거주지였다. 그걸 보며, 해상법에 따라 합법적 해상 인양물로 끌고 와도 되겠다고 생각한 적도 있었다. 이 집은 고등학교 때부터 기억하고 있던 집이었다. 현관 앞에 냉장고와 세탁기만 갖다놓으면 저 산골짜기 어딘가에 더 어울릴 법한 집으로, 주변에 반짝반짝한 신산업 단지가 타임랩스 영상처럼 쑥쑥 생겨나는 동안에도 저 혼자 완전히 예전 모습 그대로였다.

이제 마지막 구간. 내가 우편배달을 한 1년 동안 딱 세 번 우편물이 배달된 프랫하우스. 거기엔 늘 새로 태워먹은 소파 잔해들로 꽉 찬 듯한 쓰레기 컨테이너가 놓여 있었다. 그 뒤로 몬테소리 학교가 이어지고, 마침내 암 치료 센터가 나타난다. 훗날 아버지가 갈 때마다 투덜거리고, 그러다 결국 암으로 세상을 떠나실 곳이었다.

이어서 내 사무실이 있던 가빈 빌딩이 나왔다. 그 주변으로 시간의 괴리가 만든 소용돌이가 깊게 휘몰아치고 있었다. 캐시의 말처럼 나는 나 자신에게, 정확히 말하면 과거의 나에게 우편물을 배달하고 있었다. 나는 건물 밖에서 유리창 너머로 모니터 두 개가 놓인 나의 책상을 들여다보았다. 소파와 책장, 미니 냉장고, 그리고 내가 일하는 동안 딸들이 영화를 보던 오래된 TV도. 카드 열쇠가 있었으므로 이 건물에서는 언제든지 화장실을 사용할 수 있었다. 하지만 임대 계약을 종료시킬 용기는 차마 나지 않았다. 내 삶의 중단된 서사를 다시 이어가리라는 스스로와의 약속이었다. 그것은 희망의 표식인 동시에 일종의 허상처럼 느껴지기도 했다.

이따금 내 사무실에서 점심시간을 보냈다. 책상에 앉아 슬림 짐을 질겅질겅 씹으며 창밖에 세워둔 우편물 트럭을 바라봤다. 그리고 그저 키보드로 글을 쓰는 기분을 느끼려고 빈 구글 문서 창에 단어들을 쳐 넣었다. '지금이야말로 모든 선량한 이들이 나라를 위해 나설 때다.' 나는 클리프턴 가빈과 그의 건물, 즉 나의 건물을 떠올렸다. 가빈은 이글스카우트 동문이었고, 한때 세계에서 가장 가치 있는 회사의 경영자였다. 그런 그가 이 모든 상황에 대해 과연 어떻게 생각할지 궁금해졌다.

"이상한 궁지에 자진해서 빠졌군, 그랜트."

"그러게요, 클리프턴."

"이제 어떻게 할 생각이지?"

"당장은 할 수 있는 게 별로 없네요. 그냥 우편물을 배달해야죠."

"눈을 부릅뜨게, 스티븐. 내가 살아보니 세상은 넓어. 세상

천지가 석유밭이야. 땅 아래 얼마나 많은 기회가 있는지 사람들은 상상조차 못 하지. 계속 찾아. 때가 되면 발견하게 될 거야. 오일맨의 믿음을 가져. 언젠가 너한테도 빵 터질 거야."

그렇게 살아 있는 중년의 이글스카우트 스티븐이 책상에 앉아, 죽은 이글스카우트 석유 경영인과 대화를 나눴다.

그리고 여기 우편배달부인 내가 있었다. 나는 알 수 없는 새로운 시간대를 걸어가는 참이었다. 겹겹의 시공간 속에서 길을 잃었지만 동시에 그 어느 때보다도 편안했다.

내가 누구인지, 어느 시점에 와 있는지는 확신할 수 없어도 내가 어디에 있는지만큼은 정확히 알았다. 나는 밖이었고, 혼자였으며, 고향에 돌아와 있었다.

그래도 나는 해냈다. 그때 아마 조금은 이상하고, 조금은 시간에서 벗어난 기분이었을 것이다. 10번 구역에서 배달을 하는 1년 동안 그 묘한 기분은 끈질기게 나를 따라다녔다. 어쨌든 첫날, 나는 모든 임무를 말끔히 해냈다. 마감 직전인 오후 6시에야 간신히 돌아왔지만 누구의 도움도 없이 전 구역을 혼자 완주했다. 다른 배달부들이 이건 전례 없는 일이라고 치켜세워주었다. 나는 믿을 수 없을 만큼 뿌듯했다. '너는 정말 타고났어, 그랜트.' 나는 스스로에게 축하를 건넸다. 그간의 모든 받아 적기, 지도 공부, 체크리스트들이 빛을 발한 순간이었다. 이후 2주 동안 하루하루 일이 수월해졌고 속도도 조금씩 빨라졌다. 내 기준으로는 이제야 우편배달을 마스터한 셈이었다.

그런데 '거울 미로'란 바로 이런 것이다. 이게 정말 성공일까, 아니면 그저 성공의 반사 이미지에 불과한 걸까? 내가 보는 이미지가 진짜 나의 모습일까, 아니면 일그러진 거울이 만들어 낸 허상 같은 것일까? 이 건물에서 저 건물로 빛이 반사를 거듭하다 보면 저녁노을도 여명처럼 보일 수 있는 법이다.

제8장

도로를 달리는 시한폭탄

우편배달부 시절 그리고 이후 몇 년 동안 우편배달부를 한 번도 사적으로 만나본 적 없는 사람들은 내가 우편배달부였다는 사실을 알면 항상 똑같은 질문을 한다. 어른이 하는 질문이지만 어쩐지 어린 시절의 기억에서 비롯된 것 같은 느낌이다. 우편배달부는 의사나 소방관처럼 아이들도 한눈에 알아볼 수 있는 제복을 입는 직업, 이른바 '핼러윈 단골 직업'이다. 일상적인 풍경의 일부다. 우편배달부는 단순히 길에서 볼 수 있는 사람일 뿐 아니라 어린 시절 TV에 단골로 등장하는 인물이기도 했다. 〈로저스 아저씨네 동네Mister Rogers' Neighborhood〉에는 우편배달부 맥필리 씨가 있었고, 〈세서미 스트리트Sesame Street〉의 그로버는 일반적인 우편배달부가 아니라 정식 배지까지 단 미 우정국 소속 우편배달부였다. 우리 아이들도 〈블루스 클루스Blue's Clues〉에서 편지가 도착하는 장면을 보며 자랐다.

여자들은 늘 제복을 입었는지 물었다. 나는 일부만 입었는데, 내가 미 우정국의 우편배달부임을 확실히 보여줘야 총에 맞지 않을 것이어서였다. 사실 의무적으로 미 우정국 공식 제복을 입는 건 시내 배달부뿐이다.

남자들은 제복에 대해 묻는 법이 없었다. 단 한 번도. 그들은 제복에 눈곱만큼도 관심이 없었다. 하지만 항상 물어보는 한 가지가 있었으니, 바로 '그 조그만 트럭'이었다. 재밌게도 남자들은 그걸 밴이나 배달차라 부르지 않았다. 언제나 '우편 트럭', 아니면 '그 조그만 트럭'이었다. 내 가설은 이렇다. 그들에게 '트럭'이란 어릴 적 모래밭에서 가지고 놀던 통카Tonka 덤프트럭 같은 장난감이었다는 것이다. 요컨대 남자 어른들이 알고 싶어 하는 것은 어린 시절 매혹의 대상이었다.

그들이 말하던 그 작은 트럭의 정식 명칭은 그루먼 LLVLong Life Vehicle다. 내가 어릴 적에 미 우정국은 DJ-5 우편 지프를 몰고 다녔다. D는 배달dispatch을 뜻했고, 오직 미 우정국을 위해 특별 제작된 차량이었다. 이 모델은 1980년대 후반에 서서히 단종되었다. 그 차들은 어떤 길, 어떤 날씨에도 거뜬했지만 우정국은 약 500킬로그램까지 적재할 수 있는 튼튼하고 기동성 좋고 오래가는, 우편배달 맞춤 차량이 필요하다고 판단했다.

지프는 서서히 자취를 감추고, 옆면에 쐐기 모양의 로고를 뽐내는(미 우정국의 로고가 쐐기 모양이다-옮긴이) 각진 모양의 LLV로 대체되었다. 세상에는 이름값을 못하는 물건이 수두룩하지만 사용 연한에 있어서만큼은 LLV에 대적할 만한 것이 거의 없다. 아마 1954년에 탄생한 보잉 B-52 폭격기나 미하일 칼라시니코프Mikhail Kalashnikov의 걸작으로 농부도 다룰 수 있을 만큼 단순하고 견고한, 지금도 전 세계 전장에서 활약 중인 AK-47 돌격소총 정도나 그 뒤를 이을 수 있을 것이다. LLV는 내가 고등학교 3학년 때인 1987년에 도입되어 지금까지 도로를 누비고 있다. 그 정도의 수명을 자랑하는 공산품은 흔치 않다. 아마 무쇠 프라이팬, 증조할아버지에게 물려받은 오리 사냥용 엽총 정도가 다일 것이다. 가끔씩 기름칠만 해주면 되는 가공 금속으로 만든 물건들. 까다로운 전자 장치 따위는 들어 있지 않은 그런 정직한 것들.

LLV와 그 사촌격인 FFVFlex-Fuel Vehicle는 우편배달부가 사용하는 가장 핵심적인 장비다. 이 차량들은 특수 목적 설계가 도달할 수 있는 경이로운 경지를 보여준다. 그러나 동시에 이 차들은 수십 년째 천천히 진행되고 있는 재앙이기도 하다.

당초 LLV는 24년간 운행할 계획으로 설계되었다. 하지만 2009년 미 우정국은 대체할 모델이 없다는 현실을 깨닫고 수명을 30년으로 연장했다. 그러면 2017년에 수명이 끝났어야 했는데, 이 글을 쓰고 있는 지금도 12만 5000대가 넘는 LLV가 여전히 도로를 달리고 있다. 실제로 그루먼 LLV는 1994년에 노스롭 그루먼Northrop Grumman으로 합병된, 그걸 만든 회사보다 더 오래 살아남았다. 내게 '그루먼' 하면 떠오르는 것은 아버지가 오랜 세월에 걸쳐 모은 세 척의 카누다. 전부 얇은 알루미늄판으로 만들어졌고, 그루먼이 특허받은 '볼 T' 용골을 중심으로 정교하게 리벳으로 이어붙인 배들이다. "그게 배가 물 위에서 똑바로 나아가게 해주지. 그래서 방향 전환은 더럽게 힘들지만." 아버지의 말이었다. 그루먼이 카누를 만들기 시작한 것은 2차 세계대전이 끝난 뒤였다. 해군이 더 이상 수천 대의 함재기(군함에 탑재된, 또는 그곳에서 운용이 가능한 항공기-옮긴이)를 주문하지 않자 그들은 알루미늄판으로 만들어 민간인들에게 팔 수 있는 제품을 찾았다.

내가 굳이 카누 이야기를 하는 이유는 내 가장 오래된 유년기 기억 중 하나가 그걸 타고 강을 떠다니던 풍경이기 때문이다. 운전 교육을 받기 위해 처음 LLV에 올라탄 순간 그루먼 특유의 그 리벳들을 단번에 알아보았다. 사실 그 차량의 제조 방식 자체가 눈에 익었다. 리브며, 얇은 금속판을 이어붙인 방식이 전부 카누에서 본 것과 똑같았기 때문이다. 2차 세계대전 당시의 모든 항공기가 제작되던 방식이었다. 이 차는 당신이 지난 15년간 타본 어떤 자동차와도 닮지 않았다. 차라리 알루미늄 그루먼 카누를 거꾸로 뒤집어 GM 섀시와 파워트레인에 볼트로 박아 고정시킨 모습에 가깝다. 공기 역학 따윈 생각도 않고 망치로 두드려 대충 모양을 낸 물건처럼 보였다. 왜냐하면 바로 그게 사실이기 때문이다.

LLV는 우핸들 차량이다. 그러므로 도로 오른쪽으로 주행하면서 손을 뻗어 도로변 우편함에 바로 우편물을 집어넣을 수 있다. 보통 일반 차량에서 운전석이 있는 자리엔 긴 플라스틱 우편

통 세 개를 실을 수 있는 대형 선반이 설치되어 있고, 그 아래 바닥에는 호드 세 개 분량의 우편물을 실을 수 있다. 앞좌석 양쪽에는 미닫이문이 달려 있고 시속 40킬로미터 이하일 땐 문을 연 채로 운전할 수 있어 우편함에 손을 뻗기가 수월했다. 소포를 배달하기 위해 내릴 때도 편했다.

LLV는 운전석이 높아 시야가 탁 트였다. 뒤쪽에는 말아 올리는 식의 문이 달려 있어 큰 소포를 쉽게 꺼낼 수 있고, 잠금식 격벽문 덕분에 운전석에서 몸을 숙여 바로 화물칸으로 걸어 들어갈 수도 있었다. 프레임 위에 차체를 얹은 구조 덕분에 엄청나게 견고했고, 관리하기도 쉬웠다. 앞바퀴의 좁은 간격 덕분에 회전 반경은 거의 골프 카트 수준이었다. 운전을 하며 바늘에 실도 꿸 수 있을 정도였다. 비록 어떤 속도에도 뒤집힐 염려는 있었지만 시내에서는 너무도 편리했고, 연식에 대한 동료들의 불평에도 불구하고 실은 꽤나 사랑받은 듯한 인상이었다.

나는 LLV가 싫었다. 우편물을 빠르고 효율적으로 배달하도록 고안된 수많은 훌륭한 기능들은 사랑했지만, 자고로 기계란 기능이 더 발전하고, 세련되어지고, 궁극적으로는 교체되는 거라고 알고 자란 사람이라면 누구도 이 차를 사랑할 수는 없었다. 이건 자동차와 내연기관을 사랑하는 피 끓는 아마추어 정비공으로서 하는 말이다. 우리의 배달 차량은 마치 민주주의 같았다. 가능한 모든 차량 중 최악인 대안이었다. 결함은 셀 수 없이 많았고, 대부분 근본적인 결함들이었다. LLV가 오래 살아남은 건 너무도 원시적이었기 때문이다. 그것은 이를테면 살아 있는 자동차 화석이었다. 단계별 정비, 그리고 미 우정국을 지탱하는 만능 접착제인 '우선 우편 테이프' 덕분에 여태 도로 위를 달리는 투구게였다.

LLV는 제너럴 모터스General Motors 섀시 위에 만들어졌고, 짖어대는 개처럼 시끄러운 2.5리터짜리 주철 스트레이트 4기통 '아이언 듀크' 엔진은 단일 포인트 연료분사기를 갖췄다. 90마력이라는 애처로운 속력을 자랑하며, GM의 3단 자동변속기를 통해 바퀴를 조종해야 했다. 우편물을 다 싣고 나면 심각할 정도로 출력이 부족했다. 그야말로 고물덩어리였다. 다만, 미 우정국의 배달 차량 중에서는 가장 훌륭한 고물이었다.

놀라운 점은 요즘 출시되는 가장 저렴한 장보기용 자동차에도 있는 걸 갖추지 못한 LLV의 기능이었다. 자동차 업계에는 승객의 편안함을 재는 지표가 있다. 소음, 진동, 거칠음, 이 세 가지다. 대부분의 자동차는 엔진 소리나 노면 진동으로부터 운전자를 보호하기 위해 차체와 바닥에 방음 및 방진재를 깔아둔다. 그러나 LLV에는 그런 게 하나도 없다. 단 하나도. 그냥 텅 빈 알루미늄 껍데기다. 그 안에서 운전하노라면 마치 흙길 위를 달리는 픽업트럭 짐칸에서 덜그럭대는 빈 맥주캔 속에 앉아 있는 느낌이었다. 에어컨도 없었다. 히터는 그나마 작동할 때조차 기력이라곤 없었다. 이 차는 거의 인간의 내구성을 시험하기 위한 열 스트레스 테스트 장치, 우주비행사 훈련용 장비나 다름없었다. 여름에는 토스터처럼 뜨겁고, 겨울에는 거의 냉동고 수준이었다. 충돌 방지 센서 따위는 없고, 대신 우주정거장처럼 격자 모양으로 차 외부를 둘러싼 거울만 있었다. 만약 뭔가를 밟고 지나가면 그 사실을 알려주는 유일한 경고가 덜컹 하는 소리였다.

거울을 돌려서 밴 주변 360도의 시야를 확보하는 일은 일종의 예술이었다. A자 모양 기둥에 달린 사이드미러는 일반 승용차의 사이드미러와 마찬가지로 차량 측면의 사각지대를 확인할 수 있게 해줬다. 진정 경이로운 것은 이른바 '냄비 뚜껑' 거울이었다. 둥글고 볼록한 거울로, 세상을 도깨비집처럼 왜곡되게, 그러나 넓게 보여줬다. 하나는 전면 왼쪽 범퍼 위, 팔처럼 뻗은 지지대에 부착되어 범퍼 바로 앞 노면, 즉 차의 보닛에 가려진 사각지대를 내려다볼 수 있게 해줬다. 하지만 가장 기가 막힌 광학 마법은 차량 후면의 왼쪽 상단에 달린 냄비 뚜껑 거울에서 벌어졌다. 저렴한 디지털 센서가 자동차에 보급되기 전의 유물인 이 UFO처럼 생긴 거울 덕분에 우편배달부들은 트럭 뒤의 완전히 불투명한 셔터문 너머의 상황을 인식할 수 있었다. 운전자는 왼쪽 거울의 각도를 조정해서 후면의 냄비 뚜껑 거울을 볼 수 있었다. 그렇게 일종의 시각적 당구가 이루어졌다. 후면 거울에서 반사된 빛이 사이드미러로, 다시 운전자의 눈으로 들어오는 식이었다. 그런 다음 차량 주변에서 일어나는 일의 공간 모델을 조립해내는 것은 오로지 우리 불쌍한 우편배달부의 뇌 속 시각 피질에 달려 있었다.

나에게는 평생에 걸친 시골 운전과 영국에서의 운전, 경비행기 조종, 그리고 가장 중요하게는 비디오게임을 한 경험이 있었기에 이 모든 것을 꽤 빠르게 조합해낼 수 있었다. 교육과정에서도 수년간 통학버스를 몰아본 청년부 목사처럼 나이가 좀 있는 교육생들은 거울 각도를 능숙하게 맞추고 장애물 코스를 한 번에 완벽히 통과했다. 1980년대에 차를 몰아본 세대라면 LLV 운전은 일종의 살아 있는 역사 체험 같은 것이었다. 자동차판 식민지 시대의 윌리엄스버그를 접하는 일이랄까. 하지만 젊은 운전자들은 엄청나게 애를 먹었다. 교육 중에 강사 행크는 주황색 라바콘이 밀레니얼 세대와 Z세대의 실수로 쓰러질 때마다 얼굴을 찡그리며 외쳤다. "자네 방금 남의 개를 깔아뭉갰어! 방금 꼬마 지미를 쳤다고!"

우편물을 배달하려면 운전을 많이 해야 했다. 좁은 길로, 주차장으로, 그리고 보행자와 자전거 타는 사람들과 길에서 노는 아이들 사이로. 운전 교육 때 교관은 운전이야말로 배달부가 하는 가장 위험한 일임을 강조했다. 하루는 한 배달부가 LLV 안에서 휴대전화로 문자를 보내는 모습이 담긴 현관 카메라 영상을 보여주었다. 그 배달부는 나무가 많은 교외 지역을 안전벨트를 매지 않은 채 달리다 열려 있던 문밖으로 굴러떨어졌고, LLV는 저 혼자 굴러가 그 카메라가 달린 집 차고를 들이받았다. 배달부는 바닥에서 일어나 LLV로 돌아가서 범퍼가 떨어져나간 차를 후진하여 뺐다. 30초쯤 어색한 정적이 흐르고, 그가 불쑥 화면 안으로 다시 들어와서는 범퍼를 주워 LLV 뒤에 던져 넣었다. 그리고 사무소로 돌아와 우체국장에게 자기가 점심을 먹으러 다녀오는 사이에 누가 차를 들이받고 도망갔다고 말했다. 그사이 집 주인은 AI 알림으로 누가 자기 차고를 들이받은 사실을 알아채고는 이미 사고 신고와 더불어 영상까지 전달한 뒤였다.

"저 배달부가 이때 어떻게 해야 했을까요?" 행크가 물었다.

"즉각 경찰에 전화했어야 합니다."

"즉각 우체국장에게 전화했어야 합니다."

"아니요." 행크가 말했다. "저분은 즉각 노조 대표에게 전화했어야 합니다. 저분이 했어야 하는 말은 딱 하나예요. '저는 음주 문제가 있습니다.' 음주 문제가 있으면 제가 일자리를 지켜드릴 수 있어요. 재활센터에 갈 수 있도록 유급 휴가까지 받을 수 있어요. 하지만 저분은 거짓말을 한 사실이 카메라에 잡혔기 때문에 바로 잘렸죠. 이 이야기의 교훈이 뭘까요?"

"반드시 안전벨트를 매야 한다."

"모든 사고는 예방 가능하다."

"아니요. 이 이야기의 교훈은, 'LLV를 박살냈는데 그게 내 잘못이라면 나에겐 음주 문제가 있다'입니다. 노조 대표에게 전화하세요. 다들 똑똑히 기억하세요!"

미 우정국의 모토는 모든 차량 사고는 예방 가능하다는 것이었다. 모두. 처음 그 말을 들었을 땐 거의 형이상학적인 선언처럼 느껴졌다.

"모든 사고가요? 그럼 누가 나를 들이받으면요?"

"그것도 예방 가능하죠. 상황을 더 잘 파악하고 있었다면요." 행크가 말했다.

"그럼 벼락을 맞는 건요?"

"그것도 예방 가능하죠. 신이 당신에게 노한 것도 다 그럴 만한 이유가 있을 테니."

"일단, 뒤가 전혀 안 보이잖아요. 그럼 어떻게 하란 거죠?"

"분스밀Boone's Mill에서 우편배달부 차에 치인 아이한테 한번 그렇게 말해보세요. 분명 그런 사고가 얼마나 예방 가능했는지, 누가 신경을 좀 썼으면 좋았을 거라고 할 겁니다."

"그래도 그건 통계적으로 불가능한 이야기예요!" 내가 외쳤다. 더는 참을 수가 없어서였다.

"아, 그렇군요, 박사님? 잘 들어요! 제가 도시 전투 환경에서 M-1 아브람스 전차 모는 법을 열여덟 살짜리한테 가르칠 수 있다면 그쪽은 LLV를 사고 없이 운전할 수 있어야 해요. 왜냐면……"

"…… 모든 사고는 예방 가능하니까?"

"그렇죠!"

관리부는 이걸 믿어야 했다. 왜냐면 모든 사고의 원인이 오직 인간의 실수라는 확신만이 LLV가 가진 유일한 운전자 보호 장치였기 때문이다. 자동차 업계의 용어로 말하자면, LLV는 사양이 가장 낮은 모델이다. 라디오조차 없다. 어차피 모든 사고 가능성을 상상하기 바빠야 하니 저니Journey(1973년에 결성된 미국의 4인조 록밴드-옮긴이)나 토크쇼도 청취할 수 없을 테지만. 에어백도, 충격을 흡수하는 크럼플 존도 없었다. 만에 하나 충돌 시엔 차량 전체가 하나의 거대한 크럼플 존이 되는 셈이었다. 어떤 우체국을 가봐도 게시판에 LLV 충돌 사진이 붙어 있지 않은 곳을 나는 보지 못했다. 뒤에서 추돌당한 차량들은 알루미늄 피냐타처럼 찢겨져 온 도로에 소포와 편지를 흩뿌려놓은 모습이었다.

LLV 안에서는 어떤 충돌 사고도 겪고 싶지 않다. 안전벨트를 착용했을 경우엔 생존율이 그런대로 괜찮았다. 하지만 안전벨트를 착용하지 않았다면 그건 곧 하늘의 거대한 우편 구역으로 가는 길이었다. 그러므로 시동을 켜는 순간부터 반드시 안전벨트를 매야 했다. 다들 그렇게 훈련받고, 모든 사고는 예방 가능하다니까. 하지만 현실은 천천히 달리면서 시도 때도 없이 차에서 내려야 했기 때문에 벨트를 매는 습관이 무너지기가 너무 쉬웠다. LLV는 너무 오래된 차라 내가 수천 시간을 운전하는 동안 한 번도 경고음이 울린 적이 없었다. 애초에 그런 게 아예 없었든지, 연결이 끊겼든지, 아니면 수명을 다했을 것이다. 모든 것이 운전자, 즉 우편배달부 개인의 책임이었다. 왜냐면? 모든 사고는 예방 가능하니까.

차량 앞쪽 그린하우스, 즉 전면 유리창과 측면 창 부분은 가시성을 높이도록 설계되어 있었고 그 역할만큼은 훌륭하게 해냈다. 하지만 시간이 지날수록 알루미늄 틀을 둘러싼 개스킷이 새기 시작하는 명백한 설계 결함이 있었다. 더 큰 문제는 그 누수가 하필 운전석 옆 방화벽 바로 뒤에 달린 퓨즈 박스 위로 떨어진다는 점이었다. 비가 내리면 빗물이 퓨즈 패널 안으로 흘러 들어가 차량 전체가 마치 로마 캔들 폭죽처럼 순식간에 화르륵 타올랐다. 알루미늄이 불에 닿으면 어떻게 되는지 아는가? HMS 셰필드호의 영국 선원들에게 한번 물어보라. 1982년 포클랜드 전쟁 당시 아르헨티나 엑조세Exocet 대함 미사일이 함선 우현을 강타하여 그 알루미늄 상부 구조물에 불이 붙었을 때 어땠는지를. 함선은 마치 신호탄처럼 활활 타올랐고, 금속 자체가 소각되었다.

마그네슘 역시 마찬가지다. 조명탄과 불꽃놀이에 쓰이는 마그네슘은 항공기와 자동차 합금에도 흔히 사용된다. 가볍고 튼튼하며 잘 휘지만, 불이 붙으면 끔찍할 정도로 밝고 뜨거운 열기를 내뿜으며 활활 탄다. LLV에 불이 붙으면 바로 그런 일이 벌어진다. 게다가 안은 불에 아주 잘 타는 종이로 가득 차 있기까지 하다. 궁금하다면, 인터넷에서 '불에 탄 LLV 사진'을 얼마든지 찾아볼 수 있을 것이다.

충돌사고가 생기면 우편배달부들이 목숨을 잃는다. 하지만 그 죽음은 에어백만 있어도 막을 수 있다. 열사병도 마찬가지다. 배달부들의 스캐너에 '열사병에 주의하라'는 경고 알림을 띄우는 건 1차 세계대전의 참호 속 병사에게 '포탄에 맞지 않도록 주의하라'고 말하는 것과 다를 바 없다. 딴 곳에 비하면 비교적 시원한 여기 버지니아 산속에서도 LLV 안은 얼마나 뜨겁던지, 도저히 더는 못 견디겠다고 생각한 적도 많았다. 하물며 남서부의 여름엔 얼마나 뜨거울지 상상조차 되지 않는다. 2023년 6월에 체감온도가 섭씨 46.6도였던 휴스턴에서 66세의 우편배달부 유진 게이츠가 열사병으로 인한 심장마비로 사망한 일이 있었다. 36년 동안 우편물을 배달해온 그가 훈련이 부족해서 죽은 것은 아니었다. 그건 그의 차량에 에어컨이 없어서였다. 그의 죽음에 규제 당국이 부과한 벌금은 1만 5625달러였고, 미 우정국은 아직도 '그 처분을 검토 중'이다.

모든 사고는 예방 가능하다. 단, 제대로 된 안전 장비 하나 없는 40년 된 낡은 배달차의 경우는 제외하고. 그리고 점점 더 덥고 습한 극단적인 날씨가 잦아지는 기후변화 시대에 에어컨은 분명히 안전 장비다. 그런데도 미 우정국은 왜 LLV와 FFV를 교체하지 않을까? 그럴 돈이 없기 때문이다. 미국 납세자들의 돈을 받지 않기 때문이다. 민간 기업처럼 자본을 조달받는 것도, 그렇다고 군대처럼 예산을 배정받는 것도 허용되지 않기 때문이다.

도로 안전에 대한 공식 태도는 거의 루터교적이다. '너는 태어날 때부터 죄인이며, 끊임없는 경계만이 더 죄를 짓지 않는 길이다.' 네 LLV가 화염에 휩싸인다면, 어찌 됐든 그건 네 잘못이다. 물론 이런 겹겹의 안전의 실패가 민간 기업에서 지속되는 일은 절대 없을 것이다. 아이러니하게도 근로자들을 이런 환경에 내보내는 기업이 있다면 연방정부의 또 다른 기관인 산업안전보건청이 즉각 폐쇄시켰을 테니까. 하지만 입법적인 제약과 미 우정국의 준독립적인 성격 때문에 이러한 제도적 실패는 해마다 아무런 제약도 없이 반복된다. 시골 배달부들이 오른쪽 조수석에서 좌핸들 차량을 운전하는 정신 나간 정책 또한 마찬가지다. 이 모든 것은 우편배달부가 '눈에 보이지 않는 존재'이기 때문에 가능한 일이다.

사실 세상은 쉽게 바뀌지 않는다. 물질문화는 자체의 수명이 있고, 우리가 만드는 물건들이 때로는 생각보다 오래 살아남기도 한다. 나는 늘 알루미늄이 미국의 금속이라 생각해왔다. 하지만 역사적으로는 그렇지 않다. 알루미늄을 최초로 안정적으로 추출한 것은 1825년 덴마크의 화학자에 의해서였다. 당시 알루미늄이 얼마나 귀했던지 나폴레옹은 귀한 손님들에게 선물하기 위해 알루미늄 식기 세트를 만들 정도였다. 하지만 이 금속을 제대로 활용한 것은 미국이었다. 미국은 컬럼비아강의 값싼 수력으로 그걸 제련하여 비행기, 자동차, 맥주캔, LLV, 그리고 그랜트 가족의 카누로 만들어냈다. 워싱턴 기념탑 꼭대기의 23센티미터짜리 피라미드형 마감도 알루미늄으로, 부식에 강하고 전도성이 높아 피뢰침 역할까지 하고 있다.

이 금속은 드물게 완벽히 재활용이 가능한 물질이다. 재활용된 알루미늄은 새로 제련된 것과 동일한 순도와 강도를 지닌다. 압축하고, 가열하고, 다시 사용해도 강도나 연성, 유연성에 아무런 손실이 없다.

관심과 기술만 있으면 낡은 고철도 얼마든지 새롭고 더 나은 무언가로 다시 태어나게 할 수 있다. 그저 충분히 관심만 가진다면.

제9장

현실 세계에 온 걸 환영한다, 그랜트

3번 시골 구역은 괴물이었다. 길이는 100킬로미터가 넘고 배송지는 724곳에 달했다. 배달 구역은 구불구불 작은 교외 주택가를 거쳐 석탄 광산 기념비를 지나고, 가파른 협곡을 따라 비포장도로를 타고 올라가 울창한 활엽수림 속으로 이어졌다. 배달 구역의 가운데 부분, 강으로 내려가는 긴 경사로는 너무 외진 곳이라 휴대전화 신호조차 잡히지 않았다. 든든한 내 스캐너도 작동되지 않아, 마치 2020년이 아니라 1920년에 우편을 배달하는 기분이었다. 길은 뉴리버를 따라 꾸불꾸불 이어진 옛 말 농장을 가로질러, 맥코이McCoy라는 비인가 자치 마을을 통과했다. 거기 사는 사람들은 대부분 성이 맥코이였다. 고등학교 때 알았던 수많은 맥코이들이 맥코이에 산다는 건 알았지만, 거기에 얼마나 많은 인구가 숨어 있는지도, 그들에겐 자신들만의 작은 우체국이 있다는 것도 모르고 있었다. 길은 웨이크포레스트Wake Forest라는 또 다른 숨겨진 비인가 자치 마을로 이어졌다. 그곳은 흑인 해방민이 정착한 역사적인 흑인 공동체로, 지금까지도 남아 있는 두 개의 흑인 교회가 그 역사를 증명하고 있다. 전 구역이 그 자체로 하나의 세계였다.

그때쯤 나는 근무 한 달 차에 접어들었고, 이미 미 전역 어디에서든 단독 배달이 가능한 시골 우편배달부로 공식적으로 인정받고 있었다. 그동안 나는 아무 도움 없이 혼자 10번 구역을 성공적으로 돌았기에 관리부에선 내가 조금만 도움을 받으면 웨이드의 구역도 커버할 수 있으리라 여겼다. 웨이드는 알래스카 출신으로 어쩌다 보니 버지니아 블랙스버그에 정착하게 된 사람이었다. 50대 중반쯤으로 보이는 그는 마른 체형에, 내가 지금까지 만난 거의 모든 알래스카 사람들처럼 캐나다식 친절함을 갖춘 사람이었다.

어쨌든 나는 첫날부터 도움 하나 없이 10번 구역 배달을 성공적으로 해낸 신입이었다. 첫날에 울면서 일을 그만둔 배달부도 있었기에 몇몇 고참은 나를 보고 감탄했다. "정말 대단해요. 첫날인데 이렇게 잘하다니." 하지만 분류를 위해 주소를 외우는 일만 좀 까다로울 뿐, 몇 번만 해보면 그리 어려운 일도 아니었다. '당연히 다 끝냈지!' 나는 의기양양했다. 물론 시간은 좀 걸릴 수도 있겠지만 우체국에서 제일 큰 구역도 문제없으리라 믿었다. 나는 우편배달의 신동이었다. 한 달이 지나자 이제 나도 우편배달 전문가라 자부했다.

관리부와 웨이드는 현명하게도 생각이 달랐다. 나는 실습 기간을 이틀 더 받아, 오래 미뤄온 3주간의 휴가를 앞둔 웨이드와 함께 그의 구역을 돌았다. 웨이드가 우편물을 주소지별로 분류하고 싣고 배달하는 일을 도왔다. 길고 구불구불한 길을 온종일 함께 다니노라니 그와 꽤 많은 이야기를 나눌 수 있었다. 그는 우편배달을 하기 전에 알래스카 앵커리지에서 도미노 피자 가맹점을 운영했다고 했다.

"그 일이 좋았나요?" 나는 물었다.

"네, 좋았죠. 정말 좋았어요."

"가게를 다른 사람한테 파신 거예요?" 나는 그가 어쩌다 여기까지 흘러 들어오게 되었는지 궁금했다.

"글쎄요. 동업자가 그리 좋은 사람은 아니었어요." 그리고 끝이었다. 만약 내가 프랜차이즈 가게를 말아먹었다면 몇 달, 아니 몇 년은 온갖 복수 시나리오와 자기비난에 사로잡혀 살았을 것 같은데 웨이드는 그 사람 욕조차 하지 않았다. 나는 알래스카 사람이 어떻게 버지니아 남서부에서 우편을 배달하게 됐는지 끝내 그 사연을 알아내지 못했다.

이곳은 대학 도시였지만 멀리서 온 우편배달부는 딱 한 명이 더 있었다. 시내 배달부인 그는 키가 크고 창백하며 구소련에서 자란 내 또래 사람이었다. 어느 날 그가 말하는 걸 우연히 들은 적이 있는데, 그 말이 압권이었다. "우체국은 얼굴 없는 관료주의잖아요. 저한텐 아주 편해요. 공산주의 같아서."

웨이드는 꼭 뒤통수에 눈이 달린 사람 같았다. 자기 일도 아닌데 내가 깜빡 잊은 우편물을 항상 잡아내어 알려주었다.

"스티븐, 긴급 우편함 확인하는 거 잊지 마세요."

"고마워요, 웨이드."

"스티븐, 미분류 통도 잘 확인하세요."

긴급 우편물, 미분류 잡지류, 소포, 일반 우편물, 몇 박스씩 쌓여 있는 자동 분류 우편물까지 가리지 않고 나는 늘 놓치는 게 있었고, 그걸 잡아내는 건 언제나 웨이드였다. 웨이드 없이 모든 것을 완벽하게 챙길 수 있는지 여부는 이제 하나의 게임처럼 되었다. 하지만 이 게임에서 승리할 수 있었던 건 일을 시작한 지 1년이 다 되었을 무렵, 그것도 가끔이었다.

솔직히 말하자면, 나는 그렇게 훌륭한 우편배달부는 결코 아니었다.

웨이드와 다니면서 그가 나보다 50퍼센트나 더 큰 구역을 물 흐르듯 자연스럽게 분류하는 모습을 지켜보았다. 그는 소포를 자동으로 배달 순서대로 분류했고, 오른쪽 운전석에 앉아 샌드위치를 먹으며 배달했다. 어떤 일이 손에 익으면 복잡한 일도 무의식적으로 잘하게 된다는 걸 머리로는 알았지만, 현재 일어나고 있는 일의 메커니즘과 그 뒤에 놓인 기술을 잘 아는 처지에서 숙련자의 모습을 실제로 보는 건 완전히 다른 이야기였다. 나는 웨이드가 일하는 모습을 지켜보며 일종의 경외감을 느꼈다. 그는 우편배달을 오지게 잘했고, 지금 생각해보면 그와 캐시는 블랙스버그 시골 배달부 중에 그야말로 최고였다.

나는 명칭만 시골 구역인 10번 구역을 쭉 우체국 밴으로만 돌았다. 하지만 3번 구역은 그렇게 해서 될 일이 아니었다. 웨이드는 개인 소유의 차량을 몰았다. 시골 배달부들은 개인 차량에다 비상시를 대비한 예비 차량까지 갖추고 있어야 했다. 나는 배달 전용 차량을 구입하지 않고 적당히 버텼지만, 진짜 베테랑들은 전부 하나씩 가지고 있었다. 나와 친구가 된 동료 캣과 에리카는 각진 혼다 파일럿을 몰았다. 바닥이 평평하고, 앞좌석 사이의 공간도 넉넉해 방석만 하나 끼워놓으면 운전하며 우편물을 휙휙 던지기에 좋다며 흡족해했다. 토미와 웨이드는 편리하고 저렴하고 튼튼한 구형 포드 익스플로러 SUV파였다. 이 무리 중에서도 가장 '간지'가 나는 차는 다이애나의 특수 제작된 우핸들 지프 랭글러였다. 지프사에서는 수십 년간 이 모델을 매년 소량씩만 생산하다가 2021년에 아예 생산을 중단했다. 다이애나의 차에는 고정식 비상등과 '미국 우편' 자석 표지판이 붙어 있었으며, 심지어 색상도 정부 소유의 우편 트럭처럼 흰색이었다.

웨이드의 포드 익스플로러는 무려 두 대였다. 우리가 탔던 더 좋고 신형인 익스플로러, 그리고 오래된 검은색 예비용 익스플로러. 그는 두 대 모두 중앙 우체국 담장 안에 두었다. 실습 날 나는 웨이드를 도와 카트에 우편물을 차곡차곡 쌓은 다음 적하장으로 밀고 갔다. 웨이드는 배달 구역의 도로 이름을 하나씩 외치며 소포들을 마치 4차원 테트리스처럼 짐칸에 착착 배치했다. 나는 실전 지식을 익히려 눈에 불을 켰지만, 흡사 예수가 몇 안 되는 빵과 생선을 5000명을 먹일 음식으로 바꾸는 모습을 보며 그 비법을 익히려 애쓰는 제자라도 된 기분이었다. 무슨 기적 같은 일은 일어나지 않았지만, 엄청난 공간 지각력과 섬세한 처리 과정을 요하는 복잡한 일이 마치 평범한 일처럼 한순간에 끝이 났다.

우리는 차를 몰고 전 구역을 돌았다. 나는 정말 매의 눈을 하고 집중했어야 했다. 하지만 ADHD가 있는 쉰 살의 남자는 가이드와 관광이라도 나온 것처럼 두리번거리기 바빴다. 3번 구역은 모두 갓길이 없는 2차선 시골 도로였고, 어떤 구간은 아예 자갈길이었다. 내가 시골 배달부가 되기로 했을 때 상상했던 풍경이었다. 굽이진 외길 꼭대기 철문 앞엔 똑같이 생긴 검정 우편함 다섯 개가 나란히 서 있었다. 우리는 그 앞에 멈춰 섰다.

"이 우편함들은 예전에는 정말 엉망진창이었거든요. 그래서 제가 전부 새로 교체했어요."

"우정국이 사람을 보내서 교체했다는 말인가요?"

"아니요, 제가 우편함 주인들한테 말해서 이 지브롤터 우편함으로 바꿔줬어요. 그 사람들이 소포를 제대로 받을 수 있게."

"그럼 우정국이 그 비용을 준 거예요?"

"아니요. 하지만 이렇게 해놓으니 저 안까지 들어가서 전해줄 필요가 없게 됐죠."

지브롤터는 흔히 '농부 우편함'으로 불린다. 추수감사절 칠면조와 반찬 두어 개는 거뜬히 들어갈 정도로 거대한 둥근 지붕 모양의 검정 우편함이다. 지브롤터는 모든 우편배달부가 어디서나 사랑하는 디자인이었다. 주말에 여기까지 일부러 찾아와 다른 사람을 위해 우편함을 달아주는 모습을 상상해보려 했지만 잘되지 않았다. 이 구역은 웨이드의 담당으로 그의 '집'이나 마찬가지였고, 그는 매일 이곳을 보았다. 나는 단지 우편배달 보조원일 뿐이었고, 곧 알게 되었지만 사방팔방을 돌아다녀야 했다. 공식 배달부와 보조원 사이에는 그런 차이가 있었다.

웨이드는 자기 구역 중간쯤에 사는 아델 제임스 부인을 내게 소개해주었다. 여든 살이 넘은 호리호리하고 활기찬 여성이었다.

"제임스 부인, 이쪽은 스티븐이에요. 제가 플로리다에 가 있는 몇 주 동안은 이분이 부인 우편물을 맡을 거예요."

"아들이랑 가는 거예요?"

"네, 축구 캠프 때문에요."

"스티븐, 혹시 목이 마르거나 전화 쓸 일이 있으면 주저 말고 날 불러요." 전화를 사용해도 좋다는 말이 너무 케케묵은 친절이라 생각했지만 사실 매우 실용적인 도움이었다. 나중에 알게 된 사실이지만, 그 구역 대부분이 너무 외진 곳이라 휴대전화 신호가 잡히지 않았다.

"나는 부인의 안부를 늘 확인해요." 웨이드가 말했다. "혹시 안 보이면 아드님한테 전화해야 해요."

이것이 공식 배달부와 배달 보조원의 또 다른 차이다. 배달 보조원은 그냥 우편물만 배달하지만 공식 배달부는 그보다 더 많은 것을 전한다. 지속성. 안전. 안정감. 동지애. 문명. 정부가 시민들에게 주어야 하는 것들이다.

아델은 하루도 빠짐없이 나를 기다렸다. 밖에 나와 손을 흔들며 안부와 함께 목이 마른지를 물었다. 내가 그녀를 챙긴다고? 오히려 그녀가 나를 챙겼다. 바깥 날씨가 얼마나 더운지를 체감하고 나서는 항상 그녀에게 부탁해 유리잔에 담긴 얼음물을 단숨에 들이켰다. 보아하니, 그녀는 나중에 웨이드에게 나에 대해 이렇게 말한 것 같았다. "항상 늦긴 했지만 일은 제대로 했어요. 예의 바른 젊은이더군요."

✦

웨이드는 앞마당에 낚싯배 트레일러가 세워진 작은 방갈로를 가리켰다. "저기는 은퇴한 우편배달부가 사는 집이에요. 시내 쪽 담당이었죠." 나는 트래커 낚싯배를 바라봤다. 오래전부터 내가 꿈꿔왔던 바로 그런 배였다.

"저런 배를 가지고 있다니 여유가 꽤 있으신가 봐요."

"오래 버티다 보면 쌓이는 금액이 만만치 않거든요."

이 일을 꾸준히 하여 직급을 최대한 올린 상태로 은퇴하면 노후에는 상당히 편안한 중산층으로 살 수 있다. 평생 여기서 일하고 은퇴한 배달부라면 연간 4만에서 5만 달러 정도를 받는다. 똘똘한 사람이라 401k 비슷한 TSP[Thrift Savings Plan](미 연방 공무원이나 군인을 위한 퇴직연금 제도-옮긴이)를 일찍부터 붓기 시작했다면, 그 복리효과로 나중에 수십만 달러를 손에 쥐게 된다. 백만장자 우편배달부가 근거 없는 풍문이 아니라 그저 자기 돈을 자본 시장에서 굴러가게 한 성실한 사람들인 것이다.

그 뒤로 나머지 배달을 하면서는 내가 열여덟에 하와이로 가서 30년 동안 우편배달부로 살아왔다면 어땠을까 하는 상상만 계속했다. 그랬다면 마흔여덟 살에 은퇴했을 테니 지금쯤 이미 은퇴 3년 차에 접어들었을 것이고, 아마 현지인 여자와 결혼해 네 아이의 아빠가 되어 있겠지. 그리고 와이메아Waimea의 고등학교에서 파트타임으로 영어를 가르치고 있겠지. 물론 열여덟 살 땐 카우아이Kauai가 하와이 제도의 다섯 개 섬 중 하나라는 사실도 몰랐다. 게다가 카우아이처럼 제아무리 아름다운 곳에 서일지언정, 애초에 나란 인간은 30년 동안 똑같은 일을 할 수 있는 신경 구조를 가지지도 않았다. 결국 내가 상상한 것도 물안경과 오리발을 차고 작살 낚시를 하고, 공립 도서관에서 책을 읽고, 상상의 손주들과 시간을 보내는 삶이었다.

30년간 우편물을 배달하면 사람이 어떻게 바뀔까? 잘은 몰라도 확률적으로 본다면 회전근개 파열과 허리디스크, 그리고 카우아이에서라면 피부암에 걸릴 가능성이 높을 것이다. 내가 확실히 말할 수 있는 건 낚시용 보트와 스킨스쿠버 다이빙, 허구의 하와이 가족에 관한 긴 몽상에 빠져 있을 시간에 이 구역을 제대로 익혔어야 했다는 것이다. 솔직히 3번 구역은 나라는 인간을 완전히 나가떨어지게 만들었기에 나중에 멍하니 흘려보낸 이 시간들을 뼈저리게 후회하게 됐다.

"혹시 내 검정 익스플로러를 쓰고 싶으면 문자해요. 내 분류함 서랍에 열쇠를 넣어놓고 갈 테니."

그날은 토요일이었다. 나는 월요일부터 웨이드의 구역을 맡을 예정이었다.

✦

시골 배달부가 개인 차량을 준비해야 하는 건 문제였다. 언뜻 보면 나의 엘 카브리토El Cabrito(새끼 염소라는 뜻-옮긴이), 도요타 타코마가 안성맞춤일 것 같았다. 비포장도로에 강하고, 기동성도 좋고, 온전히 내 것이었다. 하지만 차체가 높은 타코마는 변속기 부분이 너무 불룩 튀어나왔고, 운전석은 너무 좁았다. 게다가 우편물을 다 실을 수도 없을 터였다. 집으로 돌아와 타코마의 오른쪽 조수석에 앉아 왼쪽에 있는 페달과 기어를 조작해보려 한 시간 가까이 온갖 시도를 다 해봤지만 내 긴 다리로도 조종간 너머 페달까지 닿을 방법은 없었다.

하지만 돌아가신 처외조모께서 타시던 1999년형 도요타 RAV4는 가능했다. 그 차는 꼭 장난감 같았는데, 아주 오래된 일본 차 특유의 가볍고 얄팍한, 마치 맥주캔 같은 독특한 분위기를 풍겼다. 크고 튼튼한 V-6 타코마에 비하면 꼭 고카트를 모는 것 같았지만 그 차는 조수석에서 왼발을 뻗어 페달을 밟을 수 있었다. 버지니아 법에 따라 새로 받은 '미국 우편' 자석 로고와 희고 노란 경광등을 차 지붕에 부착했다. '이 사람은 우편배달 공무원이며 법에 의해 필수 인력으로 간주되어야 한다'는 우체국장의 공식 서한도 챙겼다. 나는 차를 몰고 우체국으로 가서 우편물을 분류하고 소포와 함께 모두 차에 실었다. 차가 우편물로 빈틈없이 꽉 찼지만 어쨌든 전부 실리긴 했다.

이 시점에 중요한 것은, 버지니아 법과 도요타 엔지니어들이 의도한 대로 나는 여전히 왼쪽 운전석에서 운전하고 있다는 사실이다. 진짜 시골 구역을 맡은 첫날, 자신만만한 기분으로 말이다. 분류된 우편물 뭉치를 운전석 옆으로 옮긴 다음 드디어 첫 배달지로 향했다.

첫 커브길을 돌아 톰스크릭Tom's Creek까지는 무사히 내려갔다. 하지만 곧 길을 착각해 엉뚱한 비포장도로를 전속력으로 올라갔다. 길이 빨래판처럼 울퉁불퉁해지더니 타이어가 미끄러지며 RAV가 비포장 언덕 아래로 미끄러지듯 뒤로 굴러 내려가기 시작했다. 힘들게 분류해둔 잡지와 우편물들이 바닥으로 쏟아지지 않도록 안간힘을 썼지만 소용이 없었다. 순식간에 바닥이 온통 반들거리는 잡지와 제1종 우편물 절반으로 뒤덮히고, RAV는 점점 더 빠르게 아래로 굴러 내려가기 시작했다. 마침내 RAV는 숲으로 향하고, 거기엔 뒷범퍼와 곧 충돌을 앞둔 참나무가 보였다. 얼리샤에게 할머니 차를 빌릴 거란 이야기도 안 했는데, 이런 꼴이 되다니.

나는 폭풍 속을 항해하는 범선의 키에 매달린 듯한 자세로 어깨를 뒤로 젖혀 조수석 창턱에 기대고, 등은 활처럼 굽힌 채 다이빙 선수처럼 다리를 쭉 뻗었다. 이렇게 마치 활시위가 팽팽히 당겨진 듯한 상태에서 왼발은 신의 가호로 브레이크 페달을 찾고, 손은 운전대를 좌우로 돌리며, 차를 길 가운데로 돌려놓았다. 이윽고 목구멍 뒤에서 흙맛이 느껴질 정도로 자욱한 석회석 먼지 속에서 차가 멈췄다.

나는 한동안 영원처럼 느껴지는 그 상태로 가만히 있었다. 먼지가 가라앉고, 나는 천천히 오른손을 핸들에서 떼어 허리 아래로 손을 더듬어 기어를 P에 놓았다. 그리고 조수석 깊숙이 풀썩 주저앉았다.

젠장, 이게 뭐지? 죽을 고비까지는 아니었을지 몰라도 위험한 상황이었던 건 분명했다. 차가 박살 날 뻔했으니까. 차는 우리에게 꼭 필요했지만 새로 살 형편은 안 되는 상황이었다. 잘못하면 다리가 부러지거나 팔이 찢어졌을지도 몰랐다. 여태까지 입어본 산업재해라고는 손목 터널 증후군이나 수시로 찾아오는 우울증이 전부였는데, 이건 완전히 색다르고 생생한 재해 위험이었다.

시동을 끄고 바닥을 내려다봤다. 발밑은 잡지들로 난장판이었고, 통째로 쏟아진 분류 우편물이 엉망진창으로 뒤섞여 있었다. 여기엔 파일을 정말 지울 거냐고 묻는 친절한 소프트웨어도, 되돌리기 명령어도 없었다. 유일한 운영 시스템은 열역학 법칙이고, 그 제2법칙이 열심히 작동 중이었다. 모든 시스템이 무질서가 증가하는 방향으로만 나아가는 참이었다. 엔트로피는 우체국의 적이었고, 나는 완전히 망해버린 것이었다. 두 시간에 걸친 힘겨운 노동이 지금 이 구역에서 얼토당토않은 소형차 바닥에 뒤범벅이 되어 있었다.

10번 구역에서의 성공에 충만해진 자신감은 눈 녹듯이 사라져버렸다. 인과응보였다. 함께 일하는 사람들보다 내가 더 똑똑하다고 1만 번째로 생각한 자만의 결과였다. 온갖 규칙이 나에게는 적용되지 않는다고, 표준 작업 절차든, 집중해야 한다는 상식이든, 로버트의 회의 진행 규칙(미국의 육군 장군 헨리 마틴 로버트 Henry M. Robert가 남북전쟁 이후에 만든 의회 회의 진행 규칙으로, 기업, 노조, 비영리 단체 등 민주적 의사결정이 이루어지는 거의 모든 곳에서 활용된다-옮긴이)이든, 물리 법칙이든 뭐든 나만은 예외라고. 물론 보통 사람한테는 이 일이 어렵겠지만 나는 다르다고. 사실 10번 구역은 내가 감당할 만한 곳이었다. 말 그대로 내 '나와바리'였으니까. 하지만 3번 구역에 오면서 마침내 내가 얼마나 역부족인지 절감하기 시작했다. 복잡한 절차, 신체적 피로, 시간의 압박, 운전석이 반대인 차를 모는 일, 이 모든 것이 쓰나미처럼 덮쳐 신참을 나가떨어지게 만든다는 것을. '그래도 나는 아니야, 나는 달라. 나한테는 쉬울 거야.' 나는 내내 스스로에게 이렇게 말해왔다. 왜냐면 나는 오지게 똑똑하니까.

아니었다. 나는 그저 잘난 척하다 소형 SUV 한 대 분량의 우편물을 뒤섞어버린 쉰 살짜리 얼뜨기였다. 현실 세계에 온 걸 환영한다, 그랜트.

제10장

오늘은 그만두지 마세요

"교육원에서 배운 건 다 잊어요. 여기서는 흐름을 만들어야 해요."

"흐름요?"

"물론 공식적으로 쓰는 말은 아니지만 나는 그렇게 표현해요." 캣이 한 말이었다. 그녀는 나를 기다렸다가, 내 작은 도요타에서 우편물을 전부 꺼내 웨이드의 포드 익스플로러에 싣는 것을 도와줬다. 캣과 나는 우편물을 절반으로 나눴다. 구역 자체가 너무 큰 데다 평소대로라면 오전 8시 반이면 도로에 나와 있어야 했건만 이미 10시가 넘은 시간이었다. 캣이 배달 구역의 뒷부분을 맡고 나는 앞부분을 맡았다. 신참인 나는 아직 속도가 느릴 것으로 여겨졌는데, 아주 정확한 예측이었다.

캣은 168센티미터 정도의 키에 금발과 우윳빛 피부를 가진 30대 초반의 여성으로, 우리 외할머니가 생각날 정도로 심한 웨스트버지니아 사투리를 썼다. 거칠 것 없고, 레드불이 부족하면 카페인 덩어리인 뱅 에너지 드링크를 입에 털어 넣으며, 언제라도 관리부와 싸울 태세가 되어 있는 캣은 나의 수호천사이자 생명의 은인이었다. 세 아이의 엄마이고, 남편은 시내 우편배달부이며, 자신은 시골 담당 공식 우편배달부로 정해진 구역은 아직 없는 상태였다. 말하자면 남편과 우체국 사내 커플인 캣은 정규직원이 은퇴한 구역을 물려받을 때까지 여러 구역을 넘나들며 일했다. 캣은 11번 구역의 절반을 맡으면서 그때그때 도움이 필요한 곳에 투입되었다. 그리고 당시엔 나 역시 그녀의 도움이 절실했다.

캣은 내게 많은 것을 가르쳐줬다. 날씨에 맞게 옷 입기, 물 챙겨 마시기, 에너지바 가져오기 같은 것들이었다. 그녀의 남편에게선 슬림 짐을 챙겨 다니는 게 좋다는 걸 배웠다. 뭉그러지지 않는 데다 여름 날씨에도 안전한 간식이기 때문이었다. 사실 슬림 짐은 뜨거운 날씨에 오히려 살아났다. 대시 보드에서 끓기 직전의 온도에 노출되면 가공 지방으로 인해 겉이 촉촉해지면서 미슐랭 레스토랑에서 분자 요리로 나와도 좋을 만큼 놀라운 풍미가 느껴졌다.

캣은 꾸준히, 재빠르게 몸을 움직였다. 자세히 관찰해보면 초를 아껴 분을 만들고, 분을 아껴 시간을 만들었다. 그건 행동의 철학이었다. 그녀는 일에 '흐름'을 만드는 법을 내게 가르쳤다. 분류함에서든, 배달 트럭에서든, 정거장에서든 흐름을 만드는 일이 핵심이었기 때문이다. 아침에 우체국에 도착하면 모든 종류의 우편물을 쓱 훑어 분류함에 넣는다. 그리고 그것들을 다시 조심스럽게 배달 순서대로 모아 고무줄로 묶어서 도로에서 바로 사용할 수 있도록 해놓는다. 캐시가 10번 구역 시내에서 주차하고 도는 법을 가르쳐줬다면, '현실판' 시골 배달 실습을 시켜준 건 캣이었다. 포드 익스플로러든 도요타 타코마든 그 안에서 모든 것을 순서대로 정확하게 다루는 법, 심심산골에서 실제로 일을 제대로 끝내는 법을 가르쳤다.

우편배달은 그 자체로 어려운 부분은 없다. 탁월함을 요하는 부분도 없다. 60야드짜리 터치다운을 던지거나 키아로스쿠로chiaroscuro 기법(미술, 사진, 영화 등에서 강한 명암 대비를 통해 극적인 효과를 표현하는 기법-옮긴이)으로 그림을 그리거나 자이베르그-위튼Seiberg-Witten 불변량(끈 이론과 관련된 위상수학 이론의 핵심 개념-옮긴이)을 다루거나 가시성 0에 옆바람까지 겹친 상황에서 착륙을 해야 하는 것도 아니다. 그것은 하나의 거대한 절차의 문제다. 정해진 순서대로 일을 해내는 것이다. 캣처럼 흐름에 따라 올바른 방식으로 하면 모든 게 매끄럽게 진행되고, 매끄러우면 빨라진다. 흐름은 능숙한 일처리를 낳고, 세심하게 쌓아올린 질서를 지켜준다. 흙먼지 자욱한 비포장길에서도, 세찬 바람 속에서도, 시간의 압박 속에서도.

그러니까, 흐름 말이다.

"요컨대 흐름을 만들라는 거죠?"

"그렇죠, 각 주소지에 도착하기 전에 한 바퀴 쭉 돌면서 자동 분류된 우편물을 집고, 소포가 있는지 확인하고, 스퍼스SPURS(Small Parcels and Rolls의 약어로 본래 SPRs이지만 발음이 '박차다'라는 뜻의 spurs와 비슷해 그렇게 부른다. 소형 소포를 뜻한다-옮긴이)도 챙기고, 가능하면 그다음 집 소포도 미리 가까이에 갖다 둬요. 잡지류는 통에서 싹 다 꺼내 오른손에 쥐고요. 그리고 우편함에 바짝 붙여 차를 세우고 툭, 밀어넣는 거죠."

"무슨 통요?"

"통을 하나 마련해야 해요. 제 걸 빌려줄 수는 있는데, 그냥 하나 사세요. 사람들이 보이는 대로 막 가져가버리니까, 자기 차에 개인용 통을 하나 두면 필요할 때 바로 쓸 수 있죠."

캣이 말한 통이란 운전 중에 다리 사이에 끼워놓을 타파웨어 같은 플라스틱 통으로, 거기에 잡지류, 우리가 스퍼스(무슨 약어인데 정확한 뜻을 알려준 사람은 아무도 없었다)라 부르는 작은 패키지, 자동 분류 우편물을 배달 순서대로 담으라는 이야기였다. 그리고 오른쪽 좌석에 앉아 운전하면서 통에 있는 걸 오른손으로 꺼내 우편함에 집어넣고, 왼손은 쭉 뻗어 운전대를 잡고 있는다. 다음 소포 두어 개는 왼팔 밑 중앙 콘솔 위에 올려놓는다. 하지만 모든 걸 가지런히 정리하여 속도와 흐름을 만들어내는 건 바로 다리 사이에 끼워 넣은 그 플라스틱 통이었다. 캣 페퍼의 실전 우편 사관학교에서 보낸 그 시간은 내가 우편배달부로 한 해를 버텨내는 데 확실한 밑거름이 되어주었다.

경제학 용어 중 '경로 의존성'이라는 것이 있다. 일련의 과정에서 초반에 일어난 일이 이후의 결과를 지배하다시피 하는 현상으로, 주로 미래에 즐길 수도 있었을 결과를 제약하는 효과를 낸다. 예컨대, 쿼티QUERTY(자판 맨 위 왼쪽부터의 알파벳 배열 순서에서 따온 이름-옮긴이) 자판의 채택은 일종의 역사적 우연이다. 하지만 그 우연은 결국 쿼티 자판 사용법을 배운 인구를 만들어냈다. 모든 사람을 더 새롭고 빠른 자판으로 바꾸게 만드는 비용은 이제 단순히 자판을 교체하는 물리적 차원의 문제가 아니라 신경학적 차원의 문제, 즉 자판을 쓰는 전 인구의 집단 근육 기억을 다시 훈련해야 하는 문제가 되어버렸다. 전 세계의 책상에 깔린 자판을 생각하면, 그 비용은 상상을 초월할 것이다.

아침에 우편물을 제대로 분류하는 일의 경로 의존성은 어마어마하다. 물론 정말 까다로운 일이고, 특히 잘 모르는 구역일 경우엔 더 그렇지만, 그래도 시간을 들여서라도 항상 확실하게 해놓을 만한 가치가 있다. 그 첫날 아침에 웨이드의 구역을 분류하는데 미분류 우편물 더미에서 개인 편지 한 통이 손에 잡혔다. 생일 카드처럼 보였고, 수신인 주소는 JE존스스트리트JE Jones Street였다. 그런데 이틀간의 배달 기억을 더듬어봐도 JE존스스트리트는 도무지 떠오르지 않았다. 밀주를 만드는 메시런(술 찌꺼기를 거르는 과정을 뜻하는 메시mesh와 도망치다라는 뜻의 런run을 결합한 것으로 연상한 듯하다-옮긴이), 석탄을 캐는 빅베인Big Vein(큰 광맥-옮긴이)과 티플Tipple(석탄 선별 작업원을 티플러tippler라 부른다-옮긴이), 가문의 이름을 딴 맥코이로드, 꽃과 서정시를 연상시키는 모코란지Mockorange(mock orange는 고광나무를 뜻한다-옮긴이)와 레이디슬

리퍼Ladyslipper, 성서에 나오는 마운트자이언Mount Zion 전부 기억이 나는데 JE존스는 기억에 없었다. 나는 분류함 앞에 서서 쭉 훑었다. 거기에도 없었다.

다시 훑었다. 이번엔 아주 천천히. 그래도 JE존스는 보이지 않았다.

소포 분류장으로 가보았다. 그린즈버러에서 온 큰 케이지에서 소포들을 꺼내는 그 바닥 한가운데 블랙스버그의 도로명을 해당 구역 번호와 함께 알파벳 순으로 쭉 나열해놓은 도표가 있었다. 카드 테이블 전체를 덮을 정도로 큰 그 도표는 코팅이 되어 책상 상판에 붙어 있었다. 글자는 아주 작았지만, 거기에 있었다. JE존스스트리트, R003-3번 시골 구역. 그러니까 이건 잘못 분류되거나 잘못 보낸 편지가 아니었다. JE존스스트리트는 분명 내 구역에 있었고, 이 편지는 내가 배달해야 하는 것이었다. 미분류 우편물에 대해서는 담당자들이 실수를 거의 하지 않았고, 그건 이번에도 마찬가지였다.

다이애나는 내 옆 분류함 담당이었다. 그녀는 우핸들 흰색 지프로 배달을 다녔는데, 개인 소유 차량 중엔 으뜸이었다.

다이애나는 50대 후반의 여자로, 주야장천 테니스 바이저를 쓰고 다녔다. 아마 잘 때도 벗지 않을 것 같았다. 여름엔 항상 바이저에 탱크톱과 반바지 차림으로 일했고, 겨울엔 스웨트셔츠 위에 낡은 파란색 시내 배달부용 플리스 재킷을 껴입고…… 테니스 바이저를 썼다. 한 번은 같이 소포를 분류하다가 잘못 분류된 소포가 너무 많이 나오자 그녀는 그걸 골라내며 이렇게 말했다. "이 빌어먹을 물건을 내가 제 구역에 갖다줄 수도 있겠지. 근데 이젠 내 알 바 아니야give-a-damn. 나도 몰라."

"오? 그거 조 디피Joe Diffie 노래 제목이잖아요!"

"조 디피? 무슨 소리예요! 조 디 메시나Joe Dee Messina 노래죠."

그녀는 메시나가 자기 매니저랑 지저분하게 헤어지고 복수심에 운동을 얼마나 했던지, 뮤직비디오에서 팔 근육이 정말 끝내줬다는 이야기를 들려주었다. 테니스 바이저, 메시나의 팔뚝 근육에 대한 감탄, 지프. 그것만으로도 다이애나는 이 지역 토박이 그 자체였다. 어느 날 아침, 나와 나란히 서서 우편물을 분류하던 다이애나가 잠깐 휴대전화를 확인하더니 못마땅한 듯한 소리를 냈다. "이 인간이 지금 뭐라는 거야? 남편이 왜 빌어먹을 총포상에 가 있는 거지?"

"아, 그래요? 뭐 사신대요?"

"새 라이플을 살까 생각 중이라네요."

"사격용으로요? 아니면 집 지키는 용? 사냥?"

"사슴 사냥용이요. 윈체스터 243 모델인데 평생 갖고 싶어 했어요."

"대학교 때 친구 하나가 흰꼬리사슴을 사냥할 때 243을 썼었죠."

"내가 아는 건 딱 하나예요. 자기가 뭔가를 산다면 내 것도 하나 사오는 게 좋을 거라는 거죠."

여자 사슴 사냥꾼은 생각보다 훨씬 흔하다. 이곳의 많은 아버지가 딸을 데리고 사슴 사냥을 나간다. 하지만 우리 아버지는 나를 데려간 적이 한 번도 없었다. 어렸을 때 따라가고 싶어서 졸라보기도 했지만 아버지는 이렇게 대꾸했다. "사슴은 큰 동물이야." 대신 칠면조 사냥에 데려가겠다고 약속했지만 그마저도 지키지 않았다. 내가 고등학생일 때 사슴 사냥은 진짜 인기였다. 11월이면 전교생의 절반이 학교를 빼먹고 산으로 들어갔고, 사냥 시즌이 끝나면 몇 주 동안은 학교 복도에 집에서 말린 사슴 육포 냄새가 진동했다. 그때마다 얼마나 부러웠는지. 나도 커다란 지퍼백에 꽉꽉 채운 사슴 육포를 갖고 싶었다.

다시 3번 구역 분류 작업으로 돌아가서, 다이애나와 나는 친했다. 그래서 그녀가 이 일을 시작한 초기에 3번 구역을 담당한 적이 있다는 사실을 이미 알고 있었다. 그리고 이제 JE존스스트리트가 3번 구역 어디쯤에 있다는 걸 확실히 알았으니 그게 어딘지 그녀에게 물어보면 소득이 있을지도 몰랐다.

"가만, 생각 좀 해보고요. 젠장, 잠깐만요, 분류함 앞에 직접 서봐야 해요. 하도 오래전 일이라."

다이애나가 내 분류함 앞으로 와서 눈을 감았다. 그러곤 부흥회에 간 사람처럼 양손을 번쩍 들어 올리더니 빨랫줄에서 빨래를 걷듯이 천천히 내렸다. 두 손은 이제 수맥 탐지봉이 되었다. 그녀는 몸을 왼쪽으로 살짝 틀어 양 검지로 분류함을 천천히 훑어내렸다. 그러다 두 손가락이 정확히 한 라벨 위에서 멈췄다.

JE존스스트리트.

그 '스트리트'는 우편함이 달랑 두 개로, 롱숍로드와 마운트자이언 사이에 간신히 끼어 있는 길이었다. 분류함에 라벨이 붙을 자리가 거의 없다시피 했으니 내가 못 찾은 것도 당연했다. 진짜 한 토막도 안 되는 길이었으니.

“세상에, 다이애나, 그걸 어떻게 기억해냈어요?”

“아이고, 이렇게 오래 걸리다니 나도 이제 다된 건가 싶었네요.”

나는 방금 런던 거리에서나 볼 수 있는 수준의 공간기억 능력을 목격한 참이었다. 이런 공간기억이 바로 우편배달부가 가지는 기억이었다. 그들은 어떤 집이든 주소로 말했다. “거기, 디어크로프트Deercroft 401번지 알죠?” 아니, 모른다. 왜냐하면 나는 아직 내 구역의 모든 집을 외우지 못했으니까. 하지만 1년 만에, 따로 노력하지 않아도 저절로 외워지기 시작했다. 내 딸 워커가 호스슈Horseshoe레인의 친구 집에 데려다 달라고 했을 때 나는 거기가 어딘지 정확히 알았다. 마운트테이버Mount Tabor로드에 인접한 2구역 동네였다. 그렇게 10년 동안 블랙스버그의 전 구역을 다 돌아다닌다고 상상해보라. 그러면 이 도시를 진짜 샅샅이 알게 된다.

이런 공간기억에서 가장 놀라운 건 배달부들이 그걸 전혀 대단하게 여기지 않는다는 점이다. 공식 배달부 모두가 이런 수준의 능력을 가지고 있었고, 모두가 자기 구역을 훤히 꿰고 있었다. 못 버티고 그만두는 사람들에게는 수많은 이유가 있겠지만, 그중 가장 큰 이유는 이거였다. 거리 이름과 주소 같은 추상적인 정보를 실제 이동 장소와 이동 시간이라는 4차원으로 머릿속에서 그려낼 능력이 없다면, 절대 우편배달부로 살아남을 수 없다는 것 말이다. 그리고 그에 못지않게 놀라운 건 그런 능력에 대한 겸손한 태도였다. 모두가 이런 기억력을 가졌을 뿐 아니라 모든 일을 말끔히 해치우고도 그게 별 대수롭지 않은 일인 양 담담하게 행동하는 현실 감각을 유지했다. 민간 기업이었다면 계약 금액과 실적 전망을 외운 사람은 그걸 자랑하듯 들이밀었을 것이다. 화이트보드 앞에서 온갖 계산식을 곡예처럼 보여주고, 기억만으로 고객의 권력 구조를 조직도로 그려냈을 것이다. 모두가 자신이 얼마나 똑똑하고 더 잘났는지를 보여주느라 혈안이 되어 있기 때문이다. 하지만 우체국에서 다른 배달부들이 알고 싶어 하는 건 단 두 가지였다. 그 사람이 내일 나올 건지, 그리고 일을 해낼 수 있는지.

우편배달을 하며 깨달은 한 가지는 현대 생활에 익숙한 우리가 여러 면에서 이상할 정도로 약해졌다는 사실이다. 공간, 숫자, 언어에 대한 기억력은 물론이고 몸조차도. 우리 몸은 원래 하루에 수십 킬로미터를 걸을 수 있고, 큰 영토의 굽이굽이를 다 외울 수 있으며, 모진 더위와 추위도 견딜 수 있다. 하지만 현대 생활 속에서 이 모든 능력이 숨어버렸다. 우편을 배달하며 내가 어떻게 변했는지를 생각할 때면 그 변화 중 얼마만큼이 인간으로서 다른 방식으로 존재하는 경험이었을지 궁금해지곤 했다.

캣과 나는 일을 나누었고, 나는 '흐름에 따라 매끄럽게' 일을 해낼 준비가 되어 있었다. 시간은 이미 오전 10시였고 사무실에는 아무도 없었기에 내가 많이 뒤처진 상태란 걸 알았다. 캣은 절반으로 나눴으니 오늘치 일을 다 끝낼 수 있을 거라며 나를 안심시켰다. 오전 10시인데도 벌써 더웠다. 산속의 6월과는 거리가 먼 기온이었지만 괜찮을 거라 생각했다. 나에겐 더 좋은 차량이 있고, 캣의 도움으로 우편물을 말끔히 정리했으니 일이 잘 풀리지 않을 까닭이 없었다. 나는 낙관적인 마음으로 길을 나섰다.

학생 아파트로 집들이 개조된 외진 동네 올링거로드Olinger Road, 길 끝에 닭장들이 줄지어 있는 빅런Big Run. 어렸을 때 어머니가 어린 손녀들을 데리고 블루베리를 따러 갔던 블루베리 농장을 지나면 나오는 다운브룩필드Down Brookfield. 그리고 모든 소포를 자기 집 현관 앞에 갖다 놓으라던 괴짜 노파가 사는 돌로 된 집을 지났다. 그 집 현관엔 뜯지 않은 다른 소포가 잔뜩 쌓여 있었고, 내가 배달한 3주 내내 소포 더미는 그대로였다. 한번은 내가 작은 소포 몇 개를 우편함에 넣었더니 노파는 내 상사에게 항의했다.

그다음엔 올드크릭로드를 따라 내려갔다. 깊숙한 막다른 길로, 작은 자동차 정비소 몇 군데와 말 방목지, 저지대에 지어진 집들이 이어졌다. 그 집들 앞에선 아이들이 트램펄린 위를 폴짝폴짝 뛰고 있었다. 나는 자동 분류 우편물을 꺼내 잡지류, 스퍼스와 함께 놓으며, 오른쪽 자리에서 운전하는 감각을 조금씩 익혀가는 중이었다. 곧 노란 이층집 하나가 나타났다.

지금부터 우편물 분류 때 '빈집 카드'가 하는 역할이 매우 중요해진다. 만약 어떤 집이 일주일 정도 여행을 가게 되어 그동안 우편물을 보관해주길 원한다고 하자. 그러면 우리는 분류함의 해당 주소 칸에 보관 카드를 꽂아놓고, 해당 우편물을 꺼내 그들이 돌아올 때까지 분류함 밑에 보관해놓았다. 진짜 빈집, 즉 더 이상 사람이 살지 않는 집도 마찬가지였다. 일단 빈집으로 등록되면 우편함의 주소지 칸에 노란 카드를 꽂아 배달을 건너뛰어야 하는 집임을 표시했다. 경험 많은 배달부라면 배달에 나서기 직전에 분류함에 꽂힌 자동 분류 우편물을 꺼낸 다음 전달 구역으로 가서 전달 우편물을 처리할 것이다. 이론상으로는 컴퓨터가 자동으로 잡아냈어야 하지만 그러지 못했을 경우에 그걸 확인하는 건 배달부의 몫이다. 분류함에 전달 정보가 없을 경우 '전달 불가' 코드를 입력한다. 빈집임이 확실하다면 '빈집' 코드를 입력한다. 그러므로 전달 우편물은 배달 차량에 실릴 일이 없어야 하고, 차량에 실린다면 전부 배달되어야 하는 우편물이다.

경험 많은 배달부의 경우라면 그렇다는 이야기다. 하지만 나는 경험 많은 배달부가 아니었다.

그러기에 실수는 겹치고 증폭된다. 나는 이 구역을 잘 몰랐다. 캣의 도움에도 우편물을 정확히 분류하지 못했다. 빈집 카드도 보지 못했다. 시간은 촉박하고 날은 더웠다. 와중에 점심으로 뭘 먹을지 궁리하고 있었다. 그래서 무심결에 올드크릭로드 우편물 뭉텅이를 집어, 다음 우편함에 차를 대고 쑤셔 넣었다. 우체국을 나선 뒤로 줄곧 최대한 빨리 그렇게 하고 있었다.

그날 세 가지 일이 동시에 있어났다. 그리고 이것은 시골에서는 진짜로 무슨 일이든 일어날 수 있다는 사실을 실시간으로 상기시켜주는 경험이었다. 나는 긴 흙길 진입로 깊숙이 들어앉은 낡은 노란색 이층집 앞에 차를 세웠다. 앞마당 잔디는 깎을 때가 지난 모습이었다.

나는 로봇처럼 움직였다. 왼손으로 우편물 뭉치를 그러쥐고 천천히 우편함으로 다가갔다. 왼발로 브레이크를 살짝 밟고, 오른손으로 우편함 문을 열었다. 주소를 다시 확인하느라 시선은 이미 다리 사이의 통을 향해 있었다. 왼손에 있던 우편물을 오른손으로 옮겨 쥔 뒤 재빨리 우편함에 밀어 넣었다. 그때 손끝에서 뭔가 바스락 밀리는 느낌이 들었다. 손끝에서 느껴지는 색다른 감각을 감지한 뇌의 집행 기능으로, 재빨리 우편함 안을 들여다봤다.

실로, 내 자동화된 뇌를 칭찬해줄 만한 순간이었다. 뇌가 상황을 인식함과 동시에 왼발은 이미 가속 페달을 있는 힘껏 밟았다. 그제야 전두엽이 상황을 파악했다. 우편함 속 전체가 큰 말벌집이고, 방금 나는 그 심장부를 들여다본 것이었음을. 바스락하는 소리는 그 육각형 종이집을 한 줌의 우편물로 통째로 으깨는 소리였음을. 우편함 속은 번들거리는 검은 말벌들이 정신없이 서로 뒤엉켜 난리도 아니었다. 저 블랙스버그 중앙 우체국 분류함에 꽂혀 있을 빈집 카드가 날 비웃는 것만 같았다. 이 우편함에는 아무 우편물도 배달되어서는 안 됐고, 분명 웨이드도 꽤 오랫동안 이 집을 건너뛰었을 것이다. 차 뒤쪽 하늘은 먼지와 말벌떼로 시꺼멓게 변해갔다. 익스플로러가 텅 빈 길을 미친 듯이 달려 올라가는 동안 나의 생각하는 뇌는 방금 본 것을 그제야 이해했다.

나는 말벌을 병적으로 무서워한다. 대학생 때 보이스카우트 여름 캠프에서 지도자로 일한 적이 있었다. 오전에는 기상 및 환경 과학 과정을 가르쳤고 오후에는 사격 교육을 담당했다. 여름이 시작될 무렵 우리는 닫혀 있던 캠프를 다시 열 준비를 하는 참이었다. 나는 호수 앞 게시판 처마 밑에서 페인트칠을 하다가 그만 페인트 붓으로 말벌집을 건드리고 말았다. 한낮의 햇볕에 눈이 부셔서 어둠 속에 숨어 있던 벌집을 미처 보지 못한 탓이었다. 순식간에 말벌 몇 마리가 내 이마 위로 쏟아져 내리더니 곧장 공격을 시작했다. 끊임없이 쏘아대는 놈들을 막을 수 있는 유일한 방법은 오타리Ottari 호수로 전력 질주해 머리부터 물속으로 처박는 것뿐이었다. 그 후 이틀여 동안 두 눈이 퉁퉁 부어 떠지지 않았고, 결국 아버지가 나를 래드퍼드Radford에 있는 응급실로 데려가야 했다.

나는 결코 말벌을 좋아하지 않았다. 하긴, 누가 좋아하겠냐마는. 하지만 젊었을 때 그렇게 며칠을 눈도 못 뜨고 보낸 뒤로 나는 진짜 말벌 공포증을 갖게 되었다. 게다가 이번엔 완전히 불시에 맞닥뜨린 데다 우편함 벌들의 규모와 반응이 너무도 무시무시해서 어떤 이성적인 통제력도 완전히 상실할 수밖에 없었다. 나는 겁에 질려 온몸으로 소리를 지르며 흙길 한가운데 서 있었다.

어쨌든 이번에는 기적적으로 한 방도 쏘이지 않고 무사히 도망쳤다. 그러고는 미처 의식도 하기 전에 기어를 P에 놓고 차 밖으로 뛰쳐나와 온 팔과 다리를 두 손으로 쓸어대며 바락바락 소리를 질렀다. “씨발! 씨발!” 시꺼먼 말벌떼가 소용돌이처럼 미쳐 날뛰며 동물의 분노란 어떤 건지를 물리적인 형태로 구현해내는 참이었다. 풋볼 경기장만큼 떨어져 있는데도 녀석들이 나를 죽이고 싶어 하는 게 생생히 느껴졌다. 속이 울렁거렸다.

이 광경을 목격한 사람은 한 명도 없었다. 도로 옆 가시철조망 너머 밤색 말 한 마리가 무심히 나를 바라보고 있을 뿐이었다. 그 표정이 마치 이렇게 말하는 듯했다. "다음엔 빈집 카드를 잘 확인하겠지, 이 멍청아."

날이 더워지면서 이미 열기가 오를 대로 오른 상태였다. 내 온몸은 땀에 흠뻑 젖어버렸다. 차에 달린 에어컨은 미지근하기 짝이 없어서 방금처럼 격렬한 신체 반응을 겪은 몸을 식히기에는 턱도 없었다. 창문도 완전히 닫아놓은 상태였다. 올드크릭은 막다른 길이었다. 그 말인즉 길 끝에 나란히 놓인 여덟 개의 우편함에 우편물을 넣고 나면, 여태 요동치고 있을 그 죽음의 말벌 구름을 뚫고 되돌아 나가야 한다는 뜻이었다. 나는 시속 60마일(약 100킬로미터)로 그 덩어리를 뚫고 지나갔다. 말벌들이 앞 유리창에 마치 캐스터네츠라도 치듯 딱딱 부딪치는 소리가 났다. 나는 큰 도로로 다시 나올 때까지 멈추지 않고 그대로 달렸다.

노리스런Norris Run을 지나 뉴리버 강둑에 도착했을 때쯤엔 몸이 너무 뜨겁고 어지러워서 열사병이라도 걸린 건가 싶었다. 거기엔 작은 공원이 하나 있었는데, 정확히 말하면 피크닉 테이블 두어 개와 카누나 카약을 내릴 만한 공간이 전부인 장소였다. 월요일이라 그런지 공원은 꽤 한산했다. 뉴리버는 석회암 위를 흐르기에 물이 청록 빛깔이다. 강둑에서 가파르게 솟아오른 언덕은 울창하게 나무가 뒤덮여 있고 집은 거의 없다. 그래서 강 양쪽에 놓인 철길로 기차가 지나가지 않는 한 무척 조용한 곳이다. 거기에선 계곡을 타고 불어오는 바람 소리, 바위 위로 흘러내리는 물소리밖에 들리지 않는다. 너무도 평화로운 곳, 아마도 내가 세상에서 가장 좋아하는 곳일 것이다.

나는 강가의 큰 널돌에 무릎을 꿇고 물속에 머리를 풍덩 담갔다. 숨이 찰 때까지 가만히 그러고 있었다. 그리고 풀밭에 주저앉아 강 너머 저 먼데를 바라봤다. 몸은 흠뻑 젖었지만 그날 처음으로 시원한 느낌이 들었다.

나는 형편없는 배달부였다.

순간, 전화벨이 울렸다. 캣이었다.

"별일 없는 거죠?"

"네, 괜찮아요. 아마도요."

"감독이 얼마나 전화를 해대는지. 날 노리스런으로 보낼 참이었어요. 당신 찾으러. 당신 스캐너가 거기로 들어가긴 했는데 나오질 않아서요."

"나왔어요. 이제 확인될 거예요." 스캐너에 수신 신호가 한 칸 나타나 있었다. "제가 너무 느려요, 캣."

"일단 계속하고 계세요. 센테니얼 쪽 교회에서 만나 남은 걸 나눠요."

나는 거의 한계에 다다른 상태였다. 캣은 말투는 진짜 거칠었지만 속은 따뜻한 사람이었다. 누가 노력하는 모습만 보이면 어떻게든 도와주려 했다.

"나 이거 못 하겠어요, 캣."

"왜요? 무슨 일이에요?"

"말벌떼한테 당했어요. 속도도 너무 안 나고. 도저히 못하겠어요. 진짜 더럽게 덥고. 나 그만둘 거예요."

"이 일 꼭 필요하다고 하지 않았어요?"

"그랬죠. 근데 내가 개같이 못하잖아요."

"가족한테 건강보험이 필요하다고 하지 않았어요?" 그게 진짜 필요한 사람이 나란 걸 숨겼더랬다.

"필요하죠."

"그럼 가족을 위해 버텨요. 그만두지 마세요."

"씨발, 진짜 못 해먹겠어요."

"알아요. 다들 처음엔 그래요. 그냥 하루만 더 버티세요. 일단 남은 것들만 마저 해요. 그러면 돼요."

"알겠어요."

"오늘은 그만두지 마세요."

"알았어요. 계속할게요. 있다 교회에서 봐요."

강가에서 동료 배달부의 따뜻한 격려를 받은 나는 무릎에 달라붙은 모래를 털고 익스플로러로 돌아갔다. 그렇게 하루를 더 버텨냈다.

제11장

때론 이긴다는 것은 포기하지 않는 것

"완전 지옥."

내 일지는 그냥 파일럿의 비행 일지 같은 것이었다. 나는 배달 노선과 주행 거리, 등기나 내용증명 우편이 있었는지 여부 등을 기록했다. 내가 언제 블랙스버그 중앙 우체국에 도착했는지, 언제 적하장을 떠났는지, 언제 다시 기지로 돌아왔는지. 그리고 고객의 후속 조치가 필요한 게 있으면 그것도 적어두었다. 당시 내 일지에서 유일하게 주관적인 메모는 이것이었다. "완전 지옥." 마치 내셔널 지오그래픽 소사이어티 팀이 레이더 발굴기로 파낸 얼음 밑, 한 세기 전에 실종된 남극 원정대의 텐트 속 시신과 장비 옆에나 놓여 있었을 법한 문구였다.

나는 3번 구역을 맡은 3주 내내 단 하루도 빼놓지 않고 그만

둘 생각을 했다. '시니어 전문가'라 불렸던 나는 일을 이렇게까지 못하는 데 익숙지 않았다. 그런 건 이미 아주 오래전 일이었다. 어쩌면 자만이 지나친 말로 들릴 수도 있겠지만, 수십 년간 나는 꽤 일을 잘하는 사람이었다.

더 중요하게는 이렇게 힘든 일에는 익숙지 않았다. 유능함의 단계를 무능함을 인지하지 못하는 상태, 즉 내가 얼마나 못하는지 이해할 능력조차 없는 상태부터 전문가의 경지까지로 나눈다면, 나는 적어도 무능함을 인식하는 단계까지는 도달해 있었다. 내가 우편물 배달을 썩 잘하지는 못한다는 불타는 자각의 황야에서 길을 잃은 터였으니 말이다. 이는 도저히 참기 힘든 일이었다.

컨설팅 일을 하던 초기에 리더십 워크숍에서 우리 모두에게 저글링을 배우게 한 적이 있었다. 무언가에 다시 신참이 되는, 서툴러지는 불편한 경험을 해보라는 취지였다. 여러 차례의 시도 끝에 나는 세 번쯤 돌리다 공을 떨어뜨렸다. 같은 시간 동안 내 친구이자 크리에이티브 디렉터인 피트는 손이 한쪽만 있는데도 저글링을 완벽히 습득했을 뿐 아니라 거기에 현란한 트릭까지 보탰다. 이는 코치가 의도한 교훈과는 정반대 결과였다. 그때 내가 배운 건 노력하면 안 될 게 없다는 미국적 이상은 공염불이고, 실은 타고난 재능이 모든 걸 이긴다는 것이었다.

그 코치들이 의도했던 가르침은 사실 이 길 위에서 배웠다. 성인이 된 후에도 새로운 기술을 배울 수 있다. 단, 한없이 무능한 기분을 참아내고 꾸준히 해나갈 수만 있다면. 코치들이 말하지 않은 건 그 감정이 불편하고 낯설기 짝이 없다는 것이었다. 결국엔 끈기가 부족해서 포기하는 걸지 몰라도 포기하고 싶은 충동이 드는 건 당혹감과 무능의 자각이 너무도 고통스럽기 때문이다.

20, 30, 40대에 나는 이명이 올 정도로 일을 그만두고 싶은 적이 있었다. 그 고통은 우울증과 비슷하면서도 다른 명백한 신체적 불편함이었다. 이건 평생에 걸친 경험으로, 일에 대한 혐오감과 우울증 모두에 대해 너무도 잘 알기에 할 수 있는 말이다.

하지만 이번엔 달랐다. 애초에 노력했는데도 모자란 상황이었고, 그게 나를 미치게 했다. 내가 한심할 정도로 느리고 똑 부러지지 못하다는 현실이 머릿속을 온통 점령했다. 밤이면, 우편물을 잃어버리고 일정이 밀리는 악몽에 시달렸다. 3번 구역 배달이라는 진짜 난관과 마주하면서 내가 본질적으로 뭔가 모자란 인간임을 확신하게 되었다. 나는 자기 연민에 빠지기 시작했고, '나는 사실 루저'라는 오래된 자기와의 대화가 모노드라마처럼 펼쳐지기 시작했다. 나는 초보 배달부의 평균 수준을 넘지 못했다. 아니, 오히려 그 이하였다. 집중력이 부족하고 주의를 기울이지 않았다. 느리고 실수가 잦았다. 분명 곧 잘려서 가족을 실망시킬 것이었다. 이 일을 완전히 말아먹을 것이고, 그건 온전히 내 탓일 것이었다. 나는 자기기만의 황야에서 길을 잃은 참이었다.

참고로 3번 구역은 아홉 시간 코스로 평가되었다. 웨이드는 전화도 하고, 직접 싸온 도시락도 먹고, 고객들과 잡담까지 하면서 다섯 시간 만에 끝냈다. 나는 그 절반을 간신히 도는 데 열한 시간이 걸렸고, 그조차 도움을 받아야 했다. 이것이 노련함과 미숙함의 차이, 며칠 해본 것과 수년간의 경험의 차이다.

3주 동안 커뮤니티 크리스천 교회 근처 도로변에서 캣을 만났다. 인근 센테니얼 크리스천 교회와 빨간 벽돌, 흰 첨탑까지 똑같이 생긴 교회였다. 그곳에서 우리는 내게 남은 우편물을 반반씩 나눴다.

"아마 내일 그만둘 것 같아요." 나는 날마다 이렇게 말했다.

"빅베인부터는 제가 다 할게요." 캣이 말했다.

"아무래도 그만두지 싶어요."

"오늘만 참아요. 그럼 우체국에서 봐요."

그렇게 간신히 버텨냈다. 나는 게토레이를 쿨러에 가득 담아오기 시작했다. 가진 옷 중 제일 시원한 낚시용 냉감 셔츠를 가슴까지 단추를 풀어재껴 입었고, 반바지에 러닝화 차림으로 운전했다. 하지만 결국 캣의 도움이 가장 컸다. 나는 캣과 신의 자비로 살아남을 수 있었다.

딱 하루, 캣이 출근하지 않았던 날엔 난리도 아니었다. 나중에 혼비백산한 우체국장이 구조팀을 대동하고 직접 나타났을 정도였다. 남은 우편물을 넷이서 나눠 돌렸고, 덕분에 간신히 그린즈버러행 트럭 출발 시간에 맞춰 발송 우편물을 실을 수 있었다. 그렇게까지 한 것은 우리 우체국의 성과 평가 요소 중 하나가 각 구역의 발송물을 당일 그린즈버러행 트럭에 실었는가였기 때문이다. 나는 이것 때문에 잘릴지도 모른다는 공포에 시달렸지만 실제로는 교육원에서 겁을 줬던 것처럼 나를 자르거나 늦게 수거한 발송물을 그린즈버러까지 직접 운전해 가져가라고 하는 사람은 아무도 없었다. 나는 이런 사실을 아직 깨닫지 못하고 있었다. 그저 출근해서 열심히 일하고 범죄만 저지르지 않으면 절대 잘릴 일이 없다는 사실을. 하지만 처음엔 하루하루가 공포의 연속이었다. 우체국에서 잘린 사람이 되는 공포.

3번 구역은 온갖 신출귀몰한 사건들의 보고였다. 중간쯤에 맥코이라는 비인가 자치 마을이 있었다. 우편물 중 단백질 가루처럼 보이는 상자가 하나 있었는데, 너무 커서 도저히 일반 우편함에 들어가지 않았다. 그래서 나는 비포장도로로 들어갔고, 도로는 작은 집들로 둘러싸인 널찍한 들판으로 이어졌다. 대충 둘러보니, 주민 모두가 성이 맥코이일 뿐 아니라 번지수도 붙어 있지 않았다. 그래서 포기하고 그냥 돌아가려는 찰나, 널찍한 텃밭에서 일하는 노인 하나가 눈에 들어왔다.

"실례합니다, 어르신. 맥코이 씨 중에 혹시 보디빌더가 먹는 단백질 가루 같은 소포를 받을 만한 분이 있을까요?"

"저기 옥수수밭을 따라 쭉 돌아가다 보면 갈림길이 나와요. 거기서 왼쪽으로 꺾어 쭉 가면 파란 트레일러가 있을 거요. 거기가 지미 집이에요."

"감사합니다, 어르신."

"잠깐만!" 맥코이 할아버지가 나를 불러세웠다. 그는 텃밭 사이로 잠시 사라졌다 나타나서는 비프스테이크 토마토가 가득 담긴 슈퍼마켓 봉지를 내게 내밀었다.

나는 노인이 가르쳐준 대로 길을 따라갔다. 파란 트레일러 앞에, 틀림없이 체육관에서 많은 시간을 보냈을 법한 남자가 덤벨 숄더 프레스를 하고 있었다. 나는 그에게 소포를 전해주고, 노인이 길을 알려주고 토마토도 한 봉지 줬다고 이야기했다.

"아, 젠장, 이제 아무한테나 막 퍼주는구먼." 보디빌더 맥코이가 말했다. 그렇다. 우편배달부는 자기 구역에서 벌어지는 집안 사람들끼리의 갈등과 앙금까지 알게 된다.

맥코이 중 하나와 결혼해 3번 구역에 사는 케이시한테 이 이야기를 했더니 그녀는 침을 뱉듯 이렇게 말할 뿐이었다. "맛이 형편없을 걸요. 그 노인네가 키우는 건 다 그 모양이에요." 그 산골에는 맛없는 토마토보다 더 많은 이야기가 있음을 암시하는 말들 중 하나였다(사실, 토마토는 아주 맛있었다).

구역 맨 끝에 있는 웨이크포레스트는 블랙스버그에서 유일하게 남은 역사적인 흑인 동네였다. 다른 한 곳은 수십 년 전 대학이 확장하면서 강제로 흡수되었다. 웨이크포레스트는 작은 마을 하나가 전부였다. 교회가 두 개 있고, 마을회관과, 예전에 잡화 가게였을 법한 장소가 있었다.

나는 내 구역에서 가장 마음에 드는 이름을 모았는데, 그중 하나가 웨이크포레스트의 선샤인 프리스비Sunshine Frisbee였다. 초여름에 32킬로그램 이하 규정을 간신히 지킨 대형 공기 주입식 풀장을 어느 집에 배달했고, 그 뒤로 풀장용 폼 누들이며 각종 물놀이 장난감을 계속 배달했다. 그 집 아이들은 여름 내내 그 풀장에서 놀았다.

이 구역 마지막 날은 푹푹 쪘지만 아름답기 그지없는 날이었다. 맥스필드패리시Maxfield Parrish는 계곡 위에 큼직한 흰구름들이 둥실둥실 떠 있고, 나무는 선명한 초록색이었다. 나무들이 수증기와 산소를 내뿜고 있는 게 온몸으로 느껴졌다. 나는 마지막 우편물을 캣과 나눠 가졌고, 그즈음엔 빅베인까지 갈 만큼 속도가 붙어 있었다. 빅베인은 옛 석탄 광산으로 이어지는 막다른 길이었다(애팔래치아에는 거창한 지명 따윈 없었다). 한때 최고 품질의 석탄, 쇠를 재련하고 강철을 만들기에 안성맞춤인, 뜨겁게 타오르는 단단한 무연탄이 나던 광산이었다. 부모님이 콜뱅크 할로Coal Bank Hollow 근처에 살았는데, 그 도로변 절벽엔 여전히 검은 석탄층이 드러나 있었다.

그날의 마지막 우편물을 배달하고 블랙스버그 중앙 우체국으로 돌아가려는데 차 바닥에 소포 하나가 덩그러니 남아 있는 게 눈에 들어왔다. 내가 깜빡한 소포였다. 주소는 안트라사이트Anthracite로 되어 있었다. 아직도 바닥에 석탄 덩어리가 나뒹구는 저 산 위 비포장도로였다. 시계를 보니 아직 시간이 제법 남아 있어서 당장 맥코이로 돌아가 재빨리 빅폴스를 지나 그 집에 들르면 될 것 같았다. 그러면 배달해야 할 모든 편지와 잡지와 스퍼스, 소포를 빠짐없이 나른 셈이었다. 어쩌면 내가 진짜로 나아지고 있는 건지도 몰랐다. 그 상자가 아직도 눈에 선하다. 갈색 종이 테이프로 포장한 갈색 골판지 상자. 그게 무엇이든, 오늘 배달될 것이었다.

나는 다시 강 쪽으로 이어진 내리막길을 내달렸다. 시시각각 습기와 열기가 다시 증폭되는 게 느껴졌다. 마치 불꽃이 튀며 점화되기 직전까지 점점 압축되어가는 공기 속에 있는 듯한 느낌이었다.

어느덧 초록색 나무가 터널처럼 이어진 안트라사이트 길을 올라가고 있었다. 주소지는 바로 왼편이었다. 나무를 헤치고 들어가자 머리 위로 새파란 하늘이 펼쳐졌다. 드넓은 초록 잔디밭 너머로 잘 가꾼 벽돌 단층집 한 채가 단정하게 서 있었다.

소포와 스캐너를 들고 차에서 내렸다.

잔디밭 위로 두어 걸음 내디뎠을 때였다.

어디선가 훅 불어오는 바람에 문득 내 몸의 경계가 무너지는 듯한 느낌이 들었다.

뉴리버 전체가 내 발아래 있었고, 온종일 포드에 갇혀 있던 시야가 순식간에 탁 트였다. 계곡이 저 지평선 너머 허공까지 쭉 뻗어 있었다.

나는 무릎을 꿇었다. 이번엔 자의로. 천천히 마음을 가라앉히며. 마치 엔드존까지 미친 듯이 달린 후 숨을 몰아쉬는 쿼터백처럼. 정확히 음악 소리를 들었다고 할 순 없지만, 그 비슷한 소리가 내 안을 뚫고 지나가는 것처럼 느껴졌다. 바람. 열 분자들의 운동. 강 건너에 석탄을 싣고 지나가는 기차.

나는 임계점에 도달했다. 마침내 그날이 온 것이었다.

온몸이 희열에 가득 차면서 만물과 일체감이 느껴졌다. 세상이 스스로 형태를 갖추는 게 보이는 듯했다. 그리고 잠시 후 어떤 숭고한 감정이 온몸을 강타했다.

고객의 잔디밭 위에서 나는 눈물을 터뜨렸다. 한쪽 팔 아래 꽉 끼고 있던 소포 상자를 마치 아무도 보지 않는 터치다운을 한 사람처럼 끌어안고 눈물을 흘렸다. 몇십 년 만에 처음으로 나는 저 알 수 없는 거대한 존재에 대한 빗장을 풀고 기도했다.

'주여, 만일 제게 계속할 힘을 주신다면 하겠나이다. 가족을 위해 하겠나이다. 죽도록 힘들지만 하겠나이다. 부디 제게 힘을 주소서.'

때로는 이긴다는 것이 지지 않는 것을 뜻한다. 그런데 그 이상이 있었다. 내가 새로이 알게 된 사실은 포기만 하지 않으면 된다는 것이었다.

나는 일어서서 내 안에 강을 받아들였다. 금빛 햇살을 머금은 너른 은색 띠가 지질이 정해놓은 길을 따라 고작 시속 몇 킬로미터의 일정한 속도로 유유히 흘러가는 모습을. 맥코이 폭포도 보았다. 툭 튀어나와 물길을 방해하는 석회암도 수백만 년째 꿈쩍도 않고 그 아래 살아 있는 암반의 일부였다. 그 물이 카나와강으로, 오하이오강으로, 미시시피강으로, 그리고 내가 태어난 뉴올리언스로 흘러내리고, 이어서 멕시코만으로 흘러내려 바다로 돌아가는 모습이 그려졌다.

200년 전에도, 200년 후에도 여기에 서 있는 우리는 모두 똑같은 것을 본다. 가파른 초록 산비탈에 아늑하게 둘러싸인 이 물줄기를. 바로 이 순간, 본다는 행위의 기회가 나에게 주어졌다. 나는 이것을 목격하기 위해 이곳에 온 것이었다. 경제, 지질, 공기, 사회, 신경, 이 모든 차원의 힘들이 완벽한 균형에 도달하여 만들어낸 이 현재라는 사건을. 21세기 초 미국 버지니아에서 늦은 오후의 여름 햇살에 반짝이는 강을. 어느 더운 날 마지막 배달 소포를 손에 쥔 우편배달부가 되어서.

나는 집 앞에 서서 바코드를 스캔하고, 현관 앞에 소포를 내려놓고, 초인종을 눌렀다. 그리고 익스플로러로 돌아왔다.

내 안에서 거룩한 불꽃같은 승리의 희열이 솟구쳤다.

나는 확실히 제정신이 아니었다.

하지만 뭐 어떤가? 어쩌면 그게 나를 가로막고 있었는지도 모른다. 이제 더는 맞지 않음에도 그동안 내가 정상으로 내면화하고 있던 사고 체계. 그저 망할 우편물만 배달하면 되는데, 자꾸 이 일을 무슨 경영 컨설팅처럼 시스템적 사고로 바꾸겠다고 머리만 굴려댄 것. 나의 옛 자아, 링크드인에 올릴 무언가가 바로 나라는 생각, 나는 무언가를 잘하기 때문에 존재할 가치가 있다는 생각에 매달렸던 자아를 벗어던지는 데 석 달이 걸렸다. 그건 우리가 사용하는 '굿good'이라는 말 속에 이미 들어 있다. 어찌 된 일인지, 무언가를 잘한다는 말이 좋은 사람이라는 말과 맞먹는 말로 쓰이는 것이다. 미국에서는 뭐든 잘하면 칭찬받는다. 유치원 때부터, 아니 그보다 더 어렸을 때부터. 우리는 그걸 탁월함의 추구 혹은 '자아 실현'이라 부른다. 최고의 자신이 되어가는 과정이라고. 그런데 우연이 그간 내가 덕지덕지 입고 있던 옷을 몽땅 벗겨냈다. 아빠, 남편, 부사장, 전략가, 파일럿, 영문학 전공, 이글스카우트, 승자, 패자, 멍청이, 슈퍼스타, 실망스러운 사람. 그 순간, 이 모든 것이 감쪽같이 사라졌다.

나를 본질로 데려간 것은 내가 잘하는 무언가가 아니라 못하는 무언가였다.

이건 나만의 통찰이 아니었다. 단테도 『신곡: 지옥편』 맨 앞에서 이미 말한 바 있었다. “인생길 한가운데서 나는 길을 잃고 캄캄한 숲속을 헤매고 있었다.” 그곳은 훌륭해서가 아니라 형편없어짐으로써 도착한 것이었다. 내가 스스로에게 들려준 이야기, 내 일을 정말 잘한다는 이야기, 그 이야기는 이미 끝났다. 옛 이야기를 흘려보낸 나를 기다리는 새로운 이야기는 전혀 특별할 것 없는 한 남자의 이야기였다. 그 남자는 느렸고, 자꾸 실수를 했고, 도움이 필요했다. 그 남자의 이름은 스티븐이다. 그의 유일한 희망은 그를 사랑하는 사람들이 있고, 어찌 됐든 계속 살아보겠다는 뻔뻔함이 있다는 것이었다.

그저 한 우편함에서 다음 우편함으로 가며 우편물을 배달하는 거다. 그리고 내일 다시 일어나 또 그렇게 하는 거다.

누가 보든 말든 남의 잔디밭에 주저앉아 울다가 문득 깨달았다. 결국 내가 버텨내리라는 것을.

제12장

일은 기쁨, 고독은 선물

배달 중에 아는 사람을 만나는 건 언제나 이상한 경험이었다. 그 사람이 원래 좀 특이한 사람이라면 더 그랬다. 몇 해 전, 어맨다 클리블랜드 박사라는 요가 강사를 소개받은 적이 있었다. 어맨다의 '박사'가 스탠퍼드의 컴퓨터 공학 박사 같은 건 아니라는 점은 분명히 해두는 게 좋을 것 같다. 그녀의 학위는 '의식 연구' 분야로, 생전 처음 들어보는 무슨 영성 기관에서 받은 것이었다. 내가 그녀를 알게 된 건 얼리샤가 그녀에게 요가 수업과 지도자 과정을 들었기 때문이다.

어맨다는 치료사 같은 사람이었지만 실제로는 '마녀'에 가까웠다. 서쪽의 사악한 마녀라든가, 날마다 똑같은 여름 원피스를 입고 쓰레기통에 몰래 숨겨둔 사탕을 쉬는 시간에 혼자 먹는 악독한 5학년 담임 같은 마녀가 아니라 〈반지의 제왕〉에 나오는 간달프 같은 마법사 말이다. 거의 인간이라 할 수 있지만 완전한 인간이라고 하기에는 약간 선녀 같은 분위기를 풍기는 존재. 어맨다는 희끗희끗한 갈색 머리칼에 회색 눈을 가지고 있었다. 나는 그 눈을 너무 오래 쳐다보지 않으려 늘 조심했다. 그녀가 내 두개골을 엑스레이처럼 들여다보는 것만 같은 느낌이 들어서였다. 어맨다는 내딛는 걸음마다 의식적이고 흐름이 있어 꼭 춤을 추는 것만 같았다. 때로는 물속에서 움직이는 것처럼, 혼자 시간이 천천히 흐르는 세상에 있는 것처럼 보였다. 유인원답게 공기 속에서 땀만 뻘뻘 흘리고 있는 나머지 우리와는 너무도 달랐다.

그녀 주변에는 항상 젊은 여성들이 있었다. 대부분 20대 중후반의 여성들이었다. 그래서인지 더 마녀 집회 같은 분위기를 풍겼다. 어맨다는 이 무리에게 무언가를 제공하고 있는 듯했다. 치유나 이해, 혹은 그녀가 지닌 힘을 나눠주겠다는 약속 같은 것을. 거기에 다니기 시작하면 하나같이 어맨다처럼 기다란 스카프를 하고 흘러내리는 옷을 입기 시작했다. 어쩌면 어맨다와 같은 데서 구매하는 것일지도 몰랐다. 다른 시대나 환경이었다면 묵주를 쥐고 평화를 위해 기도하거나 심리 상담소에 앉아 있었을 젊은 여성들이 이곳 요가 집단의 깊숙한 끝자락에 와 있었다.

나는 어맨다를 일종의 치유사로 만났다. 분노 조절에 도움이 될지도 모른다며 얼리샤가 권해서였다. 직장에서 나는 일을 계속하기 힘들 정도로 자주 폭발했다. 내 진짜 치유사(어맨다가 아니라)는 내가 간헐적 폭발성 장애라고 진단했다. 하지만 그전부터 이미 나는 여차하면 폭발하는 인간으로 악명이 자자했다. 누가 실수하면 도저히 참아내질 못했다. 압박이 느껴지면 그가 얼마나 모자란지 기꺼이 알려주었다. 진짜 개새끼였다. 처음으로 블랙스버그에서 얻은 직장은 내 눈에 계속 거슬렸다. 무슨 대학교 동아리나 스타트업 흉내를 내는 곳 같았다. 결국 수당 협상을 몇 차례나 미룬 인사팀과의 면담 때 인사과장이 위협을 느꼈다고 할 정도로 버럭 하고 말았다. 그 후 나는 분노 조절 수업에 의무적으로 참석해야 했다. 나는 절박한 상황이었기에 앞으로 무엇이든 해볼 작정이었다. 그때가 전통적인 치료를 시작한 시점이었다. 거기에다 만약 어맨다가 감정 조절에 조금이라도 더 도움을 줄 수 있다면 그것도 기꺼이 받아볼 생각이었다.

어맨다와 함께하는 시간은 좀 불편했다. 그녀의 치료 방식은 눈맞춤이 핵심이었는데, 그녀가 나를 바라볼 때면 내 자아가 마치 뜨거운 프라이팬에 놓인 버터 조각처럼 녹아버리는 기분이 종종 들었다. 당시에는 그녀가 하는 말을 하나도 믿지 않았다. 빛의 장이니, 내 몸속 '에너지를 움직인다'며 웅얼거리던 소리는 지금도 믿지 않는다. 나는 과학자 집안에서 자랐고, 우편물을 배달하기 전까지 형이상학은 원칙적으로 거부해왔다. 그녀의 치료를 궁극적으로 거부한 것은 아마도 나의 자존심, 그리고 여기까지는 아무도 침범할 수 없는 내 영역이라는 애팔래치아식 경계 감각 때문이었을 것이다. 하지만 그녀의 방법이 효과가 있었다는 것은 인정해야겠다. 그녀가 나를 도왔다. 마법적 사고든, 플라세보 효과든, 알 수 없는 행동 기제든, 어쨌든 그녀와 함께한 시간 덕분에 나는 확실히 화를 덜 내고 덜 폭발하게 되었다. 그녀는 내가 직장을 계속 다닐 수 있게 도왔다. 나는 그녀에게 감사했고, 지금도 그렇다.

어맨다는 3번 구역 마운트자이언로드, 톰스크릭 강변의 아주 평범한 벽돌 단층집에서 남편과 함께 살았다. 옆집은 작은 단칸 통나무집으로, 뉴리버 쪽으로 굽이굽이 이어지다 마지막으로 굽이치는 톰스크릭 범람원을 내려다보고 있었다. 그 집의 포치는 하천을 향해 있었다. 여름이면 녹음이 우거져 시원했고, 운이 좋으면 홍관조, 캐롤라이나굴뚝새와 함께 뉴리버를 향해 날아가는 큰푸른왜가리를 볼 수 있었다. 내가 그녀의 고객이었을 때 나는 포치에서 기다리다가 심심하면 새 울음소리를 흉내 내 보고는 혹시 대답하는 새가 있는지 귀를 귀울이곤 했다.

어맨다의 집에 우편물을 배달한 지 일주일이 지났을 때 우편함 근처에 있는 그녀와 마주치게 되었다.

"안녕하세요, 어맨다!"

긴 침묵이 흘렀다.

"안녕하세요, 스티븐. 근데 여기서 뭐 하는 거예요?"

"여기, 우편물 받으세요."

"당신이 왜 제 우편물을 가지고 있어요?"

"제가 우편배달부이니까요. 웨이드가 플로리다에 가 있는 동안 제가 이 구역을 맡게 됐어요."

"근데, 당신은 우편배달부가 아니잖아요. 경제학 쪽에서 일하시는 분 아니었어요?"

"짤렸어요. 그래서 우체국에 들어왔고요. 이렇게 우편물을 배달하려고. 이제 저는 우편배달부예요."

"당신 우편배달부 아니잖아요. 대체 무슨 일이에요!" 그녀의 목소리에 묻어나는 불신이 갈수록 강해지는 참이었다.

"아니, 저 우편배달부 맞아요! 로어노크에 있는 우편 교육원에서 교육받고, 지금 블랙스버그 중앙 우체국에서 일해요."

"말도 안 돼요."

"어맨다, 이거 웨이드 트럭이에요. 보세요, 여기 우체국장 명의의 증서까지 있어요. 연방정부 관할의 필수 업무 종사자로 임명하는." 나는 그녀에게 증서를 보여줬다.

"알았어요, 알았어. 혹시 무슨 이상한 장난은 아니죠?"

"이상하긴 하죠. 그건 인정해요. 그래도 장난은 아니에요."

"진짜 아닌데."

"만나서 정말 반가웠어요, 어맨다."

"저도 반가웠어요, 스티븐. 좋은 하루 보내세요!" 그녀가 내 쪽으로 반 발짝 내딛었고, 나는 그녀가 내 팔을 향해 손을 뻗으려 한다는 걸 느꼈다. 그녀 안의 일부는 나를 만져 이게 실제인지 확인하고 싶어 했다. 하지만 다른 무언가가 그녀를 멈춰 세웠다. 그녀는 발걸음을 옮기며 두 번이나 뒤를 돌아다봤다. 혹시나 몰래카메라 같은 텔레비전 프로인가 싶어서. 아니면 일상에서 인지하고 있던 현실이 무너질 때 따라오는 더 기괴하고 불길한 종류의 공포 때문이었는지도 모른다. 나이 쉰에 하루아침에 직장을 잃고, 완전히 새로운 일을 바닥부터 시작해야 할 일은 없는 나라에서 살고 있다는 안온한 확신이 무너지는 것을 목격한 것처럼 느꼈는지도.

하지만 애초에 나를 모르는 사람이라면 내가 우편배달부라는 것을 믿는 데 아무 문제가 없었다.

어맨다는 치료 수업 때 쓰던 오두막을 가끔 에어비앤비로 내놓았다. 하루는 거기에 머물고 있던 두 사람과 마주쳤다. 진지함이 몸에 밴 예순 언저리의 사람들로, 말투와 표정에 왠지 모를 지나친 확신과 긴장이 깃들어 있었다. 꼭 과거 어느 시점에 사이비 신도였거나 연구실을 폭파했거나 인문학 대학원에 다녔을 것만 같은 사람들이었다.

"일주일 전에 친구가 아주 중요한 편지를 한 통 보냈는데 아직도 못 받았어요." 남자가 말했다. 그는 나 정도의 키에 몸은 말랐고, 아마 50달러쯤 주고 샀을 것 같은 헐렁한 파타고니아 티셔츠를 입었으며, 시계는 차고 있지 않았고(35세가 넘은 남자가 시계를 차지 않는 데는 언제나 어떤 의도가 있다), 테바Teva 샌들을 신고 있었다. 그는 요가복 위에 하늘하늘한 드레스를 걸친 여자와 내 바로 앞에, 뉴욕 기준의 사회적 거리 반경 1미터 안에 들어와 있었다. 나는 한 발 뒤로 물러섰고, 그들은 계속 다가왔다. 그래서 나는 양손을 들어 올렸다. 손바닥을 밖으로 쫙 펴고 방어하는 시늉 대신 손바닥을 위로 향하게 하고서. 이것은 어맨다가 가르쳐준 '수용의 자세' 기술로, 내가 도우러 왔음을 그들에게 알리고, 내 안의 원시적 도마뱀 편도체에게 지금 고객을 주먹으로 때려눕힐 상황이 아님을 설득하는 방법이었다.

"좋습니다. 제가 어떻게 도와드릴 수 있을지 봅시다. 그게 편지인가요, 아니면 소포인가요?"

"편지요. 친구가 보냈죠."

"송장 번호가 있으신가요?"

"그걸 어떻게 받는데요?"

"등기나 내용증명 우편, 아니면 우선 우편이면 받습니다."

"그냥 우표로 보내는 일반 우편인 것 같은데요."

"제1종 우편요?"

"네, 그거요. 제1종 우편."

"혹시 어디서 보낸 건지 아세요?"

"펜실베이니아 델라웨어카운티요."

"아, 그럼 필라델피아 외곽이군요."

"네, 그게 뭐 어떻다는 거죠?" 그건 질문이라기보다 나를 향한 화를 의문형으로 살짝 비튼 것에 가까웠다.

나는 그들의 눈에 비친 내 모습을 보았다. 미 우정국 로고가 박힌 야구모자에 낡은 낚시용 셔츠를 입고 있는 멀대 같은 백인 남자. 나는 이미 햇볕과 바람에 시달린 얼굴이었다. 그들은 몇 달째 끝이 보이지 않는 팬데믹 속에 있었고, 이제는 우편 서비스마저 제대로 작동하지 않는 것처럼 느끼는 참이었다. 그들에게 나는 이 상황을 통제하는 데 실패한 정부를, 어쩌면 기대했던 모습이 무너진 세상마저 대표하는 존재였는지도 모른다. 유기농 면사로 짠 게 분명한 남자의 짙은 회색 크루넥 티셔츠 아래에서부터 목 위로 몸이 점점 붉게 달아오르는 게 보였다. 이 폭탄의 뇌관을 서둘러 제거해야 했다.

"일단, 정치 성향이 어떻게 되시는지는 잘 모르겠지만요." 물론 나는 거의 확신하고 있었다. "트럼프가 임명한 새 우정국장이 분류기들을 전부 빼버린 데다 코로나로 인력까지 엉망이 되면서 특히 필라델피아 쪽이 지금 완전 꼬여 있다고 들었어요. 그쪽 우편물이 몇 주 동안 묶여 있다고요."

교육원에서 아주 분명히 가르친 한 가지가 있는데, 일할 때 정치 얘기는 금물이라는 것이었다. 사실 해치법Hatch Law(연방정부 공무원의 정치 활동을 제약하는 미 연방정부 법-옮긴이) 때문에 사무실에서 선거운동으로 들릴 수 있는 말은 금지인 데다 그해는 선거가 있는 해라 관리자들이 잔뜩 촉각을 세우고 있었다. 하지만 자동 분류 우편물이 아예 오지 않거나 절반만 오다가 갑자기 두 배로 쏟아져 들어오는 날들이 종종 있었다. 우편 물류 시스템의 역사적 수난의 시기에 루이스 드조이 우정국장이 분류기를 추가하기는커녕 꺼버리고 있다는 기사를 읽고 분통이 터지던 중이었다. 술 취한 교환원처럼 분류 기계의 코드를 뽑아버린 사람에 대해 이야기하는 게 정치적인 발언이었을까? 그 상황에 대해 내가 아는 건, 그게 정치적이든 아니든, 인터넷에서 읽은 게 전부였다. 게다가 소리를 지르게 내버려둘 것이냐, 아니면 어려운 상황을 설명해서 갈등을 진정시킬 것이냐 하는 문제라면 나는 당연히 그 얘기를 할 수밖에 없었다.

"거기 진짜 중요한 사진이 들어 있어요!" 남자가 말했다. "그걸 어맨다에게 보여주고 싶어서요." 그가 어맨다의 집을 가리켰다.

"아! 두 분, 어맨다를 아세요? 어맨다는 제 친구예요. 제 아내가 어맨다한테 요가를 배워요." 순간, 분위기가 확 달라졌다.

"아, 어맨다를 아시는군요!" 여자가 미소 지었다. "트럼프가 우체국에 한 짓은 정말 말도 안 된다고 생각해요."

"우린 그저 최선을 다할 뿐이죠. 여기 얼마나 더 계세요?"

"내일은 여기 있고, 토요일 아침에 떠나요."

"그럼 제가 이렇게 해드릴게요. 집 주소를 여기 적어주시면 제가 잘 보고 있다가, 혹시 떠나신 뒤에 그 편지가 도착하면 어맨다한테 전해줄게요. 어맨다가 그 사진들을 다 보고 나면, 우선 우편으로 댁에 부쳐드리고 송장 번호도 알려드릴게요."

"와, 정말 고마워요!"

"저희는 제1종 우편물을 아주 조심해서 다뤄요. 사적인 서신은 항상 흰 장갑을 끼고 만지죠."

"루이스 드조이 개자식!" 남자가 참지 못하고 내뱉었다.

나는 웃었다. 그 커플에게 새로운 표적을 주고 싶었던 거라면 성공한 셈이었다.

"고맙습니다." 여자가 말했다. "우리 진짜 걱정했거든요." 그녀가 손을 뻗어 내 두 손을 잡았다. 팬데믹 동안 이런 일은 수없이 일어났다. 바깥세상과의 일상적 접촉이 거의 차단당한 터라, 우편물처럼 얼마 안 남은 연결이 사람들에게 훨씬 중요해졌기 때문이다.

"감사합니다. 나마스테." 남편은 양손을 자기 가슴에 모아

올렸다.

그리고 맙소사, 나도 양손을 기도 자세로 모으고 똑같이 말했다.

이 커플과 소통한 시간을 떠올렸을 때 나는 느낄 수 있었다. 그들은 내가 진짜 우편배달부라고 믿는다는 것을. 그들은 자기들 눈앞에 있는 것을 그대로 보지 못하게 할 선입견이 없었다. 그들은 미 우정국 야구모자를 쓰고 우편 트럭을 몰고 우편물을 배달하는 남자, 우편배달부를 보았다.

그럼 나는 스스로가 우편배달부임을 믿었을까? 나는 이 일을 형편없이 하고 있었고 여전히 내가 얼마나 느린지에 집착하고 있었다. 스스로를 시간에 쫓기는 사기꾼이라 의심했다. 시간은 정말 중요했다. 준비해서 거리로 나가는 시간, 배달하는 시간, 그린즈버러로 보낼 발신 우편물을 수거하는 시간. 시간은 단순한 직업적 예의의 차원이 아니라 이 모든 과정을 아우르는 매개체였다.

신참 우편배달부가 알게 되는 첫 번째 고귀한 진리는 고통이다. 하지만 최고의 배달부는 팔정도八正道(열반에 도달하기 위한 불교의 여덟 가지 바른 수행길로 정견(바른 견해), 정사유(바른 생각), 정어(바른 말), 정업(바른 행위), 정명(바른 생활), 정정진(바른 노력), 정념(바른 마음챙김), 정정(바른 집중)을 말한다-옮긴이)를 가볍게 걷는다. 그들은 규칙을 알고, 흐름을 알며, 그 모든 걸 너무도 멋지게 해낸다.

나도 점점 나아졌다. 물량이 가볍고 날씨가 좋은 날이면 우편배달은 최고의 직업이었다. 일은 기쁨이고 고독은 선물이었다. 내가 아무리 노력해도 NFL 쿼터백이 되거나 에디 반 헤일런 Eddi Van Halen(태핑 키법을 록 기타 연주계에 대중화시킨 미국의 기타리스트, 작곡가, 제작자-옮긴이)처럼 전자기타를 칠 일은 없듯이, 내가 우편배달부로서 흐름을 완전히 체화할 일은 없으리란 걸 나는 알았다. 우편배달 일에서 내가 받은 최고 학점은 기껏해야 B-나 C+쯤이었을 것이다. 그럼에도 내 최고의 성취는 중간에 그만두지 않은 것이었다고 생각한다.

그러나.

처음 몇 달 사이, 변화는 찾아왔다. 나는 더 강해졌다. 아침에 트럭에 실은 우편물을 전부 혼자 배달할 수 있게 되었다. 극적인 도약 같은 건 없었다. 대부분의 일이 도약으로 일정 수준에 오른다고 생각해왔지만 이 일만은 천천히 점진적으로 늘었다. 나는 편지 한 통 한 통을 만져가며 그것들을 다루는 법을 배웠다. 그동안에도 마케팅 일자리는 계속 찾았다. 우편배달의 경제적 현실은 냉정했기 때문이다. 내가 벌어들이는 돈으로는 집 대출금과 식료품 비용을 충당하지 못했다. 하지만 이제 내게 3번 구역의 의미는 단순한 경제적 유예 수단을 넘어서는 참이었다.

그날 아침, 마운트자이언로드에서 나는 그것을 느꼈다. 기쁨! 나는 단순히 일을 하는 게 아니라 사람들을 위해 존재하고 있다는 생생한 감각 속에 살았다. 나는 웃었고, 그 웃음은 하루 내내 내 얼굴에 머물렀다.

나는 우편배달부가 되어 있었다.

제13장

7월의 크리스마스

"꼭 크리스마스 같아요."

"학생들도 다 떠나고 없는데 이렇게 물량이 많다니, 이상하네요."

"너무 이상해요. 세상이 온통 미쳐 돌아가는 것 같아요."

"여긴 날마다 크리스마스 같네요, 젠장."

크리스마스 같은 게 아니었다. 크리스마스 그 자체였다. 내가 우정국에서 일한 순간부터 날마다, 일주일 내내, 영영 코로나 크리스마스였다.

여름은 본래 수월했다. 우선 학생들이 모두 떠나고 없었다. 그것만으로도 인구의 절반 이상이 줄어드는 셈이었다. 블랙스버그 같은 대학 도시는 인구의 다수가 교수인데, 그들 역시 여름이면 연구하러, 혹은 유럽으로 떠났다. 이집트나 한국 출신 교수는 몇 주 동안 고국으로 돌아갔다. 우리 가족은 달랐다. 어릴 때 우리는 서버지니아Western Virginia에서 웨스트버지니아주West Virginia로 휴가를 갔다. 그러니까 휴가지란 게…… 우리가 사는 산골과 거의 비슷한 산골이었다. 어쨌든 우편물은 인구 절반이 떠나니만큼 그 분량도 절반으로 줄었다.

하지만 내가 우정국에서 일할 땐 그렇지 않았다. 블랙스버그 중앙 우체국에서 잔뼈가 굵은 직원들은 봄에 내가 입사한 순간부터 크리스마스 수준의 물량이라고 말했다. 그 이유를 알아내기 위해 경제학자가 될 필요는 없었다. 당시엔 모두가 집에 갇혀 있었다. 많은 사람에게 낮술과 온라인 쇼핑은 한 세트였다. 그러므로 그 모든 온라인 쇼핑을 배달하는 게 직업이라면 그건 문제였다.

우정국은 편지를 다루는 데는 정말 능하다. 잡지도 마찬가지다. 이 두 가지를 분류해주는 기계도 있다. 하지만 소포라면 문제가 달라진다. UPS(민간배송기업) 트럭은 크고, 안에 선반도 잔뜩 있다. 반면, 우리 차량은 크기도 작을뿐더러 우리 우체국의 경우 대부분 안에 선반조차 없다. 우체국 차량은 좁은 길을 민첩하게 달리고 길가 우편함에 바짝 붙여 세우기 좋도록 만들어졌지, 토스터나 화장지 묶음을 실어 나르라고 만들어진 것이 아니기 때문이다.

나는 5월에는 휴가를 떠난 캐시의 구역을, 6월에는 아들과 플로리다에 간 웨이드의 구역을 맡았다. 이제 웨이드는 돌아왔으므로, 캐시가 쉬는 날이면 여전히 10번 구역을 맡았다. 주로 월요일이었는데, 그날이 일주일 중 물량이 가장 많았기 때문이다. 하지만 이 7월의 크리스마스 물량 때문에 관리부는 다른 날 소포 전담 업무에도 나를 투입하기 시작했다. 그건 자동 분류 우편물, 잡지, 소포를 전부 배달하는 대신 소포만 배달한다는 뜻이다. 트럭에 쌓을 수 있는 만큼 최대한 많이 실어서.

✦

“아이고, 그걸 다 싣기엔 트럭이 너무 예쁘네요.” 우체국 근처 크로거에서 출발하는 시내 배달 담당, 크레이지 마티나가 한 말이었다. 나는 타코마 뒤에 소포들을 실은 뒤, 구글 지도와 메모 노트를 양손에 들고 낑낑대며 동선을 짜는 참이었다.

“저한테 이 차밖에 없어서요.”

“이 동네는 그런 예쁜 트럭과는 어울리지 않아요. 차가 다 망가질 걸요.”

“이거 꽤 튼튼해요. 괜찮아요.”

“정말 못할 짓이에요.” 그녀는 고개를 절레절레 흔들며 가버렸다. 그 뒤로 그녀는 나만 보면 인사 대신 이렇게 말했다. “그 트럭에 그러는 건 정말 못할 짓이에요.”

우체국에서 내가 가장 좋아한 시간이 시작됐다.

엘 카브리토. 내 든든하고 끝내주게 튼튼한 2012년형 검정 도요타 타코마 크루캡은 소포 전담 날의 동반자였다. 날이 좋으면 짐칸에 소포를 가지런히 쌓고 덮개를 씌웠다. 이슬비가 내리는 날엔 세월 좋을 때 등산용으로 썼던 실리콘 코팅 방수포를 덮었다.

타코마를 몰면 반드시 어디선가 대형 픽업트럭 운전자들이 나타나 이 '꼬마 트럭'에 관해 말을 걸었다. 그들은 8기통 엔진이 없는 트럭은 상상도 못 하겠다고 말한다. 전기 트럭이 미국에서 부딪히는 장벽을 이해하고 싶다면 바로 이 대목이다. 8기통 엔진이 없다면 그걸 트럭이라 부를 수 있냐는 것. 포드에 다니는 친구 하나도 배기량만 한 건 없다고 했다. 하지만 타코마에 대한 이런 질문들에는 항상 일말의 호기심과 경탄이 스며들어 있다. 그리고 항상 내 것과 같은 자기 친구 트럭은 40만이나 50만 킬로미터, 심지어 65만 킬로미터까지 탔다는 일화로 끝난다.

산타에겐 저만의 썰매가 필요하다.

✦

내 고객들도 아이였을 땐 쇼핑몰에서 산타를 만나거나 자기 집 굴뚝을 타고 내려오는 산타를 상상하며 분명 신나 했을 것이다. 그러나 내가 그들 집 진입로를 따라 들어갈 때면 반응이 전혀 달랐다. 마치 자기들 화장지가 늦게 도착한 책임이 나에게 있는 양 짜증을 숨기지 않았다.

어느 날, 10번 구역 초입의 대단지 아파트 스미스랜딩의 한 집으로 큰 소포 세 덩이를 배달해야 했다. 상자의 크기와 모양으로 보건대, 납작하게 포장된 컴퓨터 책상과 모니터, 사무용 의자였다. 아마 이제 막 이곳으로 이사 온 대학원생일 텐데, 코로나 때문에 이걸 살 데가 없었던 걸까? 많은 대학원생이, 특히 해외에서 온 유학생은 여름에 일찌감치 입주하는 터였다.

스미스랜딩의 우편물은 대부분 우편실 안의 다세대 우편함에 넣게 되어 있었다. 우편실이 따로 있는 곳은 원래 배달이 아주 간단했다. 하지만 캐시는 이걸 나한테 넘겼다. 일단 상자들의 크기가 너무 크고, 아파트 내의 코로나 규정상 이제 수위실에서 소포를 받지 않았기 때문이다.

나는 주소를 보고 불길한 예감이 들었다. 주소지는 3층이었는데, 지상층이 따로 있어서 실제로는 4층이란 뜻이었다.

엘리베이터는 없었다.

요령 같은 건 가능하지 않았다. 그냥 상자를 끌어안고 한 계단 한 계단 올라가는 수밖에. 팔이 짧은 키 150센티미터 정도의 배달부라면 어떻게 했을지 모르겠다. 아마 그래서 픽업트럭을 가진 키 큰 나에게 이 큰 소포를 맡겼을 것이다. 나는 의자부터 들고 올라갔다. 그리고 다시 내려와 트럭으로 가서 책상을 들고 올라갔다. 의자는 부피는 크지만 상대적으로 가벼웠다. 책상은 이케아 스타일로 납작하게 포장된 거대한 합판이었고, 배달 무게 제한을 꽉 채운 32킬로그램이었다. 그걸 문 앞까지 갖다 놓았을 땐 이미 숨이 턱까지 차올랐다. 이제 한 번만 더 오르내리면 된다. 다시 트럭으로 가서 모니터를 들고 올라갔다. 애플워치를 보니 심박수가 160을 넘어 있었다. 방금 나는 우편배달부 크로

스핏 올림픽 경기를 하나 완주한 것이었다.

이마의 땀을 닦고, 소포 세 상자를 모두 스캔하고, 잠깐 숨을 고른 다음 만약을 대비해 문 앞에 소포가 놓인 사진을 찍었다. 문을 노크하니 스무 살을 갓 넘겨 보이는 젊은이가 안전고리를 건 채로 빼꼼히 문을 열었다.

"안녕하세요, 미국 우정국입니다. 상자가 꽤 크네요. 여기 서명 좀 부탁드립니다."

그는 상자들을 보더니 고개를 끄덕였다.

"들어와요."

"아니에요. 그냥 이 스캐너에 서명만 해주시면 돼요."

"들어와요. 설치해요."

"저는 배달만 합니다. 여기 서명 좀 해주시겠어요?"

"들어와요! 설치해요! 공구!" 그는 손으로 드라이버 돌리는 시늉을 했다.

"고객님, 저희는 설치 같은 건 안 합니다. 저는 그냥 배달만 하는 사람이에요."

순간, 그의 표정이 변했다. 마치 문제의 원인을 알아낸 사람처럼 돌연 협조적인 말투로 말했다. "저는 나가니까 들어와 조립하세요."

"고객님, 저는. 설치. 안. 해요." 나는 소매의 미 우정국 패치를 가리켰다.

그는 중국말로 소리쳤지만, 번역기 따윈 없어도 그가 화난 건 확실히 알 수 있었다. 아마도 그가 살던 곳에서는 배달 기사가 보통 설치까지 했던 듯하다.

그때 맞은편 집 문이 열리더니 금발의 중년 여성 하나가 모습을 드러냈다. 제대로 여미지도 않은 목욕 가운 차림으로 하이볼 잔에 담긴 진토닉을 홀짝이고 있었다. 등 뒤에선 텔레비전 소리가 들려왔다.

"우체부 아저씨, 저한테는 뭐 온 거 없나요?"

"어…… 없네요."

"얼굴이 빨개졌네." 그녀는 건배하듯 잔을 올리더니 문을 도로 닫았다.

사실이었다. 나는 10대처럼 얼굴이 붉어졌다. 강심장 배달부가 되려면 이듬해 봄까지 기다려야 했다.

나는 서명란에 큼직하게 '코로나'라 적고, 배달 완료를 표시했다. 산타라면 분명 그렇게 했을 것이고, 나 역시 애초에 그리 했어야 했다.

고참들에게는 물량 때문일지 몰라도 나에겐 사람들이 주문하는 물건 때문에 크리스마스처럼 느껴졌다. 물론 어떤 건 가게에 직접 갈 수 없어 주문했겠지만, 그저 따분하거나 우울해서 주문한 물건도 있었다. 스스로의 기분 전환을 위한 쇼핑인 것이다. 아이들을 위해선 주의를 집중시켜줄 심심풀이 장난감을 구매했다. 레고라든지, 공주 코스튬, 책, 공기 주입식 풀장, 축구공, 농구공, 보드게임, 미술도구 따위를. 아이들은 집 안에 갇혀 있었고, 부모들은 이 문제를 돈으로 해결하고 있었다. 부모든 부모가 아니든, 스스로를 달래는 일도 모두가 돈으로 해결했다. 그들은 지루해했고, 욕구 충족이 넘쳐났다. 출퇴근도, 지켜보는 눈도 없는 집에서 그들에겐 죽일 시간과 태울 돈이 있었다. 자위기구를 주문한 사실을 배달부가 모른다고 생각한다면 그건 오산이다. 우리는 자위기구를 수도 없이 날랐다. 대부분의 판매자들은 은밀하게 포장하려 최선을 다하지만, 이런 물건은 반송 주소에 '아담과 이브 슈퍼스토어'라고 적혀 있기 때문에 그게 도덕적 고양으로 저녁 시간을 보내게 해줄 성경 퀴즈 게임 책은 아닐 거라는 사실쯤은 충분히 알 수 있다.

어느 날 아침, 한 시내 배달부가 시골 배달부들 분류함 쪽으로 신난 사람처럼 들어왔다. 손에는 소포 하나를 무슨 올림픽 성화처럼 치켜들고서. 몸집이 큰 여자였지만 거의 깡충깡충 뛰고 있었다.

"오늘 어떤 사람한테 끝내주는 시간을 배달하게 생겼어!"

그 소포는 잘 찢기지 않는 불투명 비닐 포장지로 되어 있었는데, 그런 데는 보통 책이나 속옷, 티셔츠, 아니면 처방약 같은 게 들어 있었다. 하지만 그중 어떤 것도 아니었다. 그것은 딜도였다. 손으로 다 감싸 쥘 수도 없을 만큼 굵직하고 길이는 30센티미터는 족히 넘어 보였을 뿐 아니라 그 '평범한 비닐 봉투' 위로, 마치 70년대 글램록 밴드 가수가 입은 청바지의 돌출부처럼 머리와 고환 모양까지 형체가 드러나 있었다.

"우우! 특별 배달! 이 물건 주인은 정말 보통 여자는 아니겠지." 이제 소포는 그녀의 가랑이 앞으로 와 있었다.

"그래." 캐시가 무심하게 말했다. "보통 남자가 아니거나."

팬데믹 초기에 여러 말들이 오갔다. 사람들이 뜨개질이나 그림을 배운다느니, 양봉을 한다느니, 천연 발효빵을 만든다느니 하는. 천연 발효빵 이야기는 정말 지겨울 정도였다. 하지만 우편물은 거짓말을 하지 않는다. 사람들은 바이올린이나 포르투갈어를 배우지 않았다. 대신, 콜로라도에 사는 친구들에게 대마초를 주문하고, 비디오게임 콘솔과 『던전 앤드 드래곤』 책을 주문했다. 사람들은 교양이 아니라 도피를 원했다. 자기 집이라는 사적인 공간, 안식년 수준의 자유 시간 속에서 사람들이 원한 건 대부분 다른 곳에 있고, 다른 방식으로 느끼고, 다른 사람이 된 척하고, 다른 시간을 상상하는 일이었다. 그들은 과거도 미래도 결과도 없고, 오직 열리기만을 기다리는 상자 속 즐거움만 존재하는 어떤 미국적인 시간으로 돌아가고 싶어 했다. 크리스마스, 슈퍼볼 다음으로 가장 미국적인 명절. 아기 예수의 탄생이나 말 구유가 나오는 연극 따위를 원한 게 아니었다. 그 여름, 아기 예수의 정신 같은 건 떠다니지 않았다. 그들은 미국식 크리스마스를 원했다. 남몰래 바라던 것들을 갖는 크리스마스, 이제 어른으로서 스스로의 산타가 되어줄 수 있는 크리스마스. 검劍, 약, 비디오게임, 낮술, 불량식품, 끝없는 다중 오르가슴. 아무도 제대로 보려 하지 않았지만 그게 사람들이 '진짜로' 원하는 것이었다. 그 끝날 것 같지 않던 2020년의 나날들 속에서 그들은 버지니아 블랙스버그의 자기 집에 자기 생각과 함께 갇혀 있고 싶어 하지 않았다. 현재의 자아로부터 해방되고 싶어 했고, 자기로부터 벗어날 수만 있다면 시도하지 못할 것이 없었다.

인스타그램에 올라간 건 천연 발효빵이었지만, 그들의 우편물은 은밀한 진실을 말해주고 있었다.

✦

며칠 뒤, 강가 근처 단정한 집 현관 앞으로 신발 상자 크기의 소포를 들고 갔다. 그런데 아직 다 가기도 전에 현관문이 벌컥 열리더니, 흰 티셔츠에 카키 바지 차림의 노인이 나타났다.

"수고하십니다! 그거 미드웨스트 모델 레일로드 서플라이에서 온 건가요?"

"음, 반품 주소가 미주리주, MMRR, 인디펜던스라고 되어 있네요."

"맞아요! 네, 그거 맞아요!" 노인이 반색했다. 내가 배달한 모든 소포가 이렇게 사람들을 행복하게 해준다면 얼마나 좋을까. "저기, 혹시 내 모형 철도 좀 보고 가겠소?"

솔직히 열일곱의 나였다면 기대 꽤나 했을 것이다. 하지만 나는 지금 쉰 살 먹은 우편배달부였다.

"물론이죠."

"그걸 차고 쪽으로 가져와요." 1분쯤 뒤에 차고 문이 열리더니, 자동차 두 대가 들어가는 공간을 꽉 채운 모형 기차 세트가 모습을 드러냈다. 가운데 긴 산맥이 있고, 푸른색 플라스틱 강이 굽이쳐 흐르는 평평한 계곡 지대도 있었다. 모형 자동차와 은행, 약국을 갖춘 마을이 있고, 자동차 극장도 있었다. 그리고 거대한 철도 조차장도 있었는데, 거기엔 노퍽 서던 로어노크 야드에 있는 것 같은 전차대까지 있었다.

"와! 진짜 제대로네요!"

"소싯적에 내가 노퍽 서던에서 일했거든. 지금은 이게 내 일이에요. 자, 상자를 열어봅시다!"

상자 안에는 기관차가 하나 들어 있었다. "이건 노퍽 웨스턴 SD45요. 3600마력짜리 20기통 디젤 전기 기관차. 내가 처음 입사했을 때 다루던 녀석이 바로 이거예요."

"엔지니어셨어요?"

"아, 처음엔 그냥 견습공이었어요. 이 녀석은 정말 훌륭한 기관차였죠. 고속 화물열차. 내가 제일 좋아한 녀석이었다오." 그가 나를 올려다봤다. "제니가 세상을 떠나고 나서부터 내가 만지던 열차 모형을 하나둘씩 모으기 시작했어요. 그래서 지금은 60년대든 70년대든 전부 그대로 되살려낼 수 있죠."

"이거 정말 보통 공들이신 게 아니겠어요."

그는 상자에서 엔진을 꺼내 선로에 올려놓았다.

"봐요, 다른 시대로 돌아갈 수 있지. 차와 동력만 바꾸면 돼요. 동력을 맞추는 게 전부라니까."

"엔진 말씀이세요?"

"그렇죠, 동력. 우리 철도기사들은 그걸 동력이라고 불러요. 올바른 동력을 갖게 하는 것, 그게 핵심이지. 특정 시대로 돌아가려면 아무거나 막 뒤섞으면 안 돼요."

"그럼 저는 이만 가볼게요, 어르신. 좋은 하루 보내세요."

나는 그 자리를 떠났다. 산타는 자기가 가져온 장난감을 아이들이 갖고 노는 모습을 지켜보지 않는 법이니. 노인은 내 말을 듣지도 않았다. 나와 같은 방에 있지도, 같은 해에 살지도 않았다. 그에게 들리는 거라곤 오직 3600마력의 디젤 전기 기관차가 선로 위, 그의 전 생애가 펼쳐지기를 기다리는 20세기 중반 언저리를 달리는 소리뿐이었다.

7월의 크리스마스가 되었을 때 나는 고참 배달부들을 따라하고 있었다. '이건 미쳤어! 이걸 다 어떻게 처리하냐고!' 정말 미친 일이었다. 하지만 그건 시작에 불과했다. 지금 생각하면, 그때가 행복한 시절이었다.

제14장

세상에서 가장 고객 중심적인 회사!

"세상에! 이게 무슨 일이야?" 8월 1일, 출근하자마자 뭔가 다르다는 걸 느꼈다. 소포가 어마어마했다. 7월의 크리스마스 물량도 간신히 처리해내는 중이었건만 이번엔 차원이 달랐다. 모든 도시 배달부들 뒤로 상자가 산더미처럼 쌓여 있고, 뒤쪽 분류 공간 내의 구역별 케이지에도 상자가 천장에 닿을 듯이 쌓여 있었다.

"아마존이에요! UPS랑 싸운다더니 이제 UPS 물량을 전부 우리한테 보내고 있어요!" 젊은 시내 배달부 중 하나가 전한 최신 소문이었다.

아마존 전쟁이 우리 문 앞까지 들이닥친 것이었다.

✦

아마존은 무자비하다. 시어스와 K마트를 간식으로 집어삼킨 괴물이다. 거대한 데이터의 흐름으로 깨어난 프랑켄슈타인의 괴물 상장 회사다. 괴물이 생기를 얻는 곳은 로봇들이 일하는 절망의 공장. 그 안에 갇힌 인간들은 절대 이길 수 없는 존 헨리식 경쟁(증기기관식 굴착 드릴의 등장으로 일자리를 잃을 위기에 처한 광부 존 헨리가 굴착기를 이기기 위해 애쓰다가 과로로 사망했다는 전설에서 '존 헨리 효과'라는 사회과학 용어가 만들어졌다-옮긴이)에 내몰린 채로, 모든 움직임이 시간-동작 연구의 대상으로 초 단위로 추적당한다. 프레더릭 윈즐로 테일러Frederick Winslow Taylor(공장 개혁과 경영 합리화에 큰 공적을 남긴 미국의 기술자이자 경영 컨설턴트-옮긴이)의 변종 발명품으로서의 작업장. 그게 바로 아마존이었다. '지금 구매' 버튼을 누르면 30초 내에 물건이 트럭에 실리는 곳. 아마존 프라임에 가입하면 배달료가 '프리free(공짜)'인 곳. 이때 프리는 '언론의 자유freedom of speech'나 '새처럼 자유롭다free as a bird' 할 때의 프리가 아니라 이제 그 비용이 더 이상 눈에 보이지 않는다는 뜻이다. 아마존, 새 시대의 새 기관, 공급과 수요의 연결을 가장 순수하게 구현한 존재, 모든 것을 잇는…… 연결망. 결국 아마존은 모든 것을 파는 상점이다.

남서부 버니지아에는 아마존 트럭이 없었다. 인구밀도가 낮아 경제성이 없었기 때문이다. 그래서 이 지역의 전자상거래 물류 시장에는 일종의 균형 상태가 있었다. 큰 소포는 대형 물품을 효율적으로 처리하는 시스템을 갖춘 UPS가 맡았다. 하지만 UPS는 크기가 작은 소포를 미 우정국으로 넘겼고, 그 대가는 확실히 적게 지불했다. 왜 그랬을까? 어차피 우리는 날마다 모든 우편함으로 배달하도록 만들어진 조직이었기 때문이다. 이 신사협정은 아마존에게도 좋았다. 단, 연말 보너스를 올려 받고 싶은 아마존의 어느 부사장이 배달 비용 마진을 조금이라도 더 짜내보겠다고 UPS와의 요율 협상 지렛대를 찾기 전까지는. 하지만 UPS는 꿈쩍도 하지 않았다. 그래서 아마존은 이렇게 말했다. "좋아, 그럼 전부 미 우정국에 넘기지. 어차피 걔네는 거부를 못하게 되어 있으니까."

미 우정국은 사기업이 아니다. 우리의 강령은 TED 강연에서나 들을 법한 기업 사명 선언문 따위가 아니라 미국 시민을 대신해 미국 의회가 투표로 정한 진짜 연방법이다. 그 법의 이름은 바로 우편조직법. 1970년에 제정된 이 법은 우정국이 모든 미국인에게 동일 수준의 서비스를 합리적인 가격에 제공할 '보편적 서비스 의무'를 지닌다고 명시하고 있다. 말하자면, 그 역할이 이윤 창출도, 성장률 증가도 아닌 것이다.

만약 당신이 "잠깐만요, 우체부 아저씨!" 하고 나를 쫓아와, 할머니께 정성껏 쓴 안부 카드를 손에 쥐여주는데, 거기에 주소가 제대로 적혀 있고 오른쪽 위 귀퉁이에 제1종 우편 우표가 붙어 있다면? 나는 반드시 당신의 편지를 받아야만 한다. 나는 미국 시민을 위해 일하는 사람이기 때문이다. 의회는 내게 그 편지를 전달할 권한뿐 아니라 그걸 받아 연방정부의 법적 보호 아래 안전하게 운반하고, 목적지가 어디든 반드시 그곳으로 전달할 의무를 부여했다. 설령 할머니가 포코너스Four Corners의 협곡 아래 어느 주니Zuni족 동굴집에 산다 해도 주소지가 우정국에 등록되어 있는 한 할머니도 다른 사람들과 똑같이 편지를 받는다. 실제로 애리조나에는 그랜드캐니언 협곡 아래까지 작은 나귀를 타고 편지를 배달하는 길이 있다. 미 우정국이 이 고객에게 돈을 번다고 생각하는가? 이윤은 아무 상관없다. 그저 법에 따라 배달하는 것이다.

아마존과 UPS의 계약 분쟁은 이미 몇 달째 이어지고 있었다. 하지만 아마존은 공연히 말만 내세운 게 아니었다. UPS가 적절한 조건을 제시하지 않자 우리 블랙스버그 중앙 우체국의 상황은 하룻밤 사이에 완전히 달라졌다. 7월이 물량이 많았다고 한다면, 8월은 미친 물량이었다. 관리부는 속수무책이었다.

이 엄청난 물량 폭주는 우리 우체국을 저강도 폭동 상태로 만들었다. 아침이면 배달부들이 정신없이 바퀴 수레를 밀고 우편물을 챙기러 가느라 다른 분류함 옆에 쌓인 소포 더미를 들이받기 일쑤였다. 약 3미터 길이의 수레는 정밀하게 만들어진 도구가 아니었기에 사방에서 충돌이 발생했다. 분류함 구역에선 욕이 일상이긴 했지만 이젠 완전히 욕설 대잔치였다. 분노와 영역 다툼이 갈수록 심해졌다. 소포가 너무 많아 분류함에서 그날의 소포를 순서대로 정리할 공간이 없어진 터였다. 유일한 방법은 그냥 전부 다 수레에 때려 넣고 적하장에서 분류하는 것이었다. 몇몇 시골 배달부는 크립이라 부르는 바퀴 달린 캔버스 바구니에 소포들을 담아 주차장으로 가서 차에 실어 담았다. 모두가 자기 루틴에서 벗어나 있었고, 습관의 동물인 배달부들은 하나같이 잔뜩 인상을 찌푸렸다. 이 난리가 부당하다고 느꼈다.

소포 물량이 너무 많아져 결국 나는 일주일 내내 불려 나갔다. 공식 배달부들은 우편물과 자신들이 감당할 수 있는 만큼의 소포를 가져가고, 나는 부피가 큰 소포를 배달 순서대로 트럭에 싣고 길을 나섰다. 어떤 날은 하루에 세 차례 그렇게 왕복하기도 했다. 이건 정말 좋았다. 내가 알아서 경로를 정하고, 여기저기 찾아다니고, 골목길을 탐색했으며, 자동 분류 우편물을 비롯한 우편함용 우편물을 분류하느라 골머리를 앓을 필요도 없었으니 말이다.

소포 배달은 미 우정국에서 내가 가장 좋아하는 일이었다. 그게 일요일만 아니라면 말이다. 물량이 폭증하면서 관리부는 '아마존 선데이'를 가동했고, 신참 배달부들이 일요일 아침에 나와 소포만 배달했다. 갈수록 우리는 아마존 닷컴 주식회사의 완전 자회사처럼 움직였다. 그래도 이 일은 재밌었다. 미 우정국에서 내가 가장 좋아하는 시간이었다. 단, 분류 작업은 예외였다. 그건 정말 끔찍했다.

늦은 아침 무렵, 한 차례 배달을 마치고 돌아왔을 때였다. 시내 배달 감독관 서배스천이 나를 붙잡았다. "저기, 신참님, 세리나가 소포 던지는 걸 좀 도와줘요. 방금 또 트럭이 한 대 들어왔어요."

"소포 던지는 건 한 번도 해본 적 없는데요."

"세리나가 가르쳐줄 거예요."

"근데 정말 던져도 되는 거예요?" 나는 배달부가 소포를 던지는 걸 한 번도 본 적이 없었다.

"시골 배달 계약서에 포함돼 있어요. 어서 가서 세리나 도와요."

세리나는 40대의 흑인 여성이었다. 라인배커(미식축구에서 공격수를 직접 차단하는 포지션으로 특히 스피드와 민첩함이 중요하다-옮긴이)처럼 단단한 체격에 짧은 콘로우 머리(주로 흑인들이 하는, 가닥가닥 땋은 머리 모양-옮긴이)를 하고 있었다. 8월의 찜통 분류장에서 그녀는 탱크톱과 요가 반바지 차림에 마스크도 쓰지 않은 채, 감독관들조차 얼씬도 못 하게 할 것 같은 '나 건드리지 마' 식의 기운을 조용히 풍기고 있었다.

본래 사무원들도 우체국 창구에만 앉아 있지는 않는다. 아침마다 들어오는 우편물을 정리하는 일도 돕는다. 미분류 우편물을 구역별로 분류하고, 자동 분류 우편물 통을 배달부들이 가져가기 쉽도록 각 선반에 올려두며, 소포를 구역별 케이지에 분류해 넣는다. 각 철제 케이지는 아기용 울타리만 한 크기다. '평범한' 아침이라면 서너 명이 붙어 한 시간 정도면 끝내는 일이었다. 하지만 이젠 케이지가 끝도 없이 밀려들어와 작업을 멈출 새가 없었다. 그야말로 전시 태세였다.

그게 바로 세리나가 하는 일로, 보통은 아침 8시 반이면 끝났다. 그런데 지금은 11시 반이 되어도 별 진척이 없었다. 세리나는 거대한 화물용 케이지 옆에 서 있었다. 산업용 냉장고만 한 크기에 바퀴가 달린 그 케이지는 지금 막 트럭에서 내린 수십 개의 케이지 중 하나였다.

그녀 옆에는 끝에 슈퍼스캐너가 달린 기다란 노란색 관절형 로봇팔이 있었는데, 꼭 키 2미터짜리 기계 사마귀처럼 보였다. 스캐너에서 흘러나온 녹색 격자 모양 빛이 바닥을 비추고 있었다. 그 빛 언저리에 바코드가 닿으면 레이저가 깜빡이며 "C11", "R8" 하는 식으로 소포의 행선지를 알렸다. 각각 시내 11번 구역, 시골 8번 구역을 말하는 것이었다. 이런 식으로 소포가 다 처리되고 나면, 이제 각 구역 케이지에서 그것들이 수거를 기다리고 있음이 이 시스템에 기록된다. 스캐너 주위에는 케이지들이 반원 모양으로 둥그렇게 늘어서 있었는데, 시내 구역용이 23개, 시골 구역용이 11개였다. 그 안에 블랙스버그 중앙 우체국에서 날마다 2만 4000개의 주소지로 향하는 물건이 모두 담겨 있었다. 우리는 화물용 케이지에서 물건을 꺼내 스캔하고, 그게 알려주는 구역 번호의 해당 케이지에 소포들을 집어넣는 일을 했다.

"누구시죠?" 세리나가 물었다.

"스티븐이라고 합니다."

"그 꼬마 미스터 미야기Mr. Miyagi 새끼가 날 도우라고 여기로 보낸 거예요?" 나는 웃음이 터질 뻔했지만 참았다. 그게 인종차별적인 농담인지 확신이 서지 않아서였다. 하지만 서배스천은 진짜로 〈베스트 키드The Karate Kid〉에서 팻 모리타가 연기하는 미스터 미야기처럼 생겼다. 그래서 나는 늘 그랬듯, '아무것도 모르지만 성실한 시골 남자' 모드로 나갔다.

"이쪽 일은 처음이라 아무것도 모르지만, 제가 어떻게 도우면 될까요?"

"그냥 스캔하고 던지세요. 일단 그렇게 가로막고 서 있지 좀 말고."

세리나는 상자를 하나 집어 들고 스캔한 다음 제대로 보지도 않고 해당 케이지로 휙 던졌다. 그녀의 말처럼 길을 가로막지 않는 게 중요했다. 그녀는 마치 우편물 정리를 위해 강림한, 팔이 여럿 달린 힌두교 여신 같았기 때문이다. 우리는 곧 호흡이 맞아 서로를 교묘히 피해 물건을 던졌다. 소포가 너무 크지만 않으면 양손에 하나씩 집어 들 수 있었다. 그런 다음 오른쪽, 왼쪽 순서로 스캔하고, 헷갈리지 않도록 혼자 노래하듯 흥얼거렸다. "오른손, 시골 4번, 왼손, 도시 12번." 그런 다음 마치 NBA에서 픽앤롤(공을 드리블하다가, 상대 수비를 막고 있던 동료 선수에게 재빨리 공을 패스하여 득점 기회를 주는 공격 전술-옮긴이) 공격이라도 하듯 화물용 케이지로 얼른 들어가 상자 두 개를 더 집어 들었다.

시골 배달부 브리아나가 11번 구역을 분류하고 있었다. 11번 구역은 캣이 맡던 보조 구역으로, 정규 구역의 절반 크기였다. 인원이 충분치 않을 땐 오후가 되어서야 배달을 시작했다. 브리아나는 자일스카운티 경계 바로 너머의 뉴포트 출신으로, 내 트럭과 마찬가지로 우편배달을 하기엔 너무 예뻤다. 길고 검은 곱슬머리에 느긋한 태도로 요즘식 히피 분위기를 풍겼다.

"다 봤어요." 세리나가 말했다.

"뭘요?" 우리는 아직도 상자를 스캔하고 쑤셔 넣고 있었다.

"브리아나 보는 거. 저런 자연주의 스타일을 좋아하는군요? 그렇죠, 귀엽게 생겼죠. 저라도 데이트하고 싶었을 것 같아요. 내 여자친구가 여기 없어서 참 다행이에요!"

"저 아무것도 안 봤어요!"

"그래요, 안 봤어요, 멀대 아저씨!" 그때부터 세리나는 나를 그렇게 부르기 시작했다. 멀대 아저씨. 그리고 처음으로 웃었다. 콘크리트 바닥 창고에서 상자를 옮길 땐 아주 작은 재미라도 찾아 버릇해야 한다.

우리는 이제 흐름을 타고 있었다. 케이지 하나를 다 비우고 다음 케이지 문을 열었다. 나는 케이지마다 안에 든 상자 수를 셌다. 그리고 케이지 하나당 처리 시간이 얼마나 걸리는지 스톱워치로 쟀다.

"뭐 하시는 거예요?"

"소포 던지기요."

"아니, 숫자 세고 시간 재고 하는 거요. 뭐 하는 거예요?"

"처리량 계산요."

세리나는 하던 일을 멈추더니 양손을 허리에 얹고 나를 빤히 쳐다봤다.

나는 스톱워치를 멈췄다.

"생각을 너무 많이 한다는 말, 혹시 못 들어보셨어요?"

"맨날천날 들었죠."

"그래요, 천재 납셨네요." 하지만 그녀는 웃었다. "아, 씨, 구역 케이지가 전부 다 꽉 찼네." 그녀 말이 맞았다. 이제 더 이상 소포 넣을 공간이 없었다. 세리나가 서배스천 쪽으로 고개를 돌렸다. "여기 케이지들 다 꽉 찼어요!"

"두 분, 이제 그만하셔도 돼요." 서배스천이 책상에서 고개를 들어 외쳤다.

"두 번 말 안 해도 돼요. 오늘 우리 일은 여기까지예요, 멀대 아저씨."

그날 이후로 내가 나타나면 세리나는 소리 내어 인사하진 않아도 항상 작은 미소를 지어 보였다. 물론 나는 처리량 따위를 들먹이는 괴상하고 너무 늙은 신입 배달부였지만 일은 일인 것이다. 따박따박 출근하고, 아무도 방해하지 말고, 겸손하고, 퇴근 벨이 울릴 때까지 최선을 다해 일해야 한다. 그러면 어느새 팀의 일원이 되어 있음을 깨닫게 된다.

우리가 안으로 들어가는데 또 다른 트럭이 화물용 케이지를 잔뜩 싣고 들어왔다.

✦

우편물은 멈출 줄을 몰랐다. 단 한 순간도 멈추지 않았다. 날마다 초인적인 힘을 발휘해도 분류장은 우리가 비워내는 것보다 더 빠른 속도로 찼다. 모든 배달부가 꼭 행동심리학 실험실의 쥐 같았고, 모든 움직임이 테트리스 게임 같았다. 조금만 움직여도 누군가 쌓아놓은 소포 더미를 무너뜨리기 일쑤였다. 모든 시스템이 극한의 혼돈, 홉스식 만인에 대한 만인의 투쟁 상태로 나아갔다. 나는 출근 즉시 몇 시간 동안 소포 던지는 일에 불려 나갔다.

어느 날, 인력이 추가되어 스캔 구역에 못 보던 사람 하나가 보였다.

"안녕하세요, 저는 스티븐이라고 합니다. 소포 분류하는 걸 도우려고 왔어요."

"그럼 분류하세요." 글리니스는 키가 150센티미터 정도인 여자로, 도수 높은 큼직한 비행사 안경엔 마스크에서 올라온 김이 뿌옇게 서려 있었다.

"여기 처음이세요?"

"갤럭스에서 왔어요. 원래 은퇴할 예정이었는데."

"갤럭스에서 여기까지 오셨다고요?" 갤럭스는 버지니아의 애팔래치아 산맥에서 가장 높은 지역인 그레이슨하일랜즈 고원의 동쪽 끄트머리, 노스캐롤라이나주와의 경계 바로 북쪽에 있는 도시로, 여기서 한 시간 반은 족히 걸리는 거리였다.

"위에서 여기로 꼭 가야 한다고 해서요. 안경에 김 서리는 거 어떻게 막아요?"

"아, 코 위 철사 부분을 꽉 눌러줘야 돼요."

"그렇게 해봤는데, 개뿔도 소용없던데."

"의료용 테이프는 써보셨어요? 저는 김이 서리면 마스크 윗부분에 그걸 붙여요."

"그 썩을 거 대체 어디서 구해요?"

"휴게실 응급키트 상자에 있어요."

"망할 놈의 휴게실. 그 지랄 맞은 데서 누가 쉰다고."

얼굴만 보면, 꼭 막장 드라마를 틀어놓고 흔들의자에 앉아 퀼트 바느질을 하고 있을 것처럼 생겼지만, 입은 해병대 저리 가라였다.

"이 그지 발싸개 같은 고물 기계, 뭐라고 나불거리는지 반도 못 알아듣겠어. 멕시코에서 짱깨놈들이 처만들었는지."

숨이 턱턱 막힐 정도로 더웠다. 이런 더위에 짜증 안 낼 사람이 있을까? 이 여성보다 스무 살이나 젊은 나조차도 짜증이 나 죽겠는데. 물론 나는 인종차별은 안 하지만 말이다. 거기에다, 대형 송풍기 돌아가는 소리는 마치 작은 공항 활주로 한복판에 있는 것처럼 느껴질 정도였다.

"썅, 눈만 돌리면 또 박스 더미야. 쓰잘데기 없는 마카로니 앤드 치즈니, 햄버거 헬퍼니, 온갖 쓰레기 같은 물건들. 이 멍텅구리 새끼들은 좆같은 크로거까지 운전해 갈 용기조차 없는 겁쟁이들이라, 내가 매일 세 시간씩 운전해서 이 쓰레기들을 분류하러 오게 만들어. 이 우체국이 지금 큰 당나귀 거시기를 핥아주느라 이 난리라는 거 혹시 알아요?"

"여기가 당나귀 거시기를 핥아준다고요?"

"여기가 큰 쓰레기 샌드위치라는 거, 트레이닝 때 말 안 해준 모양이군. 근데 당신은 대체 여기서 뭐 하고 있는 거요?"

"어르신이랑 같은 일요. 소포 분류."

"나는 이유가 있어서 온 거예요. 엿 같은 연금 타서 자기 두 손이랑 유치원 선생 도움으로도 제 엉덩이도 못 찾으면서 잘난 척이나 해대는 백인 쓰레기들이 이래라저래라 하는 이 빌어먹을 조직에서 탈출하려고."

"저도 비슷한 처지예요."

"비슷하긴 뭐가 비슷해요. 나는 좆같은 연금 때문에 여기 있는 거고, 당신은 집에서 처놀면서 실업수당이나 타먹을 생각도 못 하는 등신인데."

그녀 말에도 일리가 있었다.

나는 계속 상자를 던졌다. 인내만으로는 부족했다. 누군가의 개입이 필요했다.

부디 내게 힘을 달라고 성모마리아에게 기도했다. 그리고 감독관이 나를 불러 배달을 내보내주기를. 바깥 기온이 섭씨 32도가 넘었지만 상관없었다. 이걸 멈출 수만 있다면 피자 오븐 속에서도 기꺼이 우편물을 배달하리라. 불행의 언어를 끝도 없이 뿜어내는 이 인간 분수대와 묶여 있는 지옥을 벗어날 수만 있다면.

"자비로우신 예수님, 부디 저를 불쌍히 여기소서! 제 우라질 등골이 아작 나게 생겼어요. 누가 이 늙은 여자를 쇠막대기로 때리기라도 한 것 같네요. 사람을 이렇게 개뼈다귀 취급하면 안 되죠!" 예수님이 소포 분류장의 기도는 귀 기울이지 않고 계심이 분명했다.

"글리니스, 이부프로펜 같은 거라도 좀 먹어보셨어요?"

"당신이 무슨 빌어먹을 평화봉사단이라도 돼요? 의사야? 당신이 그렇게 똑똑하면 왜 여기서 나 같은 모지리랑 일하고 있는 거요?"

"그랜트!" 시골 구역 감독관 데이비드였다.

"네, 감독관님?"

"소포 두어 케이지 챙겨서 배달 좀 나가줄래요?"

"아, 그럼요!" 예수님은 내 기도를 못 들었는지 몰라도 데이비드는 들었다. 그가 찡긋 윙크를 날렸다. 말은 필요 없었다.

아마존이 주주들의 이익을 위해 계약 협상권을 행사한 것에 대해 한마디 하지 않을 수 없다. 나는 주주이고, 이것은 전혀 내 이익을 위한 일처럼 느껴지지 않았다. 물론 그들은 내 아마존 주식의 가치를 높이려는 수탁 의무를 다했을지 모른다. 경제학자 밀턴 프리드먼Milton Friedman이라면 분명 아마존이 제 할 일을 제대로 한 거라고 말했을 것이다. 그들이 한 일은 법적으로는 아무 문제가 없었다. 하지만 공정하지도 인간적이지도 않았다. 월스트리트는 아마존을 좋아한다. 자본주의자 스티븐은 성장을 좋아하고, 소비자 스티븐은 그 선택의 폭과 편리함을 좋아한다. 경영대학 겸임교수 스티븐은 아마존의 비즈니스 모델과 운영 효율성을 좋아한다. 하지만 우편배달부 스티븐은 아마존을 '존나게' 싫어한다. 우편배달부 스티븐에게 아마존의 물류망이 만들어내는 보이지 않는 외부효과(어떤 경제적 활동이 제3자에게 의도하지 않은 편익이나 비용을 주지만 그 대가를 받거나 지불하지 않는 현상을 가리키는 경제학 용어-옮긴이)는 전혀 외부적인 게 아니었다. 그건 눈에 보이지 않는 게 아니라 매우 인간적인 대가를 지불하게 했다. 우편배달부 스티븐이 할 수 있는 일이라고는 글리니스가 욕하고, 소리치고, 저주하고, 고통에 몸부림치는 소리를 듣는 것뿐이었다. 그건 마치 미래의 한 장면 같았다. 아마존 상자 더미에 영영 파묻힌 그 늙은 여인의 모습.

아마존이 파는 모든 것은 글리니스의 손을 거쳐 당신의 집 앞에 배달된다. 그게 현실이다.

제15장

우리는 복잡해진 만큼 더 나아졌을까

밤마다 소포 꿈을 꿨다.

말 그대로였다. 꿈속에서도 온갖 크기의 소포들을 다뤘다. 검은색 아마존 테이프가 감긴 골판지 상자들.

꿈속에서 그것들을 스캔했다. 그리고 케이지에 담고 내 트럭 짐칸에 실었다. 그러곤 새로 생긴 주택 단지를 구불구불 지나 깊은 산골짜기로 들어갔다. 단정하게 가꾼 진입로를 걸어 들어가는가 하면, 진창에 빠져 웰링턴 부츠를 질질 끌며 걸었다. 엄청난 물량이 계속계속 쏟아졌고, 그 끝이 보이지 않는 물량이 일터에서 누리던 한 조각 재미조차 앗아가버렸다. 매일이 똑같은 나날인 것만으로도 끔찍한데, 이제 꿈까지 그 하루를 반복했다.

아침이면 블랙스버그 중앙 우체국 뒤편의 큰 배달부 구역으로 걸어 들어갔고, 하루하루 상황은 더 나빠지기만 했다. 상자들이 천장까지 막대그래프처럼 쌓여 있었다. 2미터, 2.3미터, 2.5미터. 상자는 갈수록 높이 쌓여만 갔다. 그건 마치 〈레이더스Raiders of the Lost Ark〉의 마지막 장면 같았다. 하지만 그 상자들 속엔 나치 초과학이나 약탈한 유물 대신 페이셜크림, 가전제품, 패스트패션 옷가지가 들어 있었다. 이 모든 상자 탑 속에 마치 브뤼헐Pieter Brueghel(네덜란드, 벨기에 르네상스 시대 회화의 거장. 풍경화 및 농촌 장면을 주로 그렸다-옮긴이) 그림 속 농부들처럼 땀을 뻘뻘 흘리며 허리 굽혀 일하는 사람들이 있었다. 끝도 없이 쏟아지는 상자 더미를 트럭에 싣고 현장으로 향하기를 죽도록 반복하는 우편배달부들이. 그럼에도 열심히 하는 것만으로 해결될 일이 아니었다. 매일 매일이 어제보다 더 힘든 나날들이었다.

8월로 접어들면서 꿈에서도 느껴지던 일의 물리적 감각이 점점 납작해지고 머릿속엔 시스템 다이어그램이 그려지기 시작했다. 우체국을 입력, 처리, 출력이라는 하나의 추상적 구조로 바라보게 된 것이다. 입력은 우리가 통제할 수 없었다. 출력은 두 배 이상 늘었을 뿐 아니라 이젠 밀린 물량까지 점점 늘어갔다. 이게 바로 관리부가 그토록 신경이 곤두서 있는 이유였다. 작업 조건이 완전히 비인간적이어서가 아니라 모든 숫자가 엉망이 되어가고 있었기 때문이다. 우편물과 정기간행물은 여전히 제때 배달됐다. 하지만 소포는 점점 늦어졌다. 이제 쌓여 있는 소포들이 얼마나 오래됐는지 파악이 안 되기 시작했다. 어떤 건 상부에서 알 정도로 늦어졌다.

어느 날엔 다음 배달 물품을 가지러 돌아왔는데 사무실 스피커폰에서 쩌렁쩌렁한 여자 고함 소리가 들렸다. 저 멀리, 더 힘 있는 어딘가에서 일하는 사람인 듯했다. 그녀는 끝도 없이 수치들을 들먹이며 모두를 볶아세웠다. "이렇게 해선 턱도 없어요. 어떻게든 이걸 처리해야 합니다!"

시간과 공간의 제약은 품질 관리와는 완전히 다른 차원의 문제였다. 우편물 처리장에는 분명 수용 한계란 게 있었고, 내가 보기에 우리는 그 한계에 얼추 도달한 듯했다.

물이든 어떤 유체든 관을 따라 흐를 때 흐름은 보통 일정한 층을 이루며 매끈하게 이어진다. 적어도 어느 지점까지는. 엔지니어들은 이런 '층류'가 좋다고 말할 것이다. 그건 입구부터 출구까지 최적의 속도로 흐름이 이루어진다는 뜻이기 때문이다. 하지만 그 유입량이 지나치면, 즉 압력, 체적, 속도 중 어느 하나라도 적정 수준을 넘어가면 흐름은 점점 '난류', 혼돈 상태로 변한다. 유체역학에서는 이를 '전이'라고 부른다. 그리고 우리는 이 전이 구간의 상단부, 모든 것이 완전한 혼돈으로 변하는 지점으로 스멀스멀 기어 올라가고 있었다.

그게 바로 2020년 8월의 삶이었다. 모든 것이 보이지 않는 전이점을 향해 끓어올랐다. 나는 나라의 분위기는 어쩌지 못해도 블랙스버그 중앙 우체국의 이 불균형은 어떻게 해볼 수 있을 것 같았다. 만약 내가 이 문제를 해결하라고 고용된 컨설턴트라면 어떻게 접근할까? 이 생각이 한번 머릿속에 둥지를 틀자 배달 구역을 도는 내내 그 생각에 골몰했다. 사무실에 돌아와서는 상자 개수를 세고, 이어서 걸음짐작으로 너비를 재고, 옛날 보이스카우트에서 나무 높이를 측정할 때처럼 엄지손가락으로 높이를 재어 대략적인 체적을 계산했다.

어느 날, 아침에 눈을 뜨자 밀린 물량을 해소할 기적처럼 명확한 방법이 떠올랐다. 침대에 일어나 앉아 휴대전화를 확인했다. 오늘도 나를 부를까? 내 근무일은 아니었지만 지난 한 달 동안은 그게 아무 의미가 없었다. 꼭 비상 연락을 받은 소방관이나 팬데믹 구급대원처럼 내 심장 박동은 이미 빨라지고 있었다. 하지만 놀랍게도 아직은 아무에게도 연락이 없었다. 말도 안 되게 조용했다. 이건 더 높은 존재로부터 내게 내려진 메시지였다. 나의 기회였다.

낡은 노트북을 열고 스프레드시트를 띄웠다. 그리고 숫자를 입력하기 시작했다. 내가 구해야 할 것은 밀린 소포의 숫자였다. 그건 쌓여 있는 구역별 소포 더미를 걸음짐작으로 알아놓은 숫자로 계산해낼 수 있었다. 지난 2주치 화물용 케이지 입고량을 기준으로 보면 향후 유입될 총 소포량을 예측할 수 있을 뿐 아니라 대략적인 구역별 분포 곡선도 그릴 수 있었다. 좀 들쑥날쑥하긴 해도 그 구역의 가구 수와 그 지역 주민들의 사회경제적 수준과 꽤 높은 상관관계를 보였기 때문이다. 팬데믹 보조금으로 모두가 미친 듯이 돈을 써대는 통에 전체적으로 물량이 많아지긴 했지만 그럼에도 기본적으로는 물량이 가처분소득과 밀접한 관련이 있었다. 물량의 유입 및 유출 예측 모델을 만드는 데 한 시간 정도밖에 걸리지 않았다.

나는 이런 문제를 푸는 게 즐거웠다. 그렇게 화면 앞에 앉아 숫자와 단어를 이리저리 가지고 놀다 보니 옛날 생각이 났다. 나는 뿌듯한 마음으로 이 분석 그래프를 몇 장 프린트했고, 오후에 소포 배달을 나와달라는 전화를 받고는 당장 새 접근법을 제안할 기회가 온 거라 생각했다.

다시 한번, 나는 '아이디어 맨'이 된 느낌이었다.

✦

우체국에 도착하니 새 시골 감독관 데이비드와 시내 감독관 서배스천이 시골 구역 데스크 근처에 서 있었다.

"제가 뭐 하나 보여드려도 될까요?"

"네, 뭔데요?" 데이비드는 에너지가 넘치는 사람으로, 팔다리가 가늘고 다리는 늘 건들거렸다. 그는 씹는담배를 달고 살았다. ADHD나 스트레스를 자가치료하기 위해서인 듯했다. 어릴 때 이후로 덩어리 담배를 씹는 사람을 본 적이 없었기에 그가 너무 옛날 사람처럼 보였다. 요즘엔 씹는담배가 파우치형으로 나온다. '스콜 밴디츠'니 '코디악'이니 '코프'니 하는 제품이 다 그렇다. 데이비드의 경우 가격이 좀 나가는 이름 있는 제품 대신 '울프'라는 저가 제품을 애용했다. 이 시장에선 과거의 향수, 저 머나먼 개척지, 구강암 같은 장기적 위험 따윈 신경 쓰지 않는 남자다움을 떠올리게 하는 이름이 중요했다.

데이비드 주변에는 언제나 상쾌한 윈터그린 향이 감돌았다.

그는 한번에 두세 파우치를 입에 밀어넣곤 했다. 이 엉망진창인 상황 속에서 그게 그나마 정신줄을 붙잡게 해주는 유일한 방법이었다. "이건 그냥 지옥이에요, 지옥." 지나가는 내게 그는 이렇게 말하곤 했다. '울프'를 잔뜩 물고 있는 탓에 그의 얼굴은 항상 갑자기 출발해 달리는 자동차 보닛 밑에 갇힌 놀란 다람쥐 표정이었다.

나는 그와 서배스천에게 라인 그래프로 마무리한 프린트물을 건넸다. "보세요, 이게 들어오는 소포 물량이에요. 이건 그 범위고, 중간값은 이쯤이에요. 밀린 물량을 다 해소하려면 매일 이 숫자를 넘어야만 해요."

두 사람은 프린트를 보다가 동시에 고개를 들어 나를 바라봤다. 서배스천은 거의 화가 난 것 같은 표정이었다.

"이 숫자들 어디서 알아냈어요?" 그건 질문이 아니라 추궁이었다.

"그냥 추정치예요. 화물용 케이지로 들어오는 소포 수를 전부 셌어요. 그리고 그걸 모두 구역 케이지들로 옮기는 데 걸리는 시간을 기록했죠."

"당신은 이 숫자들에 접근하면 안 돼요. 당신은 배달 보조원이에요." 서배스천은 얼굴이 벌게져서는 대놓고 인상을 썼다.

"아, 그냥 추정치들이에요. 아무것에도 접근하지 않았어요. 그냥 세리나랑 글리니스랑 같이 일하면서 직접 센 거예요."

"당신은 이 숫자들에 접근하면 안 된다고요."

"아무것도 안 봤다니까요. 보세요, 만약에 우리가 소포 배달 경로를 좀 더 균형 있게 짜고, 오후 파트와 오후 6시 이후 파트를 새로 추가하면 몇 주면 남은 물량을 싹 처리할 수 있어요. 캣이 앱을 하나 보여줬는데 그걸로 동선을 짜면 돼요. 지금 문제는, 우리가 기존 구역 시스템에 갇혀서 배달이 효율적으로 이루어지지 않는다는 거예요. 인접 구역들을 아울러 크게 새로 동선을 짜면 들고 나가는 소포 물량을 훨씬 늘릴 수 있어요. 지금 우체국으로 다시 돌아왔다 나갔다 하느라 시간을 다 잡아먹고 있잖아요. 프레이트마스터Freightmaster에서 화물 트럭 한 대를 빌리고 보조 일꾼 한 사람을 투입하면 금상첨화일 거고요."

"이봐요. 당신 일은 우편물을 배달하는 거예요. 사무실 운영은 우리가 하는 거고." 서배스천은 이제 내게 손가락질을 하며 언성을 높였다. 왜 안 그러겠는가? 그의 눈엔 내가 뭔가 열심히 일하는 척 설쳐대고 잘난 체하는 인간, 수습 기간도 아직 안 끝난 시골 배달 보조원 주제에 마치 그와 같은 전문가보다 자기가 더 잘 안다고 착각하는 헛똑똑이로 보였을 것이다. 그래프와 차트를 들이밀며 서배스천이 일을 엉망으로 하고 있음을 빨간색과 파란색 곡선으로 암시하는 인간 말이다.

데이비드의 눈에 비친 나는 블랙스버그 중앙 우체국에서는 허용되지 않는 해괴한 아이디어를 잔뜩 가져온 놈이었을 것이다. 상황 파악 못 하는 인간처럼 알 수 없는 행동을 종종 하더니, 이젠 무슨 일이 벌어지는지 보겠답시고 벌집에 막대기를 쑤셔 넣고 휘저어대는 그런 우편배달부 말이다. "서배스천 말은, 참 좋은 아이디어들이지만 지금 당장 우리에게 필요한 건 당신이 우편물을 배달하는 거라는 거예요, 스티븐. 늘 애써줘서 고마워요." 그러고는 내 어깨에 친근하게 손을 올렸지만 그 눈빛만큼은 나도 충분히 읽어낼 수 있었다. '알았으니까 소포나 빨리 싣고 여기서 좀 꺼져줄래?'

내 아이디어 따윈 아무도 관심이 없었다. 놀랄 일은 아니었지만 그래도 충격이었다. 좋은 아이디어는 어디서나 나올 수 있다. 그렇지 않은가? 그게 내가 지난 몇 년간 혁신에 관한 수업에서 가르친 것이 아니었나?

우체국의 관행은 운영에 관여하려 들지 마라였다. 혹은 관리자 입장에서 뭔가 일이 잘못 돌아가더라도 절대 지역 본부에 알리지 않는다는 것이었다. 아무도 뭔가를 해보려 하지 않았다. 지역 본부와 노조에 지금까지의 문제를 정확히 설명해야 할 때는 더더욱. 대체 뭐라고 말하겠는가? "우리 시골 배달 보조원 하나가 무슨 그래프를 잔뜩 가져와서요!"?

인간의 가장 원초적인 꿈, 그냥 이대로 계속 열심히만 하면 어떻게든 모든 게 예전으로 돌아가겠지 하는 믿음만으로도 충분한데, 뭐하러 굳이 검증되지도 않은 방법을 시도해보겠는가?

✦

그렇게 한 달여가 지났을 때 미국 우정국 로고가 박힌 흰색 폴로셔츠를 입은, 여섯 명의 중년 백인 남자들이 마침내 도착했다. 그들은 태블릿 컴퓨터와 휴대용 프린터를 가져왔다.

나는 가만히 있을 수가 없었다. 그중 대머리에 흰 수염을 기르고 가장 나이가 많아 보이는 남자가 책임자인 듯했다. 태블릿을 든 다른 남자들이 계속 그에게 질문을 했고, 나 역시 궁금한 게 몇 가지 있었다.

"안녕하세요? 좋은 아침입니다!" 나는 다가가며 인사했다.

"아, 안녕하세요. 저희가 도와드릴 일이라도 있을까요?"

"여기, 밀린 소포 때문에 오신 거죠?"

"네, 피츠버그 본부에서 왔어요. 별거 아닙니다. 이제 모든 것을 W경로에 넣어서 상황이 정상으로 돌아올 때까지 계속 교대 근무를 할 겁니다."

"W경로가 뭔가요?"

"혹시 코드에 대해 아세요?"

"교육원에서 대강 들었어요. 구역 크기와 관련된 거죠?"

"일반적인 구역이라면 그렇지만 W경로는 동적으로 생성되는 구역입니다. 오직 소포 배달만을 위한 거죠. 주로 아마존 선데이 때 사용하는데, 우리가 원하는 만큼 경로 구획을 자유자재로 만들게 해주죠."

"그럼 고정된 구역 구조를 고수한 게 문제 중 하나였나요?"

"그렇죠, 그게 처리량을 막고 있었어요. 이제 소포만 따로 훨씬 큰 경로를 이용할 수 있게 해놨어요. 여기서 무슨 일을 하시는지?"

"저는 시골 배달부입니다."

"오, 혹시 경로 생성에 대해 더 알고 싶으시면 언제든지 말

씁하세요."

나는 씽긋 웃으며 시골 구역 데스크로 돌아갔다. 그때 서배스천이 나를 가로막았고, 웃음기는 이내 사라졌다.

"방금 저 사람들하고 무슨 얘기 했어요?"

"W경로에 대해 알려주더군요."

"당신이 뭐라고 했냐고요."

"아무 말도 안 했어요. 그냥 인사한 거예요. 저는 소포를 배달하러 온 사람이라고."

그들은 모든 시스템을 재정비했다. 정말 안심이 되었다. 우리는 밤낮으로 엄청난 양을 실어 날랐다. 조금씩 여유 공간이 생기면서 그럭저럭 관리해나갈 만한 상태가 되었다. 그러다가 9월 말경, 마치 허리케인이 지나간 다음 날처럼 일시에 모든 상황이 종료되었다. UPS와 아마존이 즉시 발효되는 새 계약에 합의한 것이다. 소포의 홍수가 마침내 멈췄다.

나는 몇 주 동안 관리부와 아마존과 UPS의 MBA 출신들을 저주하고, 이 피할 수 있었던 실책, 예측 가능한 재앙을 사전에 막지 않아 나를 이토록 고생시킨 얼굴 없는 시스템 엔지니어들을 죽도록 원망했다. 관리부는 UPS와 아마존의 협상이 깨졌을 때를 대비한 비상 계획을 미리 세워놓고 기다렸어야 했다. 상상력, 아니면 적어도 연민이라도 가지고 우체국을 이끌 태세가 되어 있었어야 했다. 하지만 스스로에게 실망한 것은 잠 못 이룬 그 모든 밤들의 기억 때문이 아니었다. 내 삶을 잠식했던 아마존 상자들 때문도 아니었다. 나를 실망시킨 건 내가 화를 냈다는 사실이 아니라 그 폴로 셔츠를 입은 사람들에게 너무도 감사한 마음이 들었다는 사실이었다. 나는 그들이 감탄스러웠다. '드디어 이 문제를 해결해줄 전문가들이 왔구나!' 하고 생각했던 것이다. 이 물량 변화에 대비하지 못했던 바로 그 전문가 계층. 도리토스 봉지 속 도리토스 수를 줄이면서 어차피 소비자들은 그냥 받아들일 테니 같은 가격을 받자고 우겨서 나 같은 사람이 단위당 절감한 비용과 소비자 분노 사이의 최적점을 찾아준 그 전문가 계층. 상용 여객기 좌석을 초과 판매하면서도 어차피 마일리지 제도 때문에 승객들이 다른 항공사로 이탈하지 않을 것임을 아는 그 전문가 계층. 하지만 한 시스템의 전문가는 다른 시스템의 소비자다. 우리는 모두 러시아 인형처럼 겹겹이 중첩된 고리 속에서 서로의 버튼을 누른다. 문제는 세상이 악의적이라기보다 너무 복잡하다는 사실이다. 우리가 만들어놓은 이 세상은 너무도 복잡해 때로는 마비 상태에 이르기도 한다. 그러면서 우리는 왜 사람들이 절망하고 분노하는지 의아해한다. 사람들은 그 방식은 정확히 몰라도 이 모든 시스템이 자기들을 휘두르고 있다는 걸 안다. 나는 전문가가 주도하는 세상의 공범이었고, 그건 다른 모든 사람들과 마찬가지 이유에서였다. 관리자의 위치에도 있어봤고 지금은 일선 현장에도 있어보니 이제 확실히 알 것 같았다. 뭐든 관리자 입장에서 바라보는 게 훨씬 편하다는 것을. 만약 이해하고 변화를 도모하기에 세상이 너무 복잡하다면 그냥 편안한 허무주의에 몸을 맡긴 채 진짜 일에서는 최대한 멀리 떨어져 있는 게 낫다는 것을.

우체국에서 일하며 힘든 날이 많았다. 그럴 때면 몽상에 잠겼다. 책상에 앉아 진짜 일에서는 멀찌감치 떨어진 채 추상적 개념의 구름 위를 떠다니는 상상을 했다. 돈은 거기에 있고, 추상적 개념은 말 그대로 추상적이므로. 그러나 정작 힘들게 일하고 개선된 마진을 채워 넣는 이는 따로 있단 걸 나는 이미 안다. 그것은 너무도 무정한 길이다.

딸깍, 마우스를 한 차례 클릭하는 건 너무도 간단한 일이다. 하지만 우리가 원클릭 상거래의 세상에서 살고 싶다면 누군가는 마지막 구간을 책임져야 한다. 그리고 마지막 구간이야말로 가장 비싼 구간이다. 물류에서는 이를 '마지막 구간last mile' 문제라 부르고, 어떤 공급망에서든 가장 노동 집약적인 부분이다. 중산층의 경제력 발휘를 가로막고 있던 이 마지막 구간 문제를 풀기 위해 벤저민 프랭클린은 미 우정국을 만들었다. 그 때문에 세상은 더 복잡해졌다. 하지만 그만큼 더 나아졌는지도 모른다.

아마존에서 무언가를 주문하면 그 '클릭 한 번'이 긴 글로벌 공급망의 방아쇠를 당긴 셈이 된다. 그리고 그 클릭의 끝에는 마지막 구간이 있다. 그 '클릭 한 번'은 클라우드 기반 마이크로서비스에 재고를 조회하고 가장 가까운 물류 센터를 찾는다. 로봇이 선반에서 물건을 꺼낸다. 수 킬로미터에 달하는 컨베이어 벨트에 실려 물건이 도착하면, 사람들이 그걸 다른 물건들과 함께 일정한 규격의 뭉치로 만들어 트럭에 싣는다. 그러면 컴퓨터가 트럭이나 쉴 새 없이 하늘을 오가는 파란색 아마존 737 화물기에 물건을 배당한다. 이후 지역 물류 허브로, 다시 미 우정국 우편물 처리 및 유통 센터로, 지역 우체국으로 차례로 내려온다. 왜냐면 그 모든 아마존 시장과 컴퓨팅 파워도 마지막 구간에서 무너지기 때문이다. 그 클릭들은 결국 욕을 퍼붓고 저주를 해대는 나이 든 여성들이 처리한다. 그들이 세 시간씩 운전해와 당신의 물건을 철제 케이지에 분류하고, 그걸 다시 내 2012년형 타코마 트럭 뒤에 싣는다. 사실 팬데믹이 찾아왔을 때 우리가 이런 세상에 살고 있어서 다행이었다. 그렇지 않았다면 수백만 명이 더 목숨을 잃었을 것이다. 나는 우리의 생존을 도운 이 거대한 시스템의 일부였다는 사실이 자랑스럽다.

하지만 나 역시 당신들을 저주할 때도 있었다. 서랍장만 한 버라이어티 팩 퀘이커 인스턴트 오트밀을 도로변 우편함 앞에서 수령해달라는 게 그렇게까지 지나친 요구였을까? 전해질과 비타민 C, E를 첨가한 게토레이사의 키위 스트로베리 프로펠 0칼로리 물을 포기하는 일이 그렇게까지 큰 희생이었을까? 그 음료 한 묶음이 거의 9킬로그램이고, 당신들은 그걸 일주일에 세 묶음씩 마셨다. 하지만 당신들에게 나의 고생은 보이지 않았을 것이다. 글리니스의 고생도, 캣의 고생도, 캐시의 고생도, 웨이드의 고생도, 다이애나의 고생도, 데이비드의 고생도, 나머지 배달부들의 고생도 보이지 않았을 것이다. 그리고 솔직히 그게 보였다고 해도 당신들은 여전히 게토레이 0칼로리 물을 주문하지 않았을까 싶다. 그게 당신들이 가장 좋아하는 것이고, 클릭 한 번으로 그걸 얻을 수 있으니.

제16장

삶은 그대에게 빛지지 않았다

나는 미 우정국 우편배달부의 의무에 관한 규칙과 규정을 직접적으로 위반한 적이 있다. 우편물 배달에 가끔씩 딸들의 도움을 받은 것이다. 하지만 짧은 시간 동안 작은 구역 하나에 국한되었고 내가 주의 깊게 감독했으며 우편물의 신성함과 보안은 결코 훼손되지 않았다. 내가 한 일이 엄밀히 말해 불법이었다고 생각하지도 않는다. 만약 그랬다면 그 일에 관해 이렇게 쓰지도 않았을 것이다. 하지만 만약 우편 검열관이 우리 집에 찾아온다면 그 이유는 다들 짐작할 수 있을 것이다.

딸들이 우편배달을 돕게 된 것은 결국 내 차량 문제 때문이었다. 시골 배달부인 나는 일을 시작하고 6개월 안에 배달에 사용할 개인 소유 차량을 구매해야 했다. 하지만 블랙스버그 중앙 우체국에서 처음 일을 시작하게 됐을 때 당시 우체국장은 내게 굳이 그럴 필요 없다고 했다. 10번 구역은 대부분의 다른 시골 구역과 마찬가지로 우정국 소유의 전용 차량이 있었다. 국장은 메트리스 밴 같은 우정국 소유 차량도 놀리지 말고 열심히 가져다 쓰라고 했다. 게다가 나는 막 해고된 참이라 지출을 확 줄여야 하는 상황이었고, 당연히 가까운 시일 내에 차량 구매는 고려하지 않았다. 하지만 우체국장이 바뀌었고 새 국장 제레미는 전임자가 가졌던 공감력도 상상력도 부족한 유형인 듯했다. 내 무임승차 시대는 이제 끝난 거였다. 캣을 대신하여 11번 구역을 맡게 되면서 나는 갑자기 차량이 필요해졌다. 타코마로는 불가능하단 건 명명백백한 사실이었다.

11번 구역은 짧아서 보조 경로라고 불렸다. 다른 구역 보조 역할을 맡았던 캣은 다른 배달부 돕는 일을 끝마치고 나서 11번 구역을 돌았다. 우편배달 전용 차량을 사용하면 숙련된 배달부는 두 시간도 채 걸리지 않았다.

이제 내가 그 11번 구역을 맡아 배달을 나가야 하는데 우체국장 제레미는 놀고 있는 우정국 차량도 쓰지 못하게 할 것이었다. 나는 웨이드가 3번 구역을 돌 때 쓰던 것과 같은 힘 좋은 중고 익스플로러를 살까도 생각해봤다. 바닥이 평평한 구형 익스플로러는 3000~4000달러 정도였던 것 같지만, 지금은 팬데믹 관련 공급망 문제로 인한 수량 부족으로 엔진과 바퀴 넷 달린 모든 것이 기록적인 가격에 팔렸다. 그나마도 구할 수나 있는 경우에 그랬다는 얘기다. 자동차 수요가 어느 정도였는가 하면, 크로

거 슈퍼마켓 주차장에서 15만 킬로미터도 넘게 탄 내 타코마를 내가 새 차로 지불한 금액보다 더 높은 가격에 사겠다고 사람들이 제안했을 정도였다.

얼리샤에게 새 차에 관해 말했을 때 돌아온 대답은 단호한 '노'였다.

"스티븐, 지금 우리한테 우편배달 트럭 살 돈이 어디 있어. 장 보고 집 대출금 갚을 돈도 모자라는 판에."

맞는 말이었다. 팬데믹 지원금을 받고, 스테이크나 유기농 식품 같은 건 전부 끊었음에도 우리는 여전히 적자 상태였다. 사실 우리가 굶주리고 있지는 않았다. 우리한테는 실업을 대비해 저축해둔 비상 자금이 꽤 있었다. 내 직업은 원래 이런 일이 잦았기 때문이다. 부모님의 식료품을 사러 갈 때면 아버지가 우리 가족 것도 같이 사라고 해주셨다. 우리는 돈이 부족한 상태에서 살아가는 법을 배우는 참이었고, 우리와 같은 곤경에 처한 대부분의 사람들보다 훨씬 더 많은 지원을 받으며 버티고 있었다.

그래도 기분은 엿 같았다. 정말 끔찍했다. 나는 언제나 우리 가족을 부양하기에 충분한 돈을 벌어왔다. 그런데 지금은 일주일에 7일을 일해도 돈이 부족했다. 나는 본래 다른 사람이 가진 것을 질투한 적이 거의 없는 사람이었다. 우리는 필요한 모든 것을, 그 이상을 가진 가족이었으니까. 하지만 이젠 사람들이 줌 회의가 지겹다느니 낮술을 마신다느니 심심해 죽겠다느니 따위로 불평하는 소리를 들을 때마다 내 안에서 왈칵 어두운 감정이 치밀었다. 단순한 질투가 아니었다. 그건 증오였다. 그 감정에 잠식되진 않았지만 한번씩 심장이 활활 타오르는 순간들이 있었다. 한 가정의 아버지로서 생전 처음으로 뼛속 깊이 스며드는 경제적 불안감을 느꼈다. 나는 죽도록 무서웠다.

두려움을 느낄 때면 둘 중 하나를 택했다. 분노는 늘 하나의 선택지였다. 무엇보다 부당해 보이는 상황에 처하면 그랬다. 하지만 그럴 때마다 아버지가 해주신 말을 떠올리곤 했다. "세상은 너한테 아무것도 빚진 게 없다." 다른 선택지는 '행동'이었다. 자기 연민을 멈추고, 계획을 세우고, 스스로 운을 만들어내는 것.

나의 새 계획은 내가 가진 일자리를 지키기 위해 규칙을 깨는 혁신적인 것이었다. 이미 가지고 있던 트럭을 사용하고 이미 지불한 인적자원, 즉 나의 두 딸을 활용할 작정이었다. 마틸다는 열네 살, 워커는 열두 살이었다. 학교가 문을 닫아 여유 시간이 있었고 게다가 온라인 수업에서 둘 다 올A를 받고 있는 터였다. 내가 아이디어를 꺼내자마자 얼리샤는 즉각 "좋아!"라고 대꾸했다. 아이들 역시 새로운 일을 해보게 되어 신나 했다.

보상 구조는 단순했다. 얼리샤는 몇 시간 동안 집에 혼자 있을 수 있고, 아이들은 할머니 할아버지의 돈으로 사게 될 게토레이와 그래놀라 바를 얻을 수 있었다. 액상 과당이 든 자동차 연료 색 게토레이는 우리 집에서는 금지 식품이었다. 하지만 딸들에게 설명했듯이, 이건 우편배달부의 연료였다. 그러니 우편배달을 해서 게토레이를 얻어라. 초유기농 자연식품과 직접 만든 음식에 집착하는 우리 집에선 인공의 맛이 너무 부족했으므로 아이들에게 게토레이는 황금빛으로 반짝이는 저 전설의 희귀

광물과 다르지 않았다.

계획은 이랬다. 나는 우체국에 가서 우편물과 소포를 분류한 다음 스캐너를 패러데이 백에 넣어 신호를 차단하고 집으로 온다. 그리고 아이들과 아침 식사용 부리토를 챙겨 나와 배달을 시작한다. 나는 운전을 하고 마틸다는 조수석에 앉아 자동 분류 우편물과 잡지류를 처리하고, 워커는 뒷자리에 앉아 소포와 스퍼스, 스캐너를 맡는다. 나는 워커에게 스캐너의 '소포 미리 보기' 기능으로 다음 소포를 확인해 미리 준비하는 법을 가르쳤다.

우리의 첫 배달은 그리 순탄치 않았다. 마치 관광하러 나온 것 같았다.

"헐, 아빠, 저 집 트럼프 현수막 좀 봐!" 워커가 소리쳤다.

우리 구역 초입에 있는 어느 집엔 거의 경기장급 크기의 트럼프 현수막이 포치를 뒤덮고 있었다. 거기엔 '우리의 사랑스러운 대통령'이 폭발 속에 서 있고, 양옆엔 항공모함, 머리 위로는 울부짖으며 날아가는 대머리독수리가 담겨 있었다. 그리고 그 아래엔 거대한 블록체로 '개소리는 이제 그만!'이라고 적혀 있었다. 무슨 개소리를 그만한다는 건지는 불분명했다.

그날 밤 집에 돌아온 아이들은 온통 현수막 이야기뿐이었다.

"엄마! '개소리는 이제 그만'이래!" 마틸다는 금기를 어기는 짜릿함을 숨기지 못했다.

"얘들아, 제발. 집에서는 그런 말 쓰면 안 돼. 할아버지가 들으시면 어쩌려고." 여기서 할아버지는 얼리샤의 아버지를 말하는 거였다.

"인용한 거니까 본인이 욕을 한 건 아니지." 우리 집 참견쟁이 변호사 워커가 끼어들었다.

"그게 심한 말이면 아빠가 트럭에서 하는 말을 한번 들어봐야 하는데!" 마틸다가 말했다.

"애들한테 진짜 노동이 어떤 건지를 경험하게 해주는 거야." 그게 내 변명이었다.

마틸다의 ADHD는 천하무적이었다. 그 애 내면의 예술가는 자동 분류 우편물과 잡지류를 던져 넣는 대신 무너져가는 오두막이나 블록 위의 자동차 사진을 찍고 싶어 했다. 나는 해야 할 일을 끊임없이 상기시켜야만 했다.

"얘들아, 이건 소풍이 아니야. 다음 상자를 준비해야지. 우편물을 미리미리 챙겨서 손에 들고 있어야 해. 차가 우편함 앞에 멈출 때 바로 집어넣을 수 있도록. 우편물이 저 혼자 배달되는 게 아니라고!" 나는 캣과 우리 아버지가 결합된 인간이 되어갔다. 스티븐, 심장마비를 조심해. 스티븐, 항상 끝까지 마무리해요. 우리 아이들에겐 새로운 모습이었다.

운전 속도가 갈수록 빨라졌다. 무릎 위에 올린 작은 통에 다음 배달지의 자동 분류 우편물을 담아 마틸다에게 건넸다. "더 빨리. 더 빨리 넣어야 해."

"더 빨리, 마틸다! 더 빨리!" 워커는 우위를 점할 기회를 놓치지 않았다. 쉬지 않고 다음 소포를 외쳤다. "다음 우편함에 두 개 더, 그다음 라즈베리레인에 하나 더." 워커는 거의 항공 관제

사나 증권거래소의 주식 중개인 같았다. 그 애는 압박감을 사랑했다. 하지만 마틸다에겐 너무 벅찬 모양이었다. "이건 완전 공해상의 무정부 상태야!"

아이들이 어렸을 때 판지나 디즈니 기념품을 재활용해 만든 코스튬을 입고 온 집안을 미친 듯이 뛰어다니면 내가 하던 말이 바로 그거였다. "이건 공해상의 무정부 상태야! 이 집에서 무정부 상태는 안 돼! 우린 법치주의 아래 있는 집이야!" 농담 섞인 명령이었다. 이제 모든 부모에게 찾아오는 그 순간이 온 것이다. 당신이 한 말이 아이들의 입에서 그대로 흘러나오는 걸 듣게 되는 순간. 좋든 싫든 내가 한 말은 평생 아이들의 머릿속 어딘가에 박혀 있을 것이다. 그건 우리 아버지가 외치시던 "전부 조용히 해! 조용!"의 순한 버전이었다.

아이들에게 11번 구역은 자기들이 살던 데와는 완전히 딴판인 블랙스버그의 모습을 보여줬다. 이곳은 로봇 공학자와 교수가 득실대는 풍요로운 대학 동네가 아니었다. 메인 스트리트도 녹음이 우거진 주거 지역도 아니었다. 이곳은 진짜 시골이었고, 지금까지 내 딸들은 이런 곳을 한 번도 제대로 본 적이 없음을 깨달았다. 11번 구역에선 사람들이 트레일러나 낡은 농가에서 살거나, 아니면 가족 사업으로 운영하는 작은 채석장 옆에 살았다. 마당에 제트스키와 낚싯배가 서 있고, 블록 위엔 낡아빠진 차들이 세워져 있었다. 하지만 대체로 뭔가 거칠고, 뭐든 스스로 하는 삶이었다. 어느 트레일러 파크에는 마차 바퀴에 우편함이 한데 주르르 걸려 있었는데, 그 모습이 꼭 빨강, 하양, 파랑으로 칠해진 우편함 회전목마처럼 보였다. 자기 뒷마당에서 육류 처리 공장을 운영하는 이도 있었다.

"육류 처리가 무슨 뜻이야?" 마틸다가 물었다.

"음, 사냥하다가 사슴을 잡으면 고기를 손질해야 하잖아. 아빠가 어렸을 땐 그냥, 지금 YMCA 자리에 있었던 래드퍼드 브라더스 정육점 뒤로 그걸 가져가면 거기 주인이 스테이크나 로스트용으로 잘라주거나 갈아줬어. 완전히 슈퍼마켓에서 파는 것처럼 셀로판지로 포장까지 싹 해서 줬지."

"완전 시골뜨기[redneck] 같네, 아빠." 워커는 내게 '어른 말투'를 시도했다.

"크로거 마트에서는 그런 거 안 해줘?" 마틸다가 물었다.

"안 해. 크로거는 대기업이니 책임 문제에 휘말릴 위험을 감수하고 싶지 않겠지." 그러곤 책임에 대해 서로 이야기를 나눴다.

데일 에른하르트 현수막이 걸린 작은 집도 있었는데, 길이 어찌나 좁은지 지나가면서 차창 밖으로 그의 뺨을 쓰다듬을 수 있을 정도였다. 아이들은 그 집 주인이 부엌 식탁에 앉아 아침식사를 하는 모습을 볼 수 있다는 사실에 매료되었다. 그 집 바로 건너편 집들 우편함 밑엔 수도관이 새거나 샘이라도 있는지, 늘 진흙탕이었다가 겨울이면 얼어붙어 스케이트장이 되었다.

"와, 저기 풀장이랑 트램펄린이 있어." 마틸다가 말했다.

"우린 왜 저런 게 없어, 아빠?" 워커가 물었다.

"산꼭대기라 땅이 평평하지 않아서."

"어차피 형편도 안 됐잖아." 워커가 말했다.

으윽.

발기부전인 남자도 있었다. 이 남자의 우편물을 배달할 때마다 발기부전과 관련된 우편물이 몇 개나 있었다.

"발기부전이 뭐야?" 마틸다가 물었다.

"네가 아주, 아주 오랫동안은 신경 쓸 필요 없는 거야."

"보건 시간에 다 배웠잖아, 언니." 워커가 말했다.

한 개자식은 자기 우편함을 여는 마틸다에게 포치에서 고함을 내질렀다. 뚱뚱한 몸에 작업복을 입은, 할리우드에서 막 튀어나온 것처럼 생긴 애팔래치아 사람이었다.

"내 망할 우편함 열어놓고 가지 마!"

솔직히 그 남자 말에도 일리가 있었다. 우편함 뚜껑이 열려 있는 건 나도 질색하는 일이다. 지금도 뚜껑이 열린 우편함을 지나가다 보면 차에서 내려 닫아준다. 하지만 이 남자네 우편함은 너무 망가져서 거의 닫히지가 않았다. 나는 마틸다 대신 닫아주고 그에게 사과했다.

"저 아저씨, 나한테 왜 저렇게 화난 거야?" 마틸다는 충격을 받은 표정이었다.

"저 사람은 아마 모든 것에 화가 나 있을 거야."

마틸다는 그 일을 금세 털어낸 듯했지만 나는 아니었다. 나중에 혼자 배달하면서 그 집 우편함을 스캐너 끝으로 쾅 소리 나게 닫았다. 쇠지렛대로도 열 수 없을 정도로 세게. 나중에 캣이 그 우편함에 '우편물 수취함 부재' 표시를 해놓은 걸 보았다. 새 우편함으로 교체할 때까지 그의 우편물을 우체국에 보관해둔다는 뜻이었다. 내가 그에 대해 물으니 캣은 그냥 "아, 그 사람 상또라이야"라고만 대답했다.

✦

킵스 팜Kipps Farm은 옛 소 목장 한가운데 새로 생긴 주택 단지였다. 40만 달러에서 50만 달러에 팔리는 집들이 짧은 순환도로를 따라 늘어서 있었다. 그 동네에는 의사와 새로 들어온 교수들이 많이 살았다.

아이들과 나는 이 동네에서 매우 효율적으로 배달하는 방법을 알아냈다. 마틸다가 자동 분류 우편물과 잡지류를 내 배달 가방에 넣고 걸어서 그 동네를 돌았고, 그동안 워커와 나는 소포를 날랐다. 워커는 트럭 범퍼에 올라선 채로 내가 멈추면 소포를 집어 들었고, 내가 그걸 스캔하면 얼른 달려가 고객의 현관문 앞에 두고 왔다. 그리고 다시 범퍼에 뛰어올라 트럭을 쾅 쳐서 떠나도 좋다는 신호를 보냈다. 다행히 그때 인생이 뒤바뀔 정도로 다친 사람은 아무도 없었다. 우리는 이 시스템으로 전 구역을 완전히 초토화시켰고, 나는 걸린 시간과 상관없이 그 구역을 끝내기만 하면 돈을 받았다.

날씨가 좋은 날이면 사람들은 마당으로 나와 '그랜트와 딸들 팀'이 우편물을 배달하는 광경을 구경하곤 했다. 당시는 모든 게 임시적이었고 웬만한 건 다들 너그러이 넘어가주던 팬데믹 시절이었음을 알아주기 바란다. 조금이라도 일상적이고 재미난 일이 벌어지면 사람들은 좋아했다. 어느 날엔 70대 즈음 되어 보이는 노부부가 앞마당에 나와 일을 하고 있었다. 마당은 정성 들여 가꾼 꽃밭과 곱게 다듬어놓은 지피식물이 가득한 단정한 정원이었다. 부부는 항상 나에게 미소로 인사했는데, 이번에는 남자가 내게 손을 흔들어 차를 세우라는 시늉을 했다. 그는 금테 안경을 쓰고 루스벨트 같은 콧수염을 기른, 영락없는 할아버지의 모습이었다. 그는 정원 일을 멈추고 창가로 걸어오더니 내 팔을 붙잡았다. "아주 훌륭한 조수들을 두셨구려!"

"감사합니다. 아이들과 같이 일할 수 있어서 저도 정말 좋아요."

"애들이 이 시간을 평생 기억할 거요. 당신과 함께 일하던 이 특별한 순간을."

나는 울컥했지만 감정을 겉으로 드러내지 않으려 애썼다. 그의 말대로 정말 특별한 시간이었다. 그리고 재밌었다. 모든 게 미쳐 돌아가던 시기에 한 줄기 햇살과도 같은 순간이었다.

"다들 당신과 당신 딸들을 보는 걸 좋아해요. 동네 사람들 전부."

전부는 아니었다. 레고 여자는 그렇지 않았으니까.

레고 여자는 하루도 빠짐없이 레고와 액션 피규어 상자를 주고받았다. 무슨 이베이 전사라도 되는 것처럼. 아이들이 그 여자에 관해 물었을 때 나는 이렇게 대답했다. "세상에는 온갖 시장이 다 있단다. 누군가 돈을 지불할 의향만 있다면 뭐든지 다

팔아. 중고 레고도 마찬가지고.” 그러면서 우리는 차익 거래에 대해 이야기를 나눴다. 모든 사춘기 딸들이 아빠랑 나누고 싶어 하는, 바로 그런 훈훈한 순간이었다.

그전에 나는 레고 여자에게 플라스틱 통을 몇 개 가져다준 적이 있었다. 전날 밤에 그녀는 부칠 상자들을 거기에 쌓아두고, 나는 배달된 물건들을 다른 통에 넣어놓고 갈 수 있도록. 통 안에 쪽지를 남겨 그런 제안을 했기 때문에 그녀는 아마 내 얼굴을 몰랐을 것이다. 물론 감사 쪽지 따윈 없었다. 10번 구역 배달을 마치고 11번 구역을 돌던 날, 그때 처음으로 레고 여자와 직접 마주쳤다. 그녀는 앞마당에서 나를 기다리고 있었다.

“아, 잘됐다. 진짜 우편배달부 아저씨! 혹시 저한테 이 통들 두고 가신 분이세요?”

“네, 맞아요. 도움이 좀 되셨나요?”

“완전요! 고마워요. 다른 여자분은 이런 거 안 두고 가셨는데.” 캣을 말하는 것이었다. “있잖아요, 제가 동네 엄마들끼리 하는 걷기 모임에 나가는데요. 저희끼리 모여서 걷고, 가끔 와인도 마시는 모임이에요.” 그녀가 무슨 말을 하려는지는 알 수 없었지만, 그때까지는 그녀에 대한 나의 생각에 어떤 동요도 일어나지 않았다. “우리끼리 이야기를 나누다가 나온 건데, 글쎄, 검은색 픽업트럭을 모는 어떤 남자가 자기 애들을 시켜서 우편배달을 한다는 거예요. 혹시 그 사람에 대해 아는 거 있어요?”

이 상황을 모면할 방법은 몇 가지 있었다. 하지만 그냥 어리숙한 척하는 것이 실패할 확률이 가장 낮았다.

"네? 그래요?"

"네, 하나는 차 범퍼에 올라타고 다니고, 다른 하나는 걷고요. 지난번엔 걷는 애가 우편물을 전부 다 한 집씩 밀리게 넣었다네요. 그래서 다들 한 집 아래로 다시 옮겨 넣었다고 하더라고요. 정말 이게 말이 되나요!"

"전부요?"

"아니, 그러니까, 몇 집만요. 근데 아이들을 데리고 와서 이러면 안 되죠."

"맞아요. 제가 위에 보고해야겠어요."

"네?"

"이건 법규 위반이에요. 이 일에 대해 우체국장에게 27B-6 양식을 작성해서 보고할 겁니다."

"그분이 곤란한 상황이 되는 건 좀 그런데. 저는 그냥 배달부님이 아셔야 할 것 같아서요."

"알려주셔서 정말 감사합니다. 안타깝게도 저로서는 보고를 할 수밖에 없는 상황이에요. 걱정 마세요. 앞으로 다시는 이런 일이 없을 겁니다."

"알겠어요. 정말 누가 곤란해지는 건 바라지 않아요."

완전 개소리였다. 당연히 그녀는 누군가를 곤란하게 만들고 싶어 했다. 그렇지 않다면 사실상 나머지 모든 이웃들처럼 아무 말도 하지 않았을 테니. 하지만 그녀가 우체국에 전화하는 대신 내게 이야기를 해준 건 정말 고마웠다. 덕분에 내가 곤경에 처하지 않을 수 있었으니까. 비록 그 뒤로 시닉리지[Scenic Ridge] 로드에서의 '가족 배달 서비스'는 막을 내리게 됐지만 말이다.

레고 여자와의 만남 이후 나는 11번 구역을 혼자 해내는 법을 찾아냈다. 자주 차에서 내려야 했기에 시간은 오래 걸렸지만 어떻게든 혼자 해낼 수 있었다. 그러던 어느 토요일, 워커가 자기도 같이 가도 되냐고 물었다. 게토레이도 마시고 싶고 뭐라도 하고 싶다고. 워커는 항상 활동적인 일을 찾아다니는 아이였다. 그날 나는 블랙스버그 컨트리클럽 근처 4번 구역에 소포를 배달하러 가려던 참이었다. 순간, '뭐, 어때?' 싶었다. 우리는 트럭 가득 싣고 온 소포를 전부 배달했고, 그렇게 일은 끝났다.

다음 월요일, 4번 구역 공식 배달부 다이애나가 나를 구석으로 슬쩍 불렀다.

"스티븐, 혹시 4번 구역에서 딸 하나랑 같이 배달했어요?"

"저요?" 내가 회사 생활을 하면서 배운 게 하나 있다면, 그건 직설적인 질문에는 빙 둘러서 대답하라는 것이었다.

"조니가 저한테 전화를 했어요. 예전에 시골 배달부 노조위원장을 했던 사람인데, 자기가 검은색 픽업트럭이랑 컨트리클럽 집집마다 소포를 들고 뛰어다니는 금발 꼬마 여자애를 봤다고 하더라고요. 어제 4번 구역에 소포 배달한 사람 당신 아니에요?"

"다이애나, 제가 만약 그렇다고 하면 당신은 뭔가를 안다고 말해야 할 테니 그냥 무슨 말인지 잘 모르겠다고 할게요."

"음…… 자기 구역을 남한테 넘기다가 걸린 사람들이 제법 있어요. 그게 친구일 때도 있고, 배우자나 아이들일 때도 있었죠. 조심해요, 노조가 알면 정말 가만 안 있을 거예요.” 그녀는 나를 가만 노려보더니 휙 가버렸다.

뭔가를 몰래 하는 건 안 들킬 때까지만 가능한 법이다. 그랜트와 딸들 팀은 그날부로 공식 폐업했다.

아이들이 나와 우편배달을 한 이야기를 부모님에게 했는지, 아이들을 데리러 부모님 댁에 간 어느 날 아버지가 슬며시 나를 한 구석으로 불렀다.

“너, 아이들이랑 같이 우편배달 했지?”

“네?”

“혹시 네 엄마랑 같이하면 어때? 엄마가 차를 몰고 우체국까지 가서 너를 만나는 거야. 그리고 마틸다처럼 차창 밖으로 우편물을 우체통에 집어넣는 거지.”

“글쎄요, 아버지. 사실 그거 하면 안 되는 거예요. 그래서 이제 안 해요.”

“조금만 더 해. 지금 네 엄마는 뭐라도 좀 해야 해. 집에서 완전히 미쳐가고 있다고.”

아버지의 말을 번역하자면 이랬다. “네 엄마와 집에 갇혀 있으려니 내가 미칠 것 같다.” 당시 나는 몰랐지만 어머니는 정말로 ‘미쳐가고’ 있었다. 적어도 인지 능력이 점점 저하되고 있는 건 사실이었다. 그러나 강철처럼 단단히 확신한 사실 하나는 지옥이 얼어붙을지언정 어머니와 열 시간 동안 우편배달을 할 일은 없으리라는 것이었다. 전성기의 어머니는 끝없이 떠들 수 있는 사람이었다. 온갖 풍문부터 옛날이야기, 가벼운 잡담, 별별 자유분방한 비평까지 쉴 새 없이 혼자 쏟아내는 1인 공영 라디오 방송 채널 같았다. 병이 진행되던 중에도 그건 마찬가지였다. 비록 명민했던 머릿속에서 고유명사가 빠져나가는 빈도는 갈수록 늘었지만 말수는 그대로였다. 그건 '혀는 쓰면 쓸수록 날카로워지는 유일한 도구'라는, 어머니가 가장 좋아했던 말 중 하나에 대한 역설적인 반증이었다.

그럼에도 아버지의 부탁은 내게 생각할 거리를 주었다. 가족 농장이나 가족이 운영하는 가게 또는 정비소라면, 아이들이 조금 크면 그 일에 참여하게 된다. 하지만 10대 시절 아버지의 연구실에 찾아갔을 때를 떠올려보면 내가 실험을 도운 적은 한 번도 없었다. 딱 한 번 도운 적이 있었는데 그건 어른이 되어서였다. 그건 내 딸들도 마찬가지다. 아이들이 내가 조사 데이터를 검토하는 걸 도울 수 있을까? 파워포인트를 만드는 건? 지식 노동은 가족 사업이 아니다. 극도로 특화되어 있고 파편화되어 있다. 하지만 우편배달은 달랐다. 팬데믹과 미 우정국은 내게 아이들과 실제로 함께 일할 드문 기회를 주었다. 나는 아이들의 미래 모습을 조금이나마 엿볼 수 있었을 뿐 아니라 내가 남은 평생 동안 간직할 무언가를 받고 있음을 깊이 느낄 수 있었다.

킵스 팜의 그 노인 말이 옳았다. 우리는 절대 부서지지 않을 기쁘고 마법 같은 무언가를 만들어냈다. 내가 세상에서 사라지고 난 뒤에도 오래도록 간직할 한 순간을. 어쩌면 이 이야기도 우리의 가족 전설 속으로 들어갈지 모른다. 미시시피강에서 배를 몰았던 나의 증조할아버지 로런스 메허피나, 유리 세공사 가문의 마지막 장인으로 창문 유리를 잘랐던 증조할아버지 타이터스 그랜트처럼. 이런 신화는 보통 일과 관련되는 경우가 많은 것 같다. 일은 우리가 살아가는 방식이고, 또 우리가 살아남는 방식이기 때문이다. 그리고 아마도 증기선을 몰거나 녹인 주석 위에 창유리를 띄우는 일처럼, 아버지와 그 딸들이 집집마다 우편물을 배달하는 모습도 결국 역사 속으로 사라질 것이다. 시대착오적인 풍경이 되어 로봇에게 자리를 내어주고, 미국의 또 다른 햇살 같았던 잃어버린 한 시절로 기억될 것이다.

제17장

당신이 있는 곳이라면 어디든

봉쇄 초기부터 가을까지 우리는 많은 병아리를 실어 날랐다. 우편배달 일을 하기 전에는 병아리가 우편으로 배달될 수 있다는 걸 몰랐다. 집 안에만 갇혀 지내던 교외 주민들은 아이들과 함께 할 활동과 신선한 달걀을 제공해줄 닭장을 뒷마당에 만들기 시작했다. 하지만 인근에서 늘 병아리, 거위, 오리를 공급하던 래드퍼드의 '루럴 킹'은 문을 닫은 터라 2020년에 닭을 구하려면 미 우정국을 활용하는 것이 유일한 방법이었다.

농부들은 병아리를 부화한 당일에 배송했다. 병아리들은 상자에 담겨 우선 우편으로 보내졌고, 우리가 아침에 우편물을 분류하러 나오면 작업대 반대편의 소포 보관 구역에 놓여 있었다. 시끄러운 작업장에서 그 삐약거리는 생물체의 소리가 들려왔다. 우선 우편물인 '병아리 상자'는 특수 강화 골판지 상자로, 공기 구멍이 뚫려 있고, 녀석들을 보호하고 따뜻하게 해줄 종이 깔짚이 가득 들어 있었으며, 일괄 요금은 60달러가 약간 넘었다.

신참인 나에게는 살아 있는 병아리를 배달할 기회가 주어지지 않았다. 그런 건 항상 메이블이 맡았다. 메이블은 시골 배달부 출신으로, 지금은 사무실 보조로 일하며 모든 시골 배달 구역 관련 전화를 처리하고 몇몇 특별 배달도 담당했다. 60대인 그녀에 대해 내가 기억하는 건 알록달록한 여름 원피스에 흰 운동화, 영락없는 할머니 복장을 한 모습이었다. 그녀는 상냥한 사람이었고, 우편물 배달에 관해서라면 모르는 게 없었다. 그녀의 집이 내가 배달하는 11번 구역에 있었기에 보통 그녀의 우편물을 따로 빼서 책상으로 가져다줬다. 그럴 때마다 그녀는 손사래를 쳤다. "아이고, 스티븐, 괜히 이렇게 일을 더 늘릴 필요 없어요." 하지만 나에겐 그게 일이 아니었다. 메이블은 캣이나 캐시처럼 우체국에서 내가 뭐든 해주고 싶은 그런 사람이었다.

병아리 상자가 도착하면 메이블이 여자 배달부들을 불렀다. 그러면 그들은 둥지 상자 주변에 빙 둘러서서 애정 어린 탄성을 터뜨렸다. 남자 배달부들은 애써 무관심한 척했다. 다른 배달부들의 시선을 의식하면서 병아리 따윈 아무 관심도 없고 자기가 그걸 나르지 않아도 돼서 다행이라는 듯한 얼굴을 하려 애썼다. 그런데 내가 여자들 사이에 끼어들 때마다 질투 어린 남자들의 얼굴이 간간이 눈에 들어왔다. 그랬다. 우편물을 배달하면서도 터프해야 하고, 터프해 보이는 게 중요했다. 우리 남자들은 씹는

담배를 질겅거리고, 담배 연기를 내뿜고, 풋볼이나 자동차 얘기를 했다. 오직 총 얘기만이 남녀로 갈리지 않는 주제였다. 우체국 사람들은 전부 총기 소유자에, 틈만 나면 그 이야기를 하고 싶어 안달이었기 때문이다.

모든 사회적 연극이 막을 내리면 메이블은 항상 온도 조절이 되는 미 우정국 닷지 밴을 몰고 고객의 집으로 바로 가서 병아리를 배달했다.

병아리를 키운다는 건 곧 병아리 사료가 필요하다는 뜻이었다. 나 같은 가짜 시골 주민은 생각지도 못하는 종류의 사실이었지만 경제학자로서라면 당연히 바로 떠올렸어야 했다. 닭 사료는 또 하나의 자산, 즉 닭에 투입되는 중간 투입물이므로. 하지만 그랜트 가문은 농업에서 손을 뗀 지 200년이 넘은 터였다. 우리는 스코틀랜드에서 창유리를 만들었고, 그러다 웨스트버지니아로 넘어와 1950년대까지 같은 일을 했으며, 그 후론 화학자, 엔지니어, 소비자 전략가로 살았다. 그러니 소포 배달부인 나로서는 분류장에 놓인 22.7킬로그램짜리 닭 사료 포대를 보고 진심으로 놀라지 않을 수 없었다. "염병할, 이게 대체 뭐야!" 할 때의 놀라움 말이다. 내 반응에 다이애나가 대꾸했다. "그렇게들 병아리를 주문해댔는데, 걔네들도 뭔가를 먹긴 먹어야 하지 않겠어요."

미 우정국은 무게 32킬로그램에 가로 세로를 합한 길이 3.3미터까지의 물건은 무엇이든 배달하게 되어 있었다. 내가 직접 겪어보니, 그 안에 별의별 물건이 다 들어갔다. 팬데믹은 시계를 거꾸로 돌려놓은 것 같았고, 이제 모두가 시골에 고립되어 자급자족하며 살아가는 중이었다. 인터넷은 나쁜 뉴스, 화상회의, 선거 관련 히스테리 현상을 끊임없이 실어 날랐지만, 실제 물건을 공수하는 건 1906년의 방식 그대로였다. 남자가 트럭 뒤에 바깥세상 물건을 잔뜩 싣고 덜컹거리며 각 농장으로 찾아오던 시대.

68킬로그램의 닭 사료는 해피할로로드에서 갈라져 들어가는 꼬불꼬불한 골목 끝으로 배달해야 했다. 구글 지도가 대충 위치를 찍어줬지만 마지막 구간에선 반드시 『버지니아 지도 및 안내서Virginia Atlas & Gazetteer』를 보고 확인해야 했다. 안내서는 버지니아주 전체의 지도가 실린 책으로, 주의 모든 도로는 물론 옛날에 마차가 다니던 길까지 나와 있었다. 더 중요한 것은 그 길들이 모두 등고선 지도를 바탕으로 그려져 있다는 점이었다. 그 덕분에 적어도 내가 찾는 데가 어떤 곳인지 대략 짐작할 수 있었다. 이를테면 골짜기를 따라 구불구불 올라가다가 인디언런Indian Run을 내려다보는 능선을 따라가는 길임을. 아주 높고 외딴 곳임을. 구글은 고속도로, 도로, 작은 도로, 이 세 가지 크기의 길만 구분하지만 안내서는 길을 훨씬 더 세세하게 보여주었고, 그걸 보니 마지막 구간은 지프나 간신히 다닐 수 있을 성싶은 길이었다.

이건 사륜구동 타코마 운전자에겐 환상의 코스였다. 나는 닭 사료를 마지막으로 짐칸에 실으면서 포대들이 굴러다니지 않도록 그 끝을 서로 맞대어 눕혀놓았다. 그날은 카토바Catawba 쪽으로 크게 한 바퀴 돌았다가, 마운트테이버로 다시 올라가서 브러시마운틴 자락에 늘어선 동네들로 내려가는 노선이었다. 교육원에서 배운 대로 선입선출 원칙(먼저 들어온 물건을 먼저 내보내는 원칙으로 주로 재고 관리에 사용된다-옮긴이)에 따라 닭 사료를 먼저 배달하기로 했다.

해피할로는 길이 얼마나 굽이졌는지, 오래전 얼리샤와 연애하던 시절에 얼리샤를 처음 그 길로 데려갔을 때 잦은 급커브에 그녀가 멀미까지 할 정도였다. 마주 오는 차가 지나갈 수 있도록 길 밖으로 약간 비켰을 땐 이렇게 말했다. "여기 사람들 제정신이 아니네! 일방통행 길에서 역주행을 하다니!" 나는 해피할로는 일방통행이 아니라 그냥 엄청 좁은 시골길일 뿐이라고 설명해야 했다. 하지만 이 닭 사료가 향하는 길에 비하면 그 길은 고속도로였다. 포장도로는 약 100미터쯤 가다가 끝이었고, 거기서부턴 온통 도랑과 모래톱뿐이었다.

번지수가 바뀌는 걸 보며 트럭을 몰고 올라갔다. 도로가 만들어준 햇살 속에서 자란 가시덤불과 인동덩굴 뒤로 큰 신축 주택 두어 채가 모습을 드러냈다. 그런 풍경은 그걸로 끝이었다. 길은 갈수록 좁아져서 참나무와 튤립포플러 가지들이 서로 맞닿아 사방이 그늘진 모습이었다. 위에서 내려다보면 이 길은 아마 숲에 가려 보이지 않을 것이다. 이제 집들은 길가에 바싹 붙어 있었다. 집을 올릴 수 있을 만큼 평평한 땅은 내가 트럭으로 올라온 이 곁가지 능선 바로 옆 작고 경사진 땅이 전부인 터였다. 지나가다 보니, 오랜 세월에 걸쳐 덕지덕지 증축한 트레일러가 하나 보였다. 그다음엔 그냥 단일형 트레일러들이 줄지어 있었다. 잔디는 거의 없고 주로 울퉁불퉁한 사암으로 덮인 작은 앞마당에선 아이들이 공을 던지며 놀고 있었다. 숲속으로 들어가는 진입로가 하나 보였고 거기엔 무단 출입 금지 표지판이 곳곳에 세워져 있었지만, 내가 공책에 적어온 주소에 따르면 아직 좀 더 가야 했다.

휴대전화 신호가 더 이상 잡히지 않았다. 이건 진짜 오지에 들어왔다는 확실한 징표였다. 길은 곁가지 능선의 북사면으로 훌쩍 넘어가 있었는데 그쪽은 영영 그늘진 곳이었다. 큰 참나무는 자취를 감췄고 숲은 이제 앙상한 소나무와 삼나무만 빽빽한 모습이었다. 우편물을 배달하면서 이렇게까지 멀리 벗어난 곳은 처음이었다. 나뭇가지들은 이제 길에 닿을 듯 내려와 있어 트럭 옆구리를 쓸어댔다.

혹시 내가 지도를 잘못 읽었나? 대체 어떻게 이런 데 살지? 굵고 비틀린 허연 소나무 옆으로 급커브가 나왔고, 커브를 도는 순간 낡아빠진 소형 닷선 픽업트럭 한 대가 보였다. 내가 타고 다니는 믿음직한 트럭의 할아버지 격인 차였다. 닷선은 처참한 말로를 맞은 상태였다. 타이어는 납작하게 찌그러졌고, 앞 유리는 송진으로 뒤덮였으며, 차체는 달걀 껍데기처럼 빛바랜 모습이었다. 뭔가 으스스한 기분이 들었다. 만약 여기서 빠져나가는 길을 찾지 못한다면 아주 긴 길을 천천히 후진으로 내려가야 할 텐데, 그러다 삐끗해 사이드미러 하나쯤은 뜯겨나가도 하나도 이상할 게 없었다. 망가진 닷선 바로 반대편에, 소나무 몸통에 나사못으로 박아놓은 놋쇠 숫자가 눈에 들어왔다. 철물점에서 파는 번지 숫자로, 박아놓은 지 오래되어 그 위로 나무껍질이 반죽처럼 부풀어 올라 있었다. 바로 내가 찾던 주소였다. 여전히 인적은 보이지 않았지만 여기가 틀림없었다.

50미터쯤 더 들어가니 아담한 집 한 채가 자리 잡은 작은 들판이 나왔다. 산꼭대기 안부(산의 능선이 말안장 모양으로 움푹 들어간 부분-옮긴이)에 있는 작은 평지였다. 거기엔 존 디어 트랙터와 밥캣 굴착기가 놓인 큰 장비 창고가 있었고, 흙 마당에는 낡은 셰비 픽업트럭 두 대와 아주 잘 관리된 1990년대산 밝은 흙색 4러너가 세워져 있었다. 내가 시동을 끄기도 전에 웰시코기 두 마리가 나를 향해 짖어대기 시작했다. 나는 트럭에서 첫 번째 사료 자루를 번쩍 들어 어깨에 둘러메고 현관으로 걸어갔다.

운동화에 청바지 차림의 애팔래치아 생존자 할머니가 환하게 웃으며 현관문을 열었다.

"미국 우정국에서 나왔습니다, 사모님."

"세상에. 여태 여기까지 올라온 사람은 아무도 없는데. 아이고, 이 난리가 난 뒤로 가족 말고는 처음 보는 사람이에요. 역시 우체국이야. 이렇게 용감한 사람들은 당신네들뿐이라니까. 그 멋진 트럭들을 가지고도 올라오는 척도 안 하는데."

"닭장이 어디죠? 제가 거기까지 갖다 놓을게요."

"그래 주시면 너무 고맙죠. 요즘은 내가 손수레를 써야 하는데." 키가 150센티미터를 간신히 넘어 보이는 노인은 혼자 살았다. 그녀는 강인한 산골 사람이었고 가식이 없었다. 내가 먼저 나서지 않았더라면 그 포대들도 본인이 직접 끌고 갔을 것이다.

그녀에겐 이제 내게 익숙해진 자급자족 도구들이 있었다. 장작 더미, 헛간, 유압식 장작 쪼개는 기계, 휘발유와 경유 탱크까지. 어쩌면 일요일 오후마다 착한 손자가 와서 이 무거운 장비들을 사용하는 건지도 모르지만 전부 그녀가 직접 다룰 수 있으리라는 생각이 들었다.

"손수레 좋겠네요, 사모님. 그럼 한 번에 옮길 수 있으니까요. 잠깐 작업 장갑 좀 끼고 올게요."

집 아래로 키 작은 풀밭 언덕이 있고, 그 왼편엔 염소 우리가 있었다. 녀석들 중 한 놈은 머리에 분홍 리본이 달려 있었다. 그리고 언덕 맨 밑에, 여태 내가 본 것 중 가장 큰 닭장이 자리 잡고 있었다. 그건 취미라기보다 무척 진지하게 돌보는 생업처럼 느껴졌다.

"닭은 달걀을 팔려고 키우시는 거예요?"

"팔 사람도 없어요. 거의 내가 먹고, 애들한테도 좀 나눠주고 그래요."

나는 닭을 기르는 온갖 이름 모를 도구들이 즐비한 창고까지 수레를 밀고 내려갔다.

"다 됐어요, 사모님. 이건 다시 위에 가져다 놓을까요?"

"죄송하지만 그렇게 해주시겠어요? 물 한 잔 드릴게요."

나는 수레를 도로 밀고 올라와 원래 있던 헛간 벽에 세워놓았다. 뒤를 돌아보니 그녀가 물 한 잔과 종이봉투를 들고 서 있었다.

"달걀 좀 넣었어요. 가족이랑 드시라고. 복 받으실 거예요,

젊은이.” 그러곤 할머니처럼 내 팔을 살짝 붙잡았다.

이 강인하고 독립적인 노부인은 흰 장갑에 모자를 쓰고 외출하는 우리 할머니와는 완전히 다른 부류의 사람이었다. 웨스트버지니아의 외할머니와 훨씬 더 비슷했다. 외할머니는 새에 대해서라면 모르는 게 없었고, 버번 위스키를 스트레이트로 마셨으며, 선더버드를 몰았고, 혼자 살았으며, 꼭 필요할 때만 도움을 요청했다. 아버지와 내가 찰스턴으로 차를 몰고 가서 온수히터를 교체했을 때처럼. 나는 그런 여성들이 옛날에나 존재했다고 생각했었는데, 그게 아니었다. 그 강인함은 여전히 살아 있었고 희망이라고는 없던 시절에 내게 가장 큰 희망을 주었다. 이 산골 여성이 내 가족을 위해 달걀을 건네고 “복 받으실 거예요”라고 했을 때 내 안에서 깊은 무언가가 울렸다. 낯선 사람 앞에서 울컥했지만 그 모습을 보이기 싫어 모자챙을 손가락으로 건드리는 걸로 인사를 대신하고 얼른 트럭으로 돌아왔다. 그날 남은 시간 내내 모든 것이 깃털처럼 가볍게 느껴졌다. 매일이라도 그녀를 위해 사료를 날라줄 수 있을 것 같았다. 우편배달부로서 그 일을 할 수 있었던 것은 실로 나에게 큰 영광이었다.

✦

나는 가능한 한 모든 것을 고객의 현관에 두고 왔다. 모든 소포를 배달하려, 고객들이 싫어하는 그 주황색 쪽지를 남기고 오지 않으려 애썼다. 교육원에서 날마다 모든 편지와 잡지류, 소포를 배달해야 한다고 배웠고, 팬데믹 때 우체국장은 말했다. “아무것도 갖고 돌아오지 마세요. 전부 배달하고 오세요. 사람들이 여기로 찾아올 일이 없게 하려고 우리가 나가는 거예요.”

어느 날, 노스메인의 우드바인Woodbine에 배달을 나갔다. 우드바인은 블랙스버그에서 비교적 오래된 동네로, 대지들이 작고 집들이 대부분 1980년대 초에 지어진 곳이다. 한때 이곳은 사방이 소 목초지였는데 지금은 학생 아파트와 비행기 격납고처럼 생긴 교회에 둘러싸여 있었다. 이름마저도 ‘트라이드 스톤’이니, ‘노스스타’ 같은 교회들이었다. 가톨릭의 (아주 심한) 냉담자인 내가 보기엔 이 새 교회들이 창조자와 그의 독생자를 예배하는 장소라기보단 꼭 장작 패는 기계를 빌려주는 데처럼 보였다. 우드바인은 전형적인 중산층 동네였다. 젊은 조교수, 교사, 간호사, 대학 교직원, 공무원 등의 가족이 살 만한 수준의 집들이 모여 있었다.

나는 서명이 필요한 소포를 전달하는 김에 우편물도 같이 현관까지 가져다주기로 했다. 론다라는 수취인 이름이 왠지 낯익었지만 누군지는 잘 떠오르지 않았다. 하지만 현관문을 연 여자는 즉시 나를 알아보았다.

“스티븐 그랜트! 여기는 웬일이야?”

“우편배달부로 왔어. 적어도 오늘은.”

“우편배달부? 광고 일 하는 줄 알았는데?”

“팬데믹 때문이지. 세상에, 론다, 그동안 어떻게 지냈어?” 론다를 보는 건 고등학교 때 이후 처음이었다. 시간은 좀 걸렸지만 결국 그 얼굴을 알아봤다. 론다는 마칭 밴드 캠프에서 함께 제대로 된 슬로 댄스를 춘 첫 여자였다. 그녀가 내게 자기 몸을 밀착시켰던 기억이 떠올랐다. 우리는 늘 허물없이 지냈지만 서로 다른 무리에서 따로 놀았다. 하지만 나이가 들수록 과거와의 연결고리는 언제나 향수를 불러온다. 젊은 나의 증인은 그게 무슨 환상 같은 것이 아니었다고, 한때 젊은 몸이 실제로 세상을 걸어 다녔다고 내게 말해준다.

"스티븐, 이 난리가 시작되고 나서 네가 처음으로 직접 대면한 사람인 것 같아. 장도 전부 배달시켜서 보고. 집 밖을 아예 안 나가니까." 그녀는 잠시 생각에 잠겼다가 곧 무언가를 결심한 듯 말했다. "심장마비가 왔었어. 그 뒤로 사람들하고 거리를 두고 살아."

"심장마비?"

"사무실에서 회의 중이었는데, 갑자기 팔에 감각이 없어지더니 정신을 잃고 쓰러지면서 탁자에 머리를 부딪혔어. 그래서 구급차로 로어노크 병원에 실려 갔었어."

"맙소사, 네가 심장마비라니! 지금은 괜찮은 거지?"

"그런 것 같아. 근데 사실 진짜 심장마비는 아니고, 스트레스성 심근증이라는 병이래."

"심장마비랑은 다른 거야?"

"응…… 타코츠보 심근증Takotsubo cardiomyopathy이라고, 스트레스 때문에 심장마비가 온 것처럼 느끼는 병이야. 내 심장 자체는 멀쩡해."

"왜 그런 건지는 알아?"

"엄마 때문이지. 우린 진짜 각별했거든. 거의 자매처럼. 엄마가 돌아가시고 나니까 갑자기 세상 모든 게 흑백으로만 보였어. 이제 내 곁엔 아무도 없어. 가끔은 왜 계속 사는지도 모르겠어. 그래도 계속 살긴 하지만."

나는 뭐라고 말을 해야 할지 떠오르지 않았다.

론다가 미소 지었다.

"널 보니 너무 반갑고 좋다, 스티븐. 내 우편물 가져다줘서 고마워."

"그래, 또 보자. 몸조심하고." 더 정직했다면 이렇게 말했을 것이다. "나도 널 봐서 너무 좋았어. 네가 살아 있어서 정말 기뻐. 방금 네 얼굴을 보기 전까진 아주 오랫동안 네 생각을 못했지만."

그녀도 "또 보자"라고 화답했다. 진심인 듯했다. 마치 이 순간 앞에 30년이라는 시간이 존재하지 않았던 것처럼.

그날 그 구역에 가게 된 것이 단순히 우편배달을 위해서만은 아니었다고 또 한 번 느낀 순간이었다. 나는 더 큰 힘이 보낸 전령이었는지도 몰랐다. 론다에게 바깥세상은 여전히 그녀를 기다리고 있다고, 그녀는 아직 유령이 아니라고 알려주라고. 그날 나의 임무는 그녀를 만나, 그녀가 살아 있다는 증거를 보여주는 일이었다.

✦

그 구역은 눈만 크게 뜨고 있으면 항상 흥미로운 무언가를 보내주었다. 나는 또다시 '대형 박스' 배달을 맡아 픽업트럭 가득 소포를 싣고 나갔다. 이번엔 얼추 제한 무게 32킬로그램에 가까운 점보 사이즈의 미니 냉장고가 있었다. 그날 실은 물건 중 가장 큰 상자였다. 그 외에 납작하게 포장된 정원용 가구, 오트밀과 치토스 상자 몇 개, 내용물을 짐작하기 어려운 물건이 여럿 든 아마존 상자 등이 섞여 있었다. 나는 프라이스포크 쪽 강가로 내려가며 몇 군데 찍고 마운트자이언으로 올라가 그 큰 물건을 배달하면 되었다.

애팔래치아의 초가을 새벽하늘은 얼마나 맑고 차가운지, 저 하늘 위 북쪽에서 남쪽으로, 남쪽에서 북쪽으로 쏜살같이 지나가는 위성이 보일 정도였다. 고성능 광학 장비를 단 스쿨버스만큼이나 거대한 그 금속 덩어리는 마치 강바닥에 가라앉은 맥주캔처럼 반짝거렸다. 그러다 해가 떠오르기 시작하면 강가에서 짙은 안개가 피어올라 골짜기로, 산비탈로 밀고 올라왔다. 전형적인 기온 역전 현상이었다. 브러시산 꼭대기는 콜로라도처럼 맑지만 150미터 정도만 내려와도 안개가 너무 짙어서 그야말로 구름 속에 갇혀 가랑비까지 맞게 된다. 이런 안개 속에서는 수 킬로미터 밖에서 나는 부엉이 울음소리도 들을 수 있지만, 때로는 시속 90킬로미터로 달려오는 트럭이 고양이처럼 조용히 코앞까지 닥치기도 한다. 소리가 습한 공기와 나무들 사이로 흩어져 사라지기 때문이다. 으스스하고 싸늘한 아침이었다.

내가 배달할 곳은 저 아래 뉴리버 바로 옆 마운트테이버에 있었는데, 프라이스포크 쪽으로 내려갈수록 안개가 점점 짙어졌다. 하지만 길을 잃지는 않았다. 그 집은 어맨다의 집에서 조금만 더 내려가면 나오는, 이미 여러 차례 배달해본 집이었다. 살짝 휘어 들어간 도로변에 우편함이 있고 집은 한참 안쪽에 있었다. 외딴 지역에 사는 사람들이 대부분 그렇듯, 그 집도 길 근처에 소포용 통을 하나 놓아두고 우편배달부나 UPS 배달부가 소포를 두고 갈 수 있게 했다. 진입로 입구의 잠긴 대문 바로 앞 인동덩굴 뒤에 그 큰 플라스틱 통이 숨겨져 있었다. 내가 진입로라 한 것은 가장자리에 말리부 조경등이 일정한 간격으로 죽 늘어선 미끈한 아스팔트 같은 게 아니었다. 그저 톰스크릭 범람원의 큰 참나무와 미루나무 사이 풀밭 위로 난 두 줄의 흙길에 불과했다.

나는 길옆에 차를 세우고 타코마 짐칸에서 미니 냉장고를 꺼내 소포용 통이 있는 곳으로 걸어 내려갔다. 통이 얼마나 큰지 알고 있었기에 냉장고가 넉넉하게 들어가리라 믿어 의심치 않았다. 인동덩굴 뒤에 도착한 나는 냉장고를 내려놓고, 소포용 통의 갈색 플라스틱 뚜껑을 열었다. 그런데 안에는 이미 큼직한 상자 하나가 자리를 다 차지하고 있었다. UPS의 큼직한 정사각형 맥시코드가 붙어 있는 상자였다.

순간, 나도 모르게 욕이 튀어나왔다. 상자와 통 사이에 신용카드 한 장 들어갈 틈도 없이 욱여넣은 UPS 배달부를 향한 것이었다. 상자 겉면에는 '미니 냉동고'라 적혀 있었다. 그걸 보니 상황을 알 것 같았다. 쓰던 냉장고가 고장이 났는데 상점이 모두 문을 닫아 교체할 방법이 없으니 미니 냉장고와 미니 냉동고를 같이 구입한 것이다. 팬데믹 시기에 냉장고도 없이 집에 갇혀 있을 수는 없을 터였다. 나는 지면 안개 때문에 비가 올 수도 있겠다 싶어 걱정이 됐다. 이 미니 냉장고를 아무데나 놓고 왔다간 도둑의 먹잇감이 되거나 비에 젖기 십상이었다. 교육원에서 소포 배달에 관해 배운 매뉴얼에는 이렇게 적혀 있었다.

> 소포는 수령 후 첫 구역 배달 때 가져가 배달해야 한다. 만약 소포가 우편함에 들어가지 않을 정도로 클 경우 거주지가 운행 경로상에 있거나 운행 경로에서 800미터 이내, 왕복 1.6킬로미터 이내의 거리에 있다면 고객의 거주지로 배달을 시도해야 한다. 필요시 차량에서 내려야 한다. 만약 첫 방문 시에 배달하지 못했을 경우 고객의 우편함에 PS 3849 양식 쪽지를 남겨놓고 와야 한다.

이런 상황에서 대부분의 고참 배달부들은 어떻게 했을지 나는 안다. 그들은 소포용 통 뚜껑을 닫고, 3849 양식을 쓰고, 트럭에서 담배를 한 대 태웠을 것이다. 하지만 나는 좀 지루하던 참이었고, 문득 별난 충동이 일었다. 미니 냉장고를 이 미니 냉동고와 함께 고객의 집까지 가져다주겠다는 생각이.

우리의 첫 번째 임무는 우편물의 신성함과 안전이었고, 이 집 사람들은 한시라도 빨리 고장 난 냉장고를 교체해야 했다. 그건 내가 할 수 있었다!

일단 UPS 상자부터 꺼내기 위해 나는 말 그대로 소포용 통을 뒤집어 소포가 미끄러져 나오게 해야 했다. 그런 다음 타코마로 돌아가 평소 트럭 짐칸의 물건을 묶는 데 사용하던 나일론 적재 끈을 꺼내 왔다. 두 상자의 둘레를 첫 번째 끈으로 감고, 래칫에 끼워 몇 번 조이자 상자 두 개가 단단히 고정되었다. 그 다음엔 공구함에 넣어 다니던 나일론 밧줄을 꺼내 상자 아래 틈새에 비스듬히 밀어넣고는 양옆으로 당겨 올려, 두어 번의 톳라인 히치 매듭으로 전체를 단단히 고정했다. 이제 그걸 등에 올려 메고 그대로 몸을 앞으로 기울인 채 양손에 밧줄을 한 쪽씩 잡고만 있으면 배낭처럼 상자 두 개를 짊어지고 갈 수 있었다. 보이스카우트 때 익힌 매듭 실력으로 역경을 극복했다는 뿌듯한 마음으로 오솔길을 따라 발걸음을 내디뎠다.

물소리가 점점 커졌고, 마침내 개울가에 다다랐다. 당연하지, 이 멍청아. 지금 범람원 아래쪽으로 내려왔잖아. 집이 위쪽에 있다는 걸 뻔히 알면서. 거기는 톰스크릭이었다. 폭은 1미터쯤 되고 물살은 제법 빨랐으며 수심은 20~30센티미터쯤 되어 보였다. 개울 바닥은 전형적인 애팔래치아 자갈 바닥으로, 자잘한 자갈과 바위와 미끈한 암반 조각이 뒤섞여 있었다.

마침 나는 아끼는 대너 부츠를 신고 있었다. 안감이 고어텍스 소재라 방수가 된다고들 선전하지만 다 헛소리다. 게다가 이곳 물은 너무 깊었고, 조금이라도 해가 드는 애팔래치아의 이런 돌바닥 개울은 이끼 때문에 콧물보다 더 미끄럽다.

그래서 나는 부츠를 벗고 양말을 그 안에 집어넣은 다음 끈을 서로 묶어 목에 걸었다. 그리고 청바지는 종아리 위까지 걷어 올렸다. 이제 준비 끝. 한 번에 한 걸음씩 조심스럽게 앞으로 미끄러뜨리면서 발가락으로 모래와 자갈이 깔린 부분을 찾아 더듬거리며 야금야금 개울을 건너기 시작했다. 얼음장 같진 않았지만 어찌 됐든 차갑긴 했다. 그래도 봐라, 스티븐, 이 늙은 강바닥 쥐새끼야, 아직도 이렇게 맨발로 개울을 건널 수 있잖아. 한물간 사무실쟁이치고 나쁘지 않아.

그러나 이 의기양양한 기분은 20초 정도만 이어졌다. 내 발이 모래라고 생각했던 곳을 딛기 전까지 말이다. 하지만 실은 모래가 얕게 덮여 있는 엄청 미끄러운 돌 위였다. 오른발이 앞으로 쭉 미끄러졌고, 나는 뒤로 벌렁 넘어지기 일보 직전이었다. 뒤로 넘어가는 관성을 죽이려고 허리에 힘을 주어 몸을 앞으로 굽히자 두 다리가 점점 벌어져 요가에서 말하는 트리코나아사나Trikonasana, 즉 삼각 자세를 취한 꼴이 되었다. 등에 50킬로그램이 넘는 중국산 냉장고를 짊어진 채로 말이다. 그 거대한 상자 두 개를 지키려 안간힘을 쓰며 허리를 숙인 채 물속을 노려보았다. 목에 건 부츠가 눈앞에서 종추처럼 대롱거렸다. 그렇게 간신히 몸을 일으켜 세워 중심을 회복했다. 나는 발에서 시선을 떼지 않고 더 천천히 전진했다. 한 발 한 발 조심스레 내디뎌 마침내 개울 건너편에 도착했다.

점점 오기가 생겼다. 이 빌어먹을 냉장고를 기필코 배달하고 말겠다는. 다시 부츠를 신고 상자를 둘러멘 나는 점점 리듬을 타기 시작했다. 완만하게 경사진 널따란 들판을 걸어 올라가는데, 안개 때문에 들판의 가장자리는 보이지 않았다. 대신 앞쪽에서 사람 목소리가 들려오기 시작했다. 남자와 여자가 대화를 나누는 소리였다.

그때 안개 사이로 돛단배의 뱃머리가 눈에 들어왔다.

저수지에서나 탈 수 있는 작은 호비 선피시 같은 게 아니었다. 이건 바다를 항해할 수 있는 길이 10미터짜리 배였다. 반질반질한 흰색 유리섬유 선체에 둥근 창이 달린 선실이 있고, 갑판 위에는 클리트며 윈치, 닻줄 감개 같은 온갖 원양 크루즈 선박용 장비가 한가득 실려 있었다. 배가 어찌나 큰지, 마치 나무 격납고처럼 보일 지경이었다. 방금 내가 건너온 개울을 어떻게 지나 이걸 끌고 왔는지 알 길이 없었다. 마법이라도 부린 것 같았다.

돛 보관 창고를 지나자 들판이 펼쳐졌고, 잠깐이나마 안개가 걷히기 시작하더니 길 끝에 자리한 농가가 보였다. 그러다 곧 다시 안개 속으로 사라졌다. 이번엔 바람이 다른 방향으로 또 한차례 불어왔고, 그러자 황금빛 들판 너머로 내리막길이 모습을 드러냈다. 회색빛 아침 하늘 사이로 말뚝 위에 세워진 관측소가 눈에 들어왔다. 두어 층 높이의 관측소엔 꽤나 성능 좋은 망원경이 들어 있을 법한 커다란 흰색 돔이 올려져 있었다. 아래층엔 큰 창들이 빙 둘러 나 있고, 그 너머로 달 이미지가 떠 있는 큰 모니터 두 대가 보였다.

'내가 지금 어디에 있는 거지? 이 신비로운 땅은 도대체 정체가 뭐야.'

그곳은 흡사 마법사들이 사는 땅 같았다.

그들은 후드 달린 긴 가운을 걸치고 포치의 애디론댁 의자에 앉아 양손으로 감싸 쥐어야 할 만큼 큰 머그잔으로 김이 모락모락 나는 커피를 마시고 있었다. 여자가 먼저 나를 발견했다. 안개 속에서 속삭이듯 말하는 소리도 한 마디 한 마디 또렷이 들렸다.

“어머나 세상에, 저기 어떤 남자가 올라오고 있어, 톰.” 그녀가 자리에서 일어나더니 제대로 된 목소리로 말했다. 톰은 여전히 의자에 앉아 있었다. “안녕하세요? 무슨 일로 오신 건가요?”

“미국 우정국에서 왔습니다, 사모님. 주문하신 냉동고와 냉장고를 가져왔어요.”

“그걸 짊어지고 개울을 건넌 거예요?”

“네. 소포용 통에 자리가 부족하더라고요. 괜히 시내까지 나오시게 하기 싫어서요.”

“아이고, 이런! 지난 3월 이후로 우리 집에 온 사람은 당신이 처음이에요. 커피 한 잔 하실래요?”

“너무 좋죠. 저건 망원경인가요?”

“네, 관측소예요. 우리가 직접 지었죠.” 더 이상의 설명은 없었다. 나도 개울까지 건너 들어온 이 비현실적인 분위기에 맞게, 배와 관측소는 그냥 수수께끼로 남겨두기로 했다.

제18장

돌아오고 나서야 알 수 있는 것

4번 구역 배달은 트레일러 파크들을 쭉 훑고 난 뒤, 엘릿밸리로 구불구불 내려가 디어크로프트로 이어졌다. 디어크로프트에는 의사, 변호사, 자동차 판매점 사장(그중 하나는 나랑 고등학교 동창이었다), 대학 행정가, 사업가, 학과장, 대학 풋볼 코치 등 한마디로 잘나가는 대학 도시의 돈 많은 계층이 모여 살았다. 이 구역은 보통 다이애나가 맡아, 우체국에서 가장 멋진 흰색 우핸들 지프로 배달했다.

4번 구역은 초입의 단체 우편함 몇 개를 제외하곤 거의 차량 배달 구역이었다. 장거리 구역 배달부들끼리 하는 오랜 농담이 있다. 차에 불이 나도 그 사람들은 일단 차 안에서 꺼보려고 할 거라는 말이다. 웬만해선 절대 차에서 내려 걷지 않으려 한다는 뜻이다. 그저 우편함에서 우편함으로 차를 몰고 가며, 운전석에 앉은 채로 무의식적인 동작을 반복한다. 왼쪽으로 몸을 돌려 자동 분류 우편물, 잡지류, 스퍼스를 집어 왼손에 그러쥐고는 오른손을 뻗어 그것들을 우편함에 쑤셔 넣으면서 무릎으로 핸들을 돌리고 페달을 밟아 천천히 지나가는 것이다. 그걸 수백 차례 반복한다. 그러다 보니 당연히 오른쪽 어깨에 심각한 무리가 갔고, 다이애나는 결국 회전근개 파열이라는 반복성 긴장 질환에 걸려 일을 쉬게 되었다.

내가 차에서 내려 배달하는 걸 좋아했던 이유 중 하나도 바로 이것 때문이었다. 다행히 내가 주로 담당한 10번 구역은 도시 구역처럼 주로 차에서 내려 배달하는 곳이었다. 하지만 가처분 소득과 소포량이 많은 4번 구역은 내렸다 탔다를 수없이 반복해야 하는 곳이었다. 그렇게나 오래 운전하면서도 1만 2000보를 걷기가 예사였다. 그나마 다행인 점은 소포만이 아니라 다른 우편물도 배달하기에 우체국 차량을 이용할 수 있었고, 덕분에 길가 우편함에 우편물을 집어넣기가 훨씬 수월했다는 것이다.

어느 날 아침, 트럭에 우편물을 싣는데 소포 케이지에 큰 피자 상자 크기의 똑같은 상자 네 개가 보였다. 이 정도 크기면 대부분 무척 가벼웠다. 뽁뽁이에 싼 액자나 LP 같은 것이 들어 있겠거니 싶었다. 그런 생각으로 첫 번째 상자를 집어 올리려는데 꿈쩍도 하지 않았다. 나는 자세를 잡고 두 손으로 집어 들었다. 지독하게 무거웠다. 나머지 상자들도 무게가 비슷했다.

"이봐요, 딘, 이거 뭐 같아요?"

"알게 뭐예요?"

"에리카, 이거 뭐 같아요? 진짜 무거운데."

"무거운 거?"

활발한 의견 교환은 거기에서 끝났다.

주소지에 도착한 나는 진입로 끝까지 들어가, 차 후미가 차고 쪽을 향하도록 재빨리 차를 돌렸다. 물건을 현관 앞까지 옮기는 거리를 최소화하려는 계산에서였다. 짐칸 문을 열고 첫 번째 상자를 드는데, 작업복 차림의 건장한 남자가 차고에서 나와 나를 맞이했다. 그는 나보다 몇 살 어려 보였고, 현관으로 이어지는 길을 따라 철쭉을 가지런히 심어놓은 이 윌리엄스버그 스타일의 벽돌집엔 분명 은행원이 살 거라는 나의 예상과는 딴판인 모습이었다.

"안녕하세요? 이거 고객님 거죠? 이거 혹시 방탄조끼용 방탄판인가요? 제 머릿속엔 그거밖에 안 떠오르네요." 어쩌면 이 고객은 내가 '소포 내용물 맞히기' 게임 따윈 하면 안 됐을 사람인지도 몰랐다. 하지만 솔직히 "남 일에 신경 꺼요!"라고 대꾸하는 고객은 그때까지 한 명도 없었다. 그래서 그즈음엔 그게 거의 습관이었다.

"비슷해요! 강철 소총 표적이에요. 이번에 6.5구경 스미스필드 M1A를 새로 하나 장만했거든요." 그는 내 말에 대꾸하며 소포 내리는 걸 도왔다.

"6.5구경요? 말은 많이 들어봤는데 안에 약실이 들어 있는 걸 실제로 본 적은 없어요."

"그래요? 그럼 제가 보여드릴게요!"

그는 차고 안으로 사라지더니 30초도 지나지 않아 풀 사이즈 전투 소총을 들고 나타났다. 멋진 호두나무 개머리판에 생전 처음 보는 종류의 큼직한 스코프가 달려 있었다. M1A는 2차대전 때 미군이 주로 사용한 M-1의 손자뻘인 M-14을 민간용으로 만든 것이다.

"아프가니스탄에 있을 때 이거랑 거의 비슷한 걸 들고 다녔죠." 그가 말했다.

"그건 7.62구경이었죠?"

"맞아요. 근데 그렇게까지 큰 건 싫어서 그냥 6.5구경으로 했죠. 탄도도 훨씬 평탄하고, BC(탄도 계수)도 좋거든요. 거기에다 BCD(일체형 탄도 보정기)가 들어간 버텍스 가변 조절 스코프도 새로 사서 달았어요." 대화가 알파벳의 행렬로 바뀌기 시작하면 상대가 진짜 덕후라는 뜻이다.

"자, 한번 보세요." 그가 내게 소총을 건네려다 이내 멈칫했다. "아 참, 혹시 전과가 있거나 한 건 아니죠?"

"저는 신원 확인을 거치고 선서까지 한 연방 공무원이에요."

"아, 그렇네요! 네, 한번 보세요."

그렇게 당연하다는 듯 차고 앞에서 우편배달부에게 소총을 건넨다.

그리고 나도 당연하다는 듯 그걸 받았다.

그는 탄창을 빼고 노리쇠를 뒤로 끝까지 젖혀 고정시킨 다음 내게 총을 건넸다. 나도 약실을 다시 한번 확인했다. 약실은 비어 있었다. 총은 안전했다. 나는 소총을 어깨에 걸치고, 개머리판에 뺨을 밀착시켜 시선을 조준선에 두었다. 스코프 너머로 보이는 세상은 내가 지금까지 들여다본 어떤 광학 장비보다 또렷했다. 접안렌즈 뒤에 펼쳐진 세상은 초현실적인 사격장으로 변해 있었다. 나는 가느다란 나뭇가지 위에 앉아 있는 암컷 홍관조 한 마리를 골랐다. 금빛 도는 갈색 깃털이 선명하게 보였다. 마치 자연 사진을 들여다보는 느낌이었다. 탄도 보정 눈금엔 비디오게임처럼 불이 들어와 있고, 사거리는 1000미터까지 표시되어 있었다.

"렌즈가 정말 끝내주네요!" 내가 말했다.

"뉴멕시코 쪽에 가지뿔영양 사냥하러 갈 때 쓸 거예요. 잠시 혼자만의 시간을 보내려고요."

"진짜 멋진 소총이네요. 구경시켜주셔서 고마워요."

"이렇게 진가를 알아보시는 분한테 보여드릴 수 있어서 저도 참 좋네요. 와, 그러고 보니 부모님 말고 누굴 이렇게 마주 보고 이야기해본 게 몇 주 만인지 모르겠어요. 그래도 이 도시는 여전히 사람이 너무 많은 것 같지만요."

내 앞에 서 있는 동안 그는 왼팔 겨드랑이에 총을 살짝 끼운 채 오른손은 권총 손잡이를 잡고, 검지는 조심스레 개머리판을 따라 바깥으로 뻗고 있었다. 긴장하거나 인위적인 자세가 전혀 아니었다. 그냥 집 밖에서 소총을 들고 다른 남자와 이야기를 나누는 모습이었다. 그의 몸은 오래된 나무처럼 자연스럽게 그 자리에 서 있었다.

"여기 사세요?"

"아뇨, 여긴 저희 부모님 댁이에요."

"여기서 자랐어요?"

"네. 그쪽도요?"

"네, 맞아요. 그러곤 떠났다가, 다시 돌아왔죠. 뉴멕시코엔 처음 가시는 거예요?"

"아뇨. 어쨌든 너무 기대돼요. 여길 벗어날 수 있어서."

"여기가 참 벗어나기 좋은 데긴 하죠."

"고마워요. 몸 조심하세요, 형씨."

"형씨도 사냥 여행 즐겁게 다녀오세요."

우리는 때로 원래 있던 곳으로 돌아오는 선택을 하고, 막상 오고 나서야 거길 벗어나려고 얼마나 발버둥 쳤었는지를 떠올린다. 열여덟 살의 나는 블랙스버그를 벗어날 수만 있다면 범죄라도 저질렀을 것이다. 하지만 지금의 나는 이렇게 탈출을 꿈꾸는 또 하나의 역 피난민과 나란히 서 있는 형편이었다.

아마도 그는 소총을 들고 메마른 고원에 서 있던 순간이 그리웠으리라. 너무 가까이에 있는 벽, 부모님의 지붕 아래로 돌아와 보내는 답답한 시간들이 참기 힘들었으리라. 한때 높고 쓸쓸한 세상의 지붕 언저리, 그 공간과 빛 속에서 살다 온 사람이었으니 말이다.

그 남자와 내가 얼마나 닮은 구석이 있었는지는 잘 모른다. 나는 아프가니스탄에도, 군대에도 가본 적 없고, 흰꼬리사슴 사냥조차 해본 적이 없다. 하지만 다 커서 부모님의 그늘 아래 사는 건 어떤 기분인지 잘 알았다. 마흔하나에 처음 블랙스버그로 다시 돌아왔을 때 부모님 집에 얹혀 살면서 돌아가신 할머니 방을 썼었다. 부모님과 함께 사는 그 몇 달 동안 말 그대로 '구매자의 후회' 심리에 시달렸다. 벽돌 단층집의 작은 창문들은 작은 빛 구멍으로 쪼그라들었다. 마치 바깥세상을 오직 짐작으로만, 전도된 희미한 이미지로만 볼 수 있는 암상자(초창기의 카메라로, 밀폐된 방의 한쪽 벽에 구멍을 뚫으면 바깥 경치가 다른 쪽 벽 위에 거꾸로 비치는 원리를 활용하여 만들었다-옮긴이) 속에 사는 기분이었고, 그 이미지마저도 기억 속의 풍경보다 더 지루했다. 그게 바로 소도시가 주는 질식감이다. 그런데도 소도시에 살 필요가 없는 사람들은 이런 곳을 왜 이상화하지 못해 안달인지 알 길이 없다.

블랙스버그에서는, 심지어 내 집에서 살 때조차 반복적인 일상과 형광등 불빛, 지나칠 정도로 모든 게 규칙적으로 돌아가는 모습, 모든 관료와 엔지니어가 하나가 되어 달력 속 절기에 따라 도시를 운영하는 모습, 그 모든 것들이 마치 영혼의 유압 프레스처럼 나를 천천히 눌러 알루미늄 주괴를 만들어놓는 느낌이 들던 때가 있었다. 내 기억 속 블랙스버그는 거친 대자연의 공간, 신의 나라였다. 로스앤젤레스, 런던, 뉴욕 등의 대도시에 살았을 땐 이곳으로 돌아오는 꿈을 꾸곤 했었다. 얕은 시냇물을 걸어 다니며 물웅덩이에서 낚시하는 꿈, 능선을 따라 걸으며 몇 시간 동안 인간이라고는 마주치지 않는 꿈을. 하지만 막상 다시 돌아오고 나니 현실은 전혀 딴판이었다.

나를 이곳으로 끌어들인 건 기억의 속임수였다. 아무도 살지 않는 이 텅 빈 산속에서 자유로울 수 있으리라는 나만의 착각. 하지만 사람을 쥐어짜는 끝없는 노동은 줄기차게 나를 따라다녔고, 나는 '빈 서판' 위가 아닌 온갖 유령과 선입견, 되살아난 지난날의 상처가 우글거리는 쥐라기 공원에 떨어져 있었다. 아무것도 비어 있지 않았다. 풍경 하나하나마다 내가 붙잡고 씨름해야 할 의미가 담겨 있었다.

내게 필요한 건 고독이라 생각했었다. 마음 가는 대로 오가며 혼자 생각할 공간이라고. 그리고 블랙스버그는 결국 그 공간이 되어주었다. 하지만 이곳, 내 고향에서 싸움도 벌여야 했다. 어른으로, 한 인간으로 다시 돌아온 나를 평생 옥죄이던 기억들로부터 벗어나기 위해서였다. 분노, 비난, 평가, 대를 이어 내려온 실패의 최근 버전에 이르기까지 가족사 문제를 단칼에 해결할 방법 같은 건 없었다. 이곳 블랙스버그로 돌아와 보낸 시간 동안 내가 깨달은 건 해체 작업은 현장에서 이뤄져야 한다는 것이었다. 사람 사이의 관계든 내 안의 문제든, 그걸 제대로 고치려면 계속 도망만 다녀서는 안 된다.

귀향은 그저 관성에 따른 선택일 수도 있다. 하지만 그 뒤로 정밀한 조사가 시작될 수도 있다. 전과는 다른 도구와 전술과 기술과 전략을 장착한 다른 사람으로 돌아온다면. 총을 분해하듯 얽힌 실타래를 천천히 풀겠다고, 나사를 풀어 개머리판에서 모든 부분을 분리해내고, 리시버를 들어 올리고, 연결봉을 빼내고, 핀을 밀어 빼고, 흰 금속이 드러날 때까지 표면을 벗겨내겠다고 다짐하며 돌아온다면. 문제의 실체는 망가진 부품 하나, 혹은 잘

못 끼워 맞춘 부분 하나로 설명될 만큼 간단하지 않다. 모든 걸 완전히 해체해, 맥락에 맞춰 조심스레 하나하나 다시 조립해야 한다. 그러고 나면 원래 이 기계가 어떻게 작동해야 했던 건지 비로소 이해하게 된다.

그 일이 너무 버겁게 느껴지면 우리는 고독을 찾게 된다. 일, 가족, 믿음이나 믿음의 부족을 넘어 생각하고 싶다면, 순전한 나 자신, 내 영혼 속으로 깊숙이 들어가고 싶다면, 그때 정말로 필요한 건 바로 고독이다. 그리고 고독이 필요할 때 우편배달은 정말 훌륭한 직업이다. 분류 작업만 마치고 나면 그다음부터는 온전히 혼자 나가서 일을 하게 되니 말이다. 모든 일이 착착 들어맞는 날이 있다. 모든 기계 부품이 정밀하게 만들어지고 끼워져 완벽하게 돌아가는 날. 그런 날이면 세상 전체가 분해도처럼 보이기 시작하면서 새로운 무언가로 조립해낼 수 있을지 곰곰 생각해보게 된다.

그 고독은 높고 쓸쓸하다. 그걸 대체할 수 있는 건 아무것도 없다. 전쟁터에서 돌아온 병사에게 그 소총은 머지않은 미래에 이 지긋지긋한 곳을 훌훌 털고 떠나겠다는 다짐에 지나지 않았다. 어쩌면 그렇게 떠났다가 끝내지 못한 일이 아직 남아 있어 또다시 돌아올 수도 있을 것이다.

아마 여러 번 다시 돌아와야 할는지도 모른다.

하지만 언젠가 마지막 부품이 딸깍 들어맞아 모든 임무가 끝나고 기계가 온전한 꼴을 갖추면, 그는 마지막으로 이곳을 떠나 영영 자유로워질 것이다.

제19장

내가 짊어지고 다닌 것들

교육원에 있을 때 우리는 우정국에서 지급한 것 말고는 아무것도 들고 다니지 말라고 교육받았다. 하지만 막상 시골 배달부가 되고 보니 지급받는 물건이란 게 사실상 하나도 없었고, 이 일을 끝낼 무렵엔 트럭이나 배낭 속에 10킬로그램쯤 되는 장비를 들고 다녔다.

가장 먼저 들고 다니기 시작한 것은 파란색 일지였다. 거기에 일한 날짜와 다닌 구역, 주행 거리, 우체국 차량에 주유한 일시 등을 기록했다. 배달 증명 우편이나 등기우편 영수증을 받으면 그것도 기록했다. 내가 맡은 우편물을 전부 제대로 배달했다는 내 나름의 동시 기록이 필요할 듯해서였다. 등기우편을 취급하는 방식, 이를테면 자물쇠가 있는 가방에 담아 배달하고, 은행

금고 같은 곳에 보관하고, 배달을 나가기 전에 서명을 하고, 기밀문서라도 안전하다고 여기는 것 등을 보면, 마치 내가 우리나라의 핵무기 발사 비밀번호라도 들고 다니는 것 같은 기분이 들어서였다. 블랙스버그 중앙 우체국에 도착한 시간, 우편물 분류를 시작한 시간, 배달을 위해 출발한 시간, 구역 전체를 도는 데 걸린 시간도 기록했는데, 이는 내 작업 성과를 객관적으로 파악하고 싶어서였다. 날씨가 너무 궂을 땐 그것도 기록했지만, 맑고 따뜻한 날엔 기록하지 않았다. 대신 또 하나의 소지품인 휴대전화로 가끔 사진을 찍었다. 그리고 어느 날 손을 벴을 땐 구급상자를 들고 다녀야겠다는 생각이 들어서 '구급상자 챙겨 올 것'이라고 기록했다. 개한테 공격당하는 등의 사건 사고가 생기면 그것도 기록했다. 감정도 기록했다. '완전 지옥', '최악이다', '멘탈 붕괴' 같은 식으로. 그 역시 분명 내게 일어난 일이었기 때문이다.

하루에 12시간씩 일할 때도 있고, 1만 5000보, 그러니까 약 11킬로미터가량을 걸어 1200칼로리를 태울 때도 있었기에 에너지 바, 육포, 땅콩, 사과, 두툼한 초콜릿 바 같은 것도 들고 다니게 되었다. 배낭에 싼 음식은 뭉그러지기 십상이라 형태가 잘 유지되는 이런 단단한 음식이 좋았다. 처음엔 얼리샤가 싸준 유기농 음식을 먹었지만, 결국엔 나도 진짜 우편배달부처럼 그냥 간편한 방부제 덩어리를 먹게 되었다. 추울 땐 칼로리를 더 태우기 때문에 세븐일레븐에서 산 '아메리칸 서브'라는 큼직한 샌드위치를 넣어 다녔다. 그게 배낭에서 눌려 납작해지면 애팔래치아식 머펄레타(미국 뉴올리언스의 명물로, 큼직한 이탈리아 빵으로 만든 샌드위치-옮긴이)가 되어 맛이 더 좋아졌다. 그렇게 속에 가공육이 한 주먹 들어가면 그걸 태우면서 몸이 따뜻해졌다. 추위에 대한 증오도 언제나 함께였고, 그건 지금도 마찬가지다. 지금은 춥거나 비가 오면 나도 모르게 이런 생각이 든다. '아, 불쌍한 놈들.' 그리고 그 개떡 같은 샌드위치와 저체온증에 시달리다시피 하던 순간들이 떠오른다.

여름이면 지옥불에 살던 고양이도 숨을 못 쉴 정도로 더웠으므로, 작은 보랭 가방에 아이스팩과 얼린 물병 여러 개, 그리고 게토레이를 넣어 다녔다. 나 역시 우체국 사람들이 가장 좋아한다는 얼린 체리 맛을 좋아하게 되었다. 눈이나 저지방 우유처럼 뽀얀 그 빛깔이 어쩐지 시원한 느낌을 주었다. 겨울이면 살인적인 추위를 견디기 위해 호주머니에 손난로를 넣고 다녔다. 케이시가 전 시골 배달부들에게 크리스마스 선물이라며 하나씩 나눠준 덕분이었다. 케이시는 겉보기엔 거칠어도 놀랍도록 사려 깊고 다정한 선물을 줄 줄 아는 사람이었다.

시골 배달부는 복장에 관한 규정이 따로 없었다. 정해진 제복도 없고, 그냥 발가락 부분이 막힌 신발만 신으면 되었다. 나는 여름엔 러닝화를, 겨울엔 대너 부츠를 신었다. 미끄러지지 않도록 잡아주는 신발이 필요했고, 발이 젖지 않게 하는 건 생존의 문제였으며, 우편배달부는 한 번씩 냅다 도망쳐야 할 때도 있었다. 팬데믹 시기라 사람들이 모두 집에 머물렀고, 나는 내가 연방정부의 합법적인 공무원임을 사람들이 단번에 알아봐주길 바랐다. 남부 버지니아는 집집마다 무장을 하고 있는 곳이었기 때문이다. 그래서 나는 제복을 착용할 의무가 없음에도 우정국 모자를 쓰고, 회색 반바지나 긴바지에 파란색 우정국 플리스 재킷이나 반사 조끼를 입고 다녔다. 캐시도 항상 그 조끼를 입었는데, 나와 같은 이유에서라고 했다. 그가 직접적으로 언급하진 않았지만, 애팔래치아에 사는 흑인 남자로서 자신이 '남의 사유지에 말도 없이 들어온 웬 흑인 남자'가 아니라 '우편배달부'임을 알게 해줄 무언가가 필요했을 것이다. 나 역시 빨간색, 흰색, 파란색의 반사 재질로 만들어진 우편배달부 조끼와 창고에 쌓인 여분의 제복 더미에서 건진 파란색 플리스 우정국 공식 재킷 덕분에 컴컴한 12월의 어느 밤 목숨을 건졌으리라고 믿는다.

스트림라이트 스타일러스 휴대용 손전등도 날마다 가지고 다녔다. 굳이 컴컴한 우편함 속에 손을 쑤셔 넣는 용기를 매일 쥐어짜내고 싶지 않아서였다. 스위스 아미 나이프도 들고 다녔다. 코르크스크루가 달린 클라이머 모델로, 일을 하면서 코르크를 딸 일은 없었지만 작은 칼, 드라이버, 작은 가위는 정말 자주 썼다. 큰 칼로는 테이프와 사과를 자르고, 땅콩잼을 바르고, 광고 우편물을 묶어놓은 노끈을 잘랐다. 다른 배달부들은 이것 없이 어떻게 일을 했는지 도무지 알 길이 없지만 나는 여덟 살 때부터 그걸 들고 다녔고, 칼을 들고 다니는 사람이라면 누구나 그렇듯 쓸 구실만 생기면 속으로 쾌재를 불렀다.

우편물은 질서 대 무질서의 싸움, 아침마다 정리하지만 시간과 공간의 이동과 함께 서서히 흐트러지는 도서관 같은 것이기에 항상 고무줄과 형광 인덱스 카드, 노란색 메모장을 꽂은 클립보드, 연필, 사인펜, 비닐봉지를 가지고 다녔다. 형광 인덱스 카드는 일반 우편물에 꽂아 넣어 소포가 어디에 있는지 표시하는 데 썼다. 대부분의 날에는 그게 더 이상 필요 없었지만, 그래도 늘 들고 다녔다. 언제든 새 구역에 투입될 가능성이 있는 터였다. 긴 소포 배달 구역을 돌아야 하는 날엔 노란색 메모장에 배달할 소포를 그룹으로 묶어 순서대로 정리해 적어넣었다. 이 모든 것들을 내 클립보드에 끼워두거나, 쓰지 않을 땐 배낭의 노트북 칸에 넣어두었다. 형광 카드는 배달부용 비품 상자에서 찾았고, 클립보드는 우리 집 차고에서 찾아낸 것이었다. 비가 오는 날 고객의 우편함이 허술하면 우편물과 소포를 비닐봉지에 싸서 배달했다. 이를 위해 트럭 뒷좌석 주머니며 우편 가방 안에 봉지를 잔뜩 쑤셔 넣어 다녔다. 젖은 우편물보다 고객을 화나게 하는 건 없기 때문이다.

비가 오나 눈이 오나 배달을 나가야 했으므로 언제나 파타고니아 비옷을 가지고 다녔다. 랩처럼 얇디얇은 등산용 재킷이 아니라 빳빳한 회색 방수 재킷이었다. 두꺼운 나일론에 고어텍스 안감이 들어간, 내 인생에서 더 잘나가던 시절에 구입한 옷이었다. 재킷을 벗으면 안에 입은 옷 위에 비듬 같은 흰 가루가 잔뜩 묻어 있는 걸로 봐서 안감의 방수막이 떨어져 나오는 것 같았다. 새 재킷을 살 돈이 없었기에 그 떨어져 나오는 부분을 덕트 테이프로 덕지덕지 붙였고, 문학 전공자로서의 자아는 그걸 하나의 은유로 보지 않을 수 없었다. 나는 한때 고급품이었지만,

그리고 아마도 겉보기엔 여전히 그렇게 보일지 모르지만 실은 덕트 테이프로 간신히 유지되고 있는 신세라는. 마치 우편 테이프와 고무줄과 인간의 강인한 인내력으로 겨우 굴러가는 미국 우정국처럼.

우체국에선 모든 것이 고무줄로 묶여 있다. 고무줄 없이는 우편물이 배달될 수 없기에 사방팔방에 고무줄이 수북하다. 나 역시 왼쪽 손목에 예닐곱 개씩 차고 다니며 편지 뭉치를 묶었고, 이것은 내게 지갑을 꺼내거나 신발끈을 묶는 일만큼이나 본능적인 동작이 되었다. 때로는 밤에 잘 때도 깜빡 잊고 손목에 끼운 채로 잠들어 얼리샤가 그걸 벗겨 침대 옆 협탁에 두는 소리에 잠에서 깰 정도였다. 몇 년이 지난 지금도 타코마 바닥 틈새나 서류가방에서 고무줄이 계속 튀어나온다.

토드가 크리스마스 선물로 사준 방수 장갑도 가지고 다녔다. 그는 우편배달부들을 위한 웹사이트에서 알래스카 리버의 손가락 없는 반장갑이 인기가 좋다는 걸 알아냈다. 원래는 낚시용으로 만든 디자인이었는데, 그게 우편배달부에게 획기적인 장비가 되어준 것이었다. 손바닥은 그립감이 좋은 네오프렌, 손등은 방풍 플리스로 되어 있었다. 그걸 끼면 자유롭게 손가락을 움직일 수 있었다. 우편물을 분류하고, 열쇠로 공용 우편함과 파란 우체통을 열고, 펜을 사용하거나 스캐너의 버튼을 누르는 등 손끝 감각이 필요한 모든 일을 할 수 있었다. 일을 하면서도 손이 시리지 않았다. 춥거나 비가 내리는 날씨에도 일할 수 있단 걸 깨달을 때마다 얼마나 사려 깊은 선물인지, 세심함과 실용성이 동시에 담긴 플린첨 가족다운 선물인지 새록새록 떠올렸다. 장갑과 그에 담긴 애정은 우편물을 배달하는 모두에게 표준 지급품이 되어야 마땅했다.

그리고 이 모든 소지품을 우편 트럭이나 도요타까지 가져 나가기 위해 큼직한 회색 배낭을 들고 다녔다. 배낭엔 몰리 나일론 끈이 달려 있어 스캐너, 물병, 사인펜을 넣은 주머니를 걸기에 딱 좋았다. 사인펜은 엄지로 딸깍 눌러 여닫을 수 있는 종류를 썼는데, 한 손으로 조작할 수 있어 왼손에 우편물을 들고 거기에 바로 글씨를 쓸 수 있었다. 두툼한 검정 사인펜으로 우편물에 뭔가를 적어 넣는 건 이 일의 공식 매뉴얼에는 적혀 있지 않은 색다른 즐거움 중 하나였다. 캣은 맨날 "난 사람들이 우편물에 뭘 적는 게 너무 싫어! 제발 우편물에 낙서 좀 하지 마, 스티븐!" 하고 투덜댔지만 그래도 나는 개의치 않고 계속 적었다. 사실 캣과 함께 맡고 있던 11번 구역 우편물만큼은 무언가를 적어 넣을 기회를 절대 놓치지 않았다. 지독한 냄새를 풍기는 사인펜으로 IA(주소 불충분), UTF(전달 불가), NSN(그런 번호 없음), NMR(우편함 없음) 같은 글자를 큼직하게 적어 넣는 건 그녀의 화를 돋운다는 이유 하나만으로도 즐거움이 배가됐다. 미안해요, 캣.

덜렁거리는 우편함 뚜껑을 고쳐야 할 때를 대비해 작은 철사 뭉치랑 케이블 타이 한 팩도 들고 다녔다. 거의 뭐든 고칠 수 있는 펜치 달린 거버 다용도 도구도 들고 다녔다. 순토 나침반도 들고 다녔다. 낯선 지형에서, 특히 휴대전화 신호도 안 잡히는 데서 초보 배달부가 자기가 어디에 있는지조차 모를 땐 그만큼

유용한 게 없었다. 구글이 작동하지 않을 때도 끄떡없는 『버지니아 지도 및 안내서』도 들고 다녔다. 거기엔 주 전체의 등고선과 온갖 샛길까지 다 나와 있었다. 구급상자도 들고 다녔다. 이 일을 처음 시작했을 때 전형적인 지식 노동자였던 나의 손은 시도 때도 없이 베이고 피를 흘렸고, 고객들이 젖은 우편물도 싫어한다면 피 칠갑이 된 우편물은 질색을 하고도 남을 것이기 때문이었다. 하지만 그런 피의 봉헌은 모든 신참 배달부들이 거쳐야 하는 통과의례와도 같은 것이었다.

내가 아는 모든 배달부는 헤드랜턴을 들고 다녔다. 나는 펫즐 헤드랜턴을 들고 다녔는데, 해가 짧아지고 우편 물량은 늘어나는 계절엔 컴컴해질 때까지 배달을 하는 데다, 두 손을 자유롭게 쓸 수 있어야 하기 때문이었다. 물론 처음 그걸 사용했을 땐 배터리가 죽어 있었다. 나는 스스로를 향해 미친 듯이 욕을 퍼부었다. 물론 주머니엔 스트림라이트 손전등이 들어 있었다. 하지만 그렇게 이중으로 안전장치를 구축해놓은 것에 뿌듯한 마음이 들었냐고? 그럴 리가. 사실 안전장치는 하나 더 있었다. 가방 메인 지퍼에 포톤 마이크로라이트 2를 달아놓았던 것이다. 그런데도 이상하게 기분이 나아지지 않았다.

나는 쓸데없는 것들을 너무 많이 들고 다녔다. 심심해서, 강박 때문에, 그러면 안전할 거라는 미신 때문에. 곤란한 상황에 봉착했을 때 그에 대한 대비가 되어 있지 않으면 그건 오롯이 내 잘못이라는 믿음은 엔지니어 아버지에게 애팔래치아식 가정교육을 받고, 미국 보이스카우트에서 유년기를 보낸 이가 갖는 심리적 그림자였다. 때로는 어둠 속에서 베이든 파월 경(영국의 군인으로 보이스카우트 운동의 창시자-옮긴이)이 비웃는 소리가 들리는 것만 같았다. 여분의 헤드랜턴 배터리를 가져오지 않았다고, 때가 왔을 때 준비되어 있지 않았다고. 어쨌든 그런 일은 그 한 번으로 끝이었다. 그 뒤론 예비 배터리를 전기 테이프로 잘 묶어 들고 다녔다. 물론 그 테이프도 내가 항상 들고 다니던 것 중 하나였다. 도톰한 반창고와 밴드에이드로 구성된 '가벼운 찰과상 키트'에 더하여, 신속 적용 지혈대 두 개, 압박붕대, 거즈 롤, 퀵클롯으로 구성된 '부상 키트'도 따로 들고 다녔다. 다들 짐작하겠지만, 총상이라든지 교통사고 같은 걸 대비해서였다. 혹시 또 모르니까.

나는 모든 것을 들고 다녔음에도 여전히 부족하게만 느껴졌다.

내 의지와는 상관없이 딱히 물건이라 부르기 어려운 것들도 가지고 다녔다. 가루, 잔류물, 미세 입자처럼 흔적으로만 느껴지는 것들. 우편물에서 나는 냄새, 우편 차량의 열 교환기에서 스며나오는 오일 탄내, 옷에서 풍기는 잉크 냄새. 신문지, 잡지, 사방팔방에 붙여놓은 각종 경고문과 포스터들에서 나는 종이 냄새. 경고문엔 수상한 가루를 조심하라든지, 불법으로 보낸 펜타닐 봉지가 분류실에서 터졌을 경우 벽에 걸려 있는 비상용 상자를 깨고 안에 든 응급 해독제를 활용하라는 등의 내용이 적혀 있었다. 적하장 쪽에서 흘러 들어오는 담배 연기 냄새, 씹는담배의 윈터그린 향도 났다. 이 모든 냄새가 옷이며 손톱 밑이며 머리카락에 스며들어 배달을 나갈 때도, 집에 갈 때도 주야장천 나를 따라다녔다. 얼리샤는 그 냄새에 진저리를 쳤다. 집에 도착하자마자 나는 입고 나갔던 옷을 홀딱 벗어 세탁기에 집어넣고 샤워실로 직행해야 했다. 트럭 안엔 그 냄새가 1년 동안 남아 있었다. 그런데 필라델피아나 뉴욕, 캘리포니아의 블루제이, 하와이의 카우아이섬 와이메아 같은 다른 우체국들에서도 전부 똑같은 냄새가 났다. 그건 우편물 냄새였다.

내 트럭을 몰고 나갈 땐(공식 우체국 차량에는 절대 아니었다. 그건 연방법 위반이다) 1911A1 45구경 ACP 권총을 들고 다녔다. 가죽 권총집에 넣어 트럭 중앙 콘솔에 보관했다. 규정 위반이라 몸에는 절대 차고 다니지 않았다. 내가 생업을 꾸리는 곳은 더없이 안전한 곳이지만 그건 어디까지나 통계표 위의 숫자일 뿐이다. 문명이란 길에서 모르는 사람을 만나도 굳이 죽이지 않고 지나갈 수 있는 사회라는 뜻이지만 세상이 항상 그렇게 문명화되진 않았다는 사실을 몸으로 알고 있었고, 법의 지배가 일시적으로 중단되는 사태에도 대비해놓고 싶었다. 게다가 다른 사람들도 총을 가지고 다녔다. 꽤 많은 사람들이.

또 한편으로는 9월이면 투표용지를 날라야 하기 때문이기도 했다. 나는 그 투표용지들이 조만간 심각한 논란의 중심에 서게 될지도 모른다는 불안감도 짊어지고 다녔다. 시간은 결국 내가 옳았음을 증명했지만, 알고 보니 내가 상상한 것은 우스울 정도로 스케일이 작았다. 나는 그저 배드 럭 할로 같은 외딴 길 어디쯤에서 어떤 미치광이가 나를 덮쳐 투표용지를 뺏으려 할지도 모른다고만 상상했었다. 하지만 그런 일은 일어나지 않았다. 그냥 국회의사당을 통째로 탈취하면 되는데(2021년 1월 6일 미국의 제46대 대통령 선거 결과에 대한 의회의 인증을 저지하기 위해 도널드 트럼프 후보 지지자들이 국회의사당을 습격한 사건을 말한다-옮긴이), 뭐하러 고작 투표용지 몇 장을 뺏어가겠는가?

그러면서도 이 위험한 쇳덩어리를 차에 싣고 다니는 내가 혹시 미친 건지도 모른다고 스스로를 의심하는 마음도 함께 지니고 다녔다. 그걸 실제로 쏘게 될지도 모른다고. 그래서 감옥에 가게 될지도 모른다고. 하지만 나보다 훨씬 미친 사람들이 있으리라는 마음 또한 지니고 다녔다. 물론 우편 교육원에서 만난 좋은 사람들, 그리고 지금까지 살아온 경험으로도 보편적인 사랑이 존재함을 믿긴 했지만 말이다. 폭력적인 위협을 받는 상황이 생긴다면 어떻게 할지는 이미 마음을 정해둔 상태였다. 강도가 원한다면 트럭도 우편물도 다 내어줄 생각이었다. 우편물이야 끊임없이 새로 밀려왔으니까. 하지만 총선용 투표용지만은 예외였다. 그건 대체할 수 없는 물건이었다. 선거를 둘러싼 공기는 이미 너무도 팽팽히 긴장되어 있어 조만간 무슨 일이든 일어날 수 있을 것만 같았다. 그래서 마음먹고 있었다. 그날이 온다면 수단과 방법을 가리지 않고 어떻게든 투표용지를 배달하겠다고. 개 스프레이든, 주먹이든, 45구경 권총이든, 아니면 그냥 트럭으로 들이받는 단순한 방법이든 주저하지 않고 쓰겠다고.

당시 나만 이런 생각을 한 것은 아니었다. 사실 마음속으로는 유사 민병대가 실재한다고 생각했던 것 같다. 상상 속에서 나는 현대판 폴 리비어였다(미국 독립전쟁이 시작된 렉싱턴 콩코드 전투에서 전령 역할을 하여 독립군의 승리를 도운 역사적인 인물-옮긴이). 크리스천버그 주방위군 무기고에서 M16 소총을 지급받은 적은 없지만, 국회의사당을 습격해 자기들 꿈을 현실로 만드는 것을 보았기에 이 민병대가 실재한다는 걸 아는 터였다. 게다가 우리는 평범한 일을 하면서도 어떤 세계사적인 사건 속에서 나름 중요한 역할을 한다고 느끼고 싶어 하는 사람들이었다. 우리는 기꺼이 어떤 짐이든 짊어지고, 시련에 맞서고, 온라인 쇼핑과 포럼 토론에 막대한 시간을 쓸 수 있었다. 하지만 우리가 절대 견디지 못하는 짐이 딱 하나 있었으니, 그건 바로 무력감이었다. 코스프레 애국자들이 실패한 국가라는 판타지랜드행 몽상 기차에 우르르 올라타는 것도 바로 그때다. 하지만 내가 완전히 공상에 빠져 있음을 깨닫는 순간, 그 솟구치는 자기 인식은 저 안에서부터 나를 활활 태워버렸다. 그럴 때면 내가 주인공이라는 설정이 얼마나 착각인지, 그게 얼마나 허무맹랑한 영웅담인지 자각하는 마음까지 온종일 품고 다녀야 했다. 그러다 어느 순간이 오면, 감사하게도 그런 인식마저 내 의식의 저 아래칸으로 가라앉아 일시적이나마 자취를 감춘다. 그러면 나는 다시 자기 기만의 상태로 돌아갈 수 있고, 그건 이 깨어 있는 삶에 허락된 유일한 자비다. 적어도 나는 나의 허무에서 혼자 도망치려 했다. 그걸 국회의사당에서 실제 행동으로 표출한 사람들과는 달랐다. 최소한 나는 내 판타지를 내 두개골 안에서만 혼자 조용히 즐겼다.

나는 소매에 이 나라의 국기를 달고 다녔다. 그 어두운 시기 내내 사람들에게 내가 미국 정부를 대표하는 존재임을 절대 잊을 수가 없었다. 나는 그들 집에 찾아온 유일한 연방 공무원이었다. 청구서와 약과 헤어젤과 투표용지를 들고 찾아온 사람, 입헌 공화국의 그름과 옳음을 낱낱이 보여준 사람이었다.

그건 환상도 망상도 보상도 아니었다. 우편물을 나르는 동안 나는 결코 그냥 나 자신이 아니었다. 그보다 훨씬 큰 존재였다. 그게 내가 여름 내내, 그리고 가을까지 짊어지고 다닌 것이다. 모든 게 헛된 연극처럼 느껴졌을 때도, 사람들이 내지르는 고함을 들었을 때도, 벌거벗고 있거나 미친 사람에게 시비를 당했을 때도, 무관심이나 반가움과 친절로 응대받았을 때도 그 모든 건 나를 향한 것이 아니었다. 그들을 위해 내가 짊어지고 간 것들을 향한 것이었다.

제20장

믿음의 가벼움과 무거움

"빨가벗은 투표용지야! 빨가벗은 투표용지!"

마지는 시내 배달부였다. 큰 키에 단단한 몸, 걸걸한 목소리의 소유자로 항상 에너지가 흘러넘쳤다. 물론 어느 날 아침, 분류실에 들어오면서 "젠장, 아침으로 레드불을 마시지 말았어야 했는데!" 하고 외친 것으로 보아, 그 에너지가 완전히 자연산은 아닐지도 몰랐지만. 그녀의 분류함 측면엔 로널드 레이건 달력이 걸려 있었다. 달이 한 번도 바뀐 적이 없어 몇 년도 달력인지는 알기 어려웠지만 말이다. 그녀는 항상 자기 라디오를 가져와 우편 차량에서 러시 림보Rush Limbaugh(미국의 인기 극우 논객으로, 2021년 2월에 사망했다-옮긴이) 쇼를 최대 볼륨으로 틀어놓고 들었다. 지금 그녀는 발송 우편물 집하장 근처에 서서 머리 위로 종이 한 장을 흔들어대고 있었다.

"빨가벗은 투표용지예요! 이거 빨가벗은 투표용지라고! 누가 이걸 열어서 조작한 거예요!"

"마지, 봉투는 거기 있잖아요. 당신이 그 용지를 집어 든 곳 바로 옆에." 캐시가 인질 협상가만큼이나 부드럽게 달래는 목소리로 말했다.

"지금 당장 경찰 불러야 해요! 이건 선거 방해라고."

캐시가 콘크리트 바닥에 떨어져 있던 봉투를 집어 들었다. 키가 마지만큼 큰 캐시는 팔도 길었다. 그는 마지의 머리 위로 손을 뻗어 그녀의 손에 들려 있던 투표용지를 낚아챈 다음 봉투에 집어넣고 말했다. "이것 봐요. 그냥 봉투에 침을 안 발라서 밀봉이 제대로 안 된 거예요. 여기서 투표용지를 조작하는 사람을 본 분은 아무도 없죠?" 배달을 끝내고 다른 주소지로 전달할 우편물을 정리하고 있던 대다수의 배달부들은 이 정치극이 빨리 끝나기만을 바라며 맞장구쳤다.

캐시는 그 투표용지를 제 봉투에 도로 집어넣었다. 버지니아주의 우편 투표용지는 사실 그 자체가 달라붙게 되어 있었고, 그렇게 봉인된 용지가 다시 보안 봉투에 담겨 부쳐졌다. 말하자면 투표용지 자체가 쭉 봉인된 상태였기에 그 투표 내용은 한 순간도 외부에 노출된 적이 없었다. 캐시가 한 일이라고는 그걸 보안 봉투에 도로 넣은 것뿐이었다. 그 주인이 투표한 사람이 트럼프인지, 아니면 바이든인지, 질 스타인인지, 브리트니 스피어스인지 아무도 몰랐다. 비밀 투표 원칙은 한순간도 훼손된 적이 없었다. 캐시는 그 봉투를 테이프로 봉한 뒤 투표용지 전용함에 툭 떨어뜨렸다.

"그렇게 하면 안 돼요! 그건 선거 방해라고요!" 마지가 소리쳤다.

"투표용지에 아무도 손을 안 댔으면 그건 선거 방해가 아니죠. 실제로 아무도 그러지 않았고."

"이게 바로 선거 조작이에요!" 마지가 씩씩거리며 자리를 박차고 나갔고, 여자 몇이 그녀를 따라 나갔다. 그녀에게 동조해서 그런 건 아니었다. 일터에서 정치적인 이유로 공공연히 감정을 폭발시킨 그녀가 걱정되어서였다. 누구도 해치법 위반으로 잘릴 필요는 없으니까.

그 투표용지를 포함하여 우리가 수거한 모든 투표용지는 크리스천버그에 있는 몽고메리카운티 정부 청사 내 선거관리사무국으로 곧장 배달된다. 우리는 이걸 '역내 배달'이라 부르는데, 선거일을 며칠 앞두고 이 투표용지들이 수거된 당일에 같은 지역 선거 관리 담당자들에게 직접 배달된다는 뜻이다. 투표용지가 그린즈버러까지 갔다가 되돌아오는 복잡한 과정을 거치지는 않는 것이다. 블랙스버그 중앙 우체국에서 일하는 사람은 모두 선거를 매우 진지하게 여겼다. 누구든 투표용지를 자기 집 우편함 또는 파란 우체통에 넣거나 배달부에게 직접 건넸다면, 버지니아주 몽고메리카운티에서만큼은 당신의 표가 집계되었다고 자신 있게 말할 수 있다.

나중에 마지가 캐시에게 사과하는 소리가 들렸다. "캐시, 당신의 정치적 견해에는 털끝만큼도 동의하지 않지만, 당신을 좋아해요. 우리 모두 다." 그러곤 서로 포옹했다. 사과는 큰 사람만이 할 수 있고, 그걸 받아들이는 일 또한 큰 사람만이 할 수 있다. 캐시가 바이든에게 투표하지는 않았을 것이다. 함께 교육받던 시절 자기는 털시 개버드Tulsi Gabbard(하와이 출신의 정치인으로, 2020년 대선 당시 무소속으로 출마했었다. 2025년에 트럼프 정부의 국가정보국장으로 임명되었다-옮긴이)에게 투표할 생각이라고 말했으니까.

우리 정치는 왜 이렇게 작동하지 못할까? 적어도 지역 수준에서만큼은 시스템이 완전히 빈틈없이 돌아가는 현실을 사람들은 왜 보지 못하는 걸까?

두 번째 질문은 대답하기 쉽지 않다. 미국 시민들은 우정국 서비스를 압도적으로 신뢰한다. 적어도 2020년 전까지는 그랬다. 그들은 '자신들의' 우편배달부들을 신뢰하고 대체로 좋아한다는 걸 우리는 안다. 하지만 훈련, 경계, 우정국 자체의 연방법 등 우편물을 안전하게 지키기 위한 그 모든 보이지 않는 노력들은 무대 뒤에서 이루어진다. 항공 안전과 똑같다. 문제가 생겨야 그것에 대해 생각한다. 우편물의 안전은 사업에도, 국가 안보에도, 법률 시스템에도, 그리고 우리 선거에도 어마어마하게 중요하다. 그래서 아무 근거도 없이 우편물의 안전에 의문을 제기하는 것이 우리 민주주의에 그토록 독이 되는 것이다. 시스템의 온전함에 대해 의구심이 생기면, 그 온전함을 떠받치는 제도 자체에 대한 신뢰도 점점 무너지기 시작한다. 우리가 먹는 음식은 왜 안전한가? 비행기는 왜 안전한가? 공식 주립대학에서 받은 학위는 왜 가치가 있는가? 이 모든 시스템이 제도에 대한 신뢰를 바탕으로 운영되기 때문이다. 설령 우편배달부가 우편 투표용지를 쓰레기통에 버린다 한들, 그걸 막을 방법은 현실적으로 존재하지 않는다.

하지만 그들은 그렇게 하지 않는다. 왜냐하면 우편물의 신성함과 안전을 지키는 일이 모든 우편배달부에게 가장 중요한 일이고, 우리는 그걸 개인의 양심 문제이자 국가 안보의 핵심으로 받아들였기 때문이다. 우리를 향한 믿음, 우리가 헌법에 대고 한 맹세, 공정한 선거를 가능하게 하는 미 우정국의 능력, 이 모든 것이 이미 단단히 뿌리내려져 있다. 우리는 200년이 넘는 세월 동안 이 공화국을 위해 성실히 봉사함으로써 미국 시민들의 신뢰를 얻어왔다. 우리는 그렇게 쌓아온 신뢰를 유지하기 위해 더 많은 노력을 기울인다. 일종의 소유 효과(행동경제학의 주요 개념 중 하나로, 자신이 소유한 것에 대해 시장가격보다 더 높은 가치를 부여하는 심리적 현상을 가리키는 말-옮긴이)인 셈이다. 우리 우편 노동자는 값으로 따질 수 없는 무언가를 받았고, 그래서 그걸 지키기 위해 애쓴다. 단순히 월급을 위해서만이 아니라 그 이상의 무언가를 위해 열심히 일하는 사람들의 양심을 모독하는 건 매우 위험하다. 그건 민주주의를 좀먹는 행위다.

미 우정국에서 정치는 언제나 공공연히 존재했다. 우체국에서 나는 온갖 사람들과 함께 일했다. 전투적인 좌파, 마가MAGA('미국을 다시 위대하게Make America Great Again'라는 트럼프의 슬로건, 혹은 그 지지자를 부르는 말-옮긴이) 공화당원, 흔한 산골 반정부주의자, 정치에 무지하고 무관심한 사람, 평범한 노동계 민주당원, 전형적인 보수 공화당원까지 별별 사람이 다 있었다. 그렇다, 거기엔 분명 정치가 있었다. 그러나 증오는 없었다. 빨간색 공화당원이든, 파란색 민주당원이든, 그날의 일을 마친 우리는 모두가 파란 우정국 옷을 입은 우편배달부였다. 우리에겐 언제나 우편물이 최우선이었다. 사람들과 함께 일하면서 그들을 '한 인간'으로 알게 되면 적어도 그들 중 99퍼센트는 미워하기가 훨씬 어려워진다. 그리고 남은 그 1퍼센트는 오로지 인간 됨됨이 때문에 도저히 미워할 수밖에 없는 사람들이다.

그렇다면 왜 우리는 그냥 양심에 따라 투표하고 나서 다시 시민이자 이웃으로 돌아갈 수 없는 걸까? 여기서 그럴싸한 대답은 내놓지 못할 것 같다. 하지만 아이스크림 파티나 연다고 해서 레이건 시절로, 아니 1960년대로, 남북전쟁 시대로, 저 제퍼슨식 자영농 중심 민주주의와 해밀턴식 자본주의적 중앙집권제 사이에 근본적인 분열이 싹텄던 시절로 거슬러 올라가는 문화 전쟁을 한순간에 완화시킬 수 있다고 믿는 건 정말이지 터무니없는 착각에 지나지 않는다. 내가 아는 건 우리나라가 계급과 교육 수준에 따라 갈수록 분열되는 지금의 상황이 전혀 도움이 되지 않는다는 사실이다. 그렇다면 노동력이 날로 전문화되는 시대에 어떻게 함께 힘을 모을 수 있을까? 블루칼라 노동자들은 말 그대로 물리적인 세상에서 일하고, 지식 노동자들과 전문 관리자 계층은 모두 저 광섬유 너머에서 원격으로 일하는 현실에서 말이다.

멀리 있다는 건 우리가 미워하는 사람들에 대해 잘 모른다는 뜻이다. 캘리포니아에 한 번도 가본 적이 없다면 그 황금의 주를 이렇게 상상하기 쉽다. 온갖 성 정체성의 사람들이 활개치고 다니고 정치적 올바름에 미친 디스토피아, 노숙자 떼거리와 샤도네이를 홀짝이는 엘리트들이 지배하는 땅. 웨스트버지니아에 한 번도 가본 적이 없다면, 그곳을 이렇게 상상하기 쉽다. 급류 래프팅과 광산 체험 놀이를 곁들일 수 있는 가난한 백인들의 살아 있는 역사 보호구역. 피임이 불법이고 은밀한 총기 소지가 필수인 곳. 두 이미지 모두 일말의 진실을 품고 있는 게 사실이다. 하지만 내가 직접 보고 경험한바, 캘리포니아는 여전히 미국을 미래로 이끄는 최전선이고, 미국인의 강인함은 웨스트버지니아의 깊은 산속에서 솟아난 샘물에서 흘러나온다고 자신 있게 말할 수 있다.

우체국에서 내가 본 것은 버지니아 남서부 사람들의 캐리커처가 아니라 미국 전역에서 온 사람들이 함께 일하는 모습이었다. 그래서 캐시와 마지도 서로를 정치적 이념의 담지자가 아닌 동료 배달부 형제자매로 알았던 것이다. 우리의 의견이 같을 필요는 없다. 그저 함께 일하고 살아가기로 합의하면 된다.

나라 전체가 이런 원칙 아래 돌아간다면 얼마나 좋을까. 선거일을 며칠 앞둔 따뜻한 10월의 어느 아침이었다. 나는 배달을 나서기 전에 배달 차량에 기름을 채우고 있었다. 나는 그날의 일을 마치고 연료를 꽉 채운 트럭을 캐시에게 넘겨주길 좋아했는데 나의 믿음직한 트럭은 연료가 거의 바닥나 있었다.

블랙스버그 중앙 우체국 바로 뒤에는 훌륭한 편의점을 갖춘 엑손 주유소가 있었다. 우리는 필요하면 언제든지 주유할 수 있도록 미 우정국 법인카드를 지급받았다. 관료 조직인데도 보고 서류 같은 건 작성할 필요가 없었다. 그냥 주유소를 고른 다음 차량별 법인카드를 받아 들고 주유하면 되었다. 보통은 주유하는 동안 굳이 트럭 문을 잠그지 않았다. 어차피 바로 옆에 서 있었으니까. 하지만 그날은 낡은 티셔츠를 입은 건장한 남자 하나가 눈에 들어왔다. 그는 편의점 앞에서 얼음을 사려는 평범한 사람에게 말을 걸고 있었고, 얼음 냉동고 앞의 그 사람은 건장한 남자와 조금도 엮이고 싶어 하지 않는 눈치였다. 그는 온몸으로 불안감을 뿜어내고 있었다. 나는 오른쪽 운전석에서 내려 트럭 문을 잠근 다음 반대편으로 돌아가 왼쪽 문도 잠갔다. 얼음 봉지를 든 평범한 남자는 어찌어찌 그 자리를 빠져나갔고, 130킬로그램도 넘어 보이는 그 수상한 반삭 머리 남자는 이제 내 차지가 되었다. 우편 차량의 연료 탱크 용량은 50리터 정도로 아주 크지도 않았지만 그게 다 차는 시간이 마치 영원처럼 느껴졌다. 아니나 다를까, 그가 내 쪽으로 저벅저벅 걸어오는 게 보였다.

"이봐요, 형씨, 우체국 직원이오?" 반삭 머리가 물었다. '무슨 소리요, 친구. 사실 난 지금 미 우정국 모자와 셔츠 차림으로, 우편물이 꽉 찬 이 우정국 공식 차량을 훔쳐 타고 다니는 중인데.' 혹시 이렇게라도 대답할 줄 알았던 건가.

평소 같으면 "무슨 일이신가요?" 하고 맞받았겠지만, 이미 그에게서 불길한 분위기를 감지한 나는 그저 이 대화가 어서 빨리 끝나기만을 바랐다. 그래서 그냥 딱 한마디만 했다. "네, 맞습니다."

"내 사서함에 좀 들어가야 하는데. 지금, 살던 아파트에서 나온 상태라 우편물을 좀 찾아야 해서요."

"중앙 우체국이 바로 저기, 크로거 옆에 있어요. 거기 가시면 창구 직원이 도와줄 거예요."

"내가 지금 아파트에서 쫓겨났다고요. 그래서 내 우편물을 찾을 방법이 없다고요."

"방금 말씀드렸다시피 혹시 열쇠 때문에 문제가 있으시면 창구 직원이 우편물을 찾을 수 있도록 도와드릴 겁니다."

"몇 달 동안 사서함 사용료를 안 냈더니 이제 아예 들여보내 주질 않아요."

"사용료를 안 내시면 그렇게 되죠."

"나는 세금 내는 시민이라고요!"

"미 우정국은 세금은 한 푼도 받지 않습니다. 그냥 사용료를 내시면 바로 들어가실 수 있을 거예요."

"내 총기 은닉 소지 허가증이 거기 있다니까요! 이제 선거가 코앞이라 그게 꼭 있어야 해요. 바이든이 여기 ATFBureau of Alcohol, Tobacco, Firearms and Explosives(연방 주류·담배·화기 및 폭발물 단속국)를 보내서 내 총을 압수할 거예요. 그래도 보안관은 헌법주의자예요. 총 가진 시민은 전부 대리 보안관으로 임명할 거고, 그러면 ATF가 우리한테서 아무것도 못 뺏어갈 거요!"

"만약 대리 보안관이 된다면 은닉 소지 허가증이 꼭 필요할까요?"

"형씨, 자꾸 그러지 말고 나 좀 사서함에 들여보내달라고요!" 그는 화가 솟구친 듯 목부터 빨갛게 달아오르며 얼굴이 일그러졌다. 그가 나보다 두 뼘쯤 더 크고 몸무게도 한 25킬로그램은 더 나가지 않았더라면 그 모습이 우스꽝스러워 보였을 것이다. 남자는 아까부터 계속 슬금슬금 내 쪽으로 다가오고 있었다. 나는 주유기와 우편 차량 사이에 갇혀버린 꼴이었다. 말하자면, 이 상황에 대한 통제권을 완전히 상실한 처지였다. 만약 내가 권총이라도 차고 있었다면 이미 그걸 손에 쥐고 있었을 것이다.

"선생님! 우편배달이나 우편배달부의 공무를 방해하는 건 연방법 위반입니다. 설마 우편 검열국한테 조사받고 싶으신 건 아니겠죠? 분명히 말씀드립니다. 당장 저기 편의점 쪽으로 물러나 주세요. 정 허가증을 찾고 싶으시면 우정국에 내야 할 요금부터 지불하시고요."

그러자 그가 얼음 냉동고 쪽으로 슬며시 물러났다. 폭정에 맞설 그의 기회는 그렇게 끝났다. 어쩌면 그는 신세계 질서의 검은 헬리콥터들이 들이닥친 하늘을 등지고 선 자신의 실루엣을 상상하고 있었는지도 모른다. 은닉 소지 허가를 받은 자신의 총과 함께 자유세계의 마지막 희망으로 남은 모습을. 아니면 자기가 몸을 누이던 소파로 어슬렁어슬렁 돌아갔을지도 모른다. 크로거에서 산 차가운 마카로니 앤드 치즈를 타파웨어째로 들고 먹으면서 무릎에 올려둔 차가운 권총이 따뜻해지는 걸 느끼며 넷플릭스를 뒤졌을지도.

진짜 증오는 심리적 거리감이 있거나 도무지 피할 수 없는 밀접함이 있을 때 발생한다. 최악의 경우, 증오는 이 두 가지를 모두 결합한다. 우리는 모두 같은 나라에 갇힌 처지로 동료 시민들과 피할 수 없이 밀착되어 살아간다. 그러면서도 서로 적당히 떨어진 채로, 무지로 인한 혐오를 적나라하게 드러낸다. 증오라는 감정은 놀랄 만큼 접근하기 쉽다. 그것은 우리 안에서 올라오는 물리적인 경험이다. 증오는 폭력을 정당화하고, 폭력적인 행동에 불을 붙인다. 증오는 사람들을 증오하는 자와 증오받는 자로 즉각 갈라놓는다. 증오는 어떤 제도도 미워하기만 할 뿐 제대로 인정하지 않는다. 증오는 오직 집단과 개인만을 볼 뿐, 시스템은 보지 않는다. 역사는 오로지 더 많은 증오를 위한 구실로만 가치가 있다. 증오는 뜨거운 반면, 평화로운 권력 이동은 너무 합리적이고 따분하다. 증오는 저기서 수거되어 쓰이기를 기다리고 있는 우편봉투 하나조차 보려 하지 않는다. 무려 231년 동안 제대로 작동해왔고, 한때는 전 세계의 부러움이기도 했던 한 시스템의 근본적인 매개체를 말이다.

제21장

호주머니 속 탄환 한 발

크리스마스 대목에 다시 저 두메산골 벽지로 배달을 들어갔다. 이미 여름에 '크리스마스 물량' 운운할 정도였던 데다 아마존 전쟁까지 치렀음에도 크리스마스는 여전히 아수라장이었다. 하루에 몇 차례나 배달을 나갔고, 낮이 짧아진 탓에 해가 저물고도 한참을 더 돌아야 했다. 그날은 카타우바로드 어딘가에 사는 사람들에게 팝콘 기계를 배달해야 했는데, 그게 거의 마지막 남은 소포들 중 하나였다. 이유는 모르겠지만, 이렇게 이상한 일은 꼭 마지막 배달 무렵에 일어났다. 그 주소는 블랙스버그 중앙 우체국의 관할 구역 맨 끄트머리 어딘가였다. 거기서 조금만 더 가면 집보다 로어노크에 더 가까웠다. 나는 큰길에서 벗어나 작은 시골길로 들어섰다. 울창한 숲속으로 구불구불 들어가니, 가로등과 실내 불이 달랑 하나씩 켜진 농가가 눈에 들어왔다. 손전등을 켜도 도무지 번지수가 보이지 않았지만, 구글님은 그 주소가 더 위쪽에 있다고 알려주었다.

물론 12월이라 어둠이 일찍 찾아왔지만 시내의 어둠과 시골의 어둠은 차원이 다르다. 키 큰 나무들, 좁은 길, 드문 인가, 달이 없는 밤. 그 가로등 하나를 지나자마자 세상은 한밤중 검은 고양이의 뱃속만큼 캄캄해졌다. 아스팔트길도 끝나고 자갈길로 바뀌더니 그나마도 곧 흙길로 변했다. 트레일러가 두어 채 있고 그중 하나에 불이 켜져 있었지만, 손전등을 들고 내려가 보니 이미 버려진 지 오래인 곳들이었다. 쓰레기로 가득 차 있고, 텅 빈 부엌에 알전구 하나만이 덜렁 켜져 있었다. 빈 공간을 보니 어쩐지 오싹해졌다. 한번 그런 감정이 올라오고 나서는 좀처럼 사그라들지 않았다.

나는 트럭으로 돌아가 쉬지 않고 달렸다. 피로가 몰려왔다. 밤이 되면 나무들이 빛을 빨아들이기라도 하는 건지, 아까보다 더 어두워진 것 같았다.

길이 끝나고, 눈앞에는 오래된 통나무집 훈연장 하나가 덩그러니 서 있었다. 한때 고기를 도축하고 훈제하던 곳이었다. 공포영화라면 으스스한 피아노 음악이 막 깔리는 시점이었다.

맞다, 인정한다. 그때 완전히 쫄았었다. 사실 숲이나 어둠 같은 건 무섭지 않았다. 나는 키 190이 넘는 남자고, 여긴 내 고향이었다. 나는 숲에서 자란 사람이었다. 그런데 그날 밤엔 무슨 이유에선지 그랬다. 아마 〈블레어 위치〉의 장면들을 연상시키는, 희미한 백열등 불빛 속 훈연장 때문이었을 것이다. 내가 어떻게 거기까지 가게 됐는지는 모르겠지만, 나는 완전히 동물적인 공포에 감전된 상태였다.

그런 공포를 느낀 건 실로 오랜만이었다. 2007년 아버지가 총에 맞은 이후로 그런 죽을 것 같은 공포는 처음이었다. 내가 그 사실을 알게 됐을 땐 이미 총격이 끝난 뒤였지만 말이다. 2007년 4월 16일 아침, 잠에서 깨어난 조승희는 월터 22구경 LR 권총과 9밀리 글록 19, 수십 개의 탄창, 그리고 이미 법적으로 판정받은 정신적 장애와 자기 아버지를 살해하려 한 전력 때문에 애초에 구입할 수 없어야 했던 권총들로 무장했다. 그는 버지니아텍 기숙사에서 두 사람을 먼저 살해한 뒤, 두 시간 동안 캠퍼스를 마음대로 돌아다니며 많은 사람을 죽이고 아버지에게도 부상을 입혔다.

나도 총에 맞은 적이 있었다. 1998년에 텍사스 오스틴에서 열린 사우스 바이 사우스웨스트 영화제에 참석하러 갔다가 그곳 과달루프 스트리트에서 그런 일을 당했다. 셰비 블레이저를 탄 어떤 놈이 22구경 총으로 나를 포함한 여섯 명을 쐈고, 그중 한 발이 내 엉덩이를 스쳤다. 탄환은 청바지에 구멍을 내고 엉덩이를 스쳐 길게 허릿살을 파내며 지나갔다. 다음 날 아침, 엉덩이에 토르티야만 한 멍이 들어 있었지만 별로 개의치 않았다. 젊고 어리석었을 때라 내겐 수호천사라도 따라다니는 줄 알았기 때문이다. 다른 두 사람은 병원 신세를 져야 했고, 그중 한 명은 척추를 다쳤다. 그 뒤로 나는 죄책감을 느끼며 사람들을 평생 불안에 시달리게 만들 그 이야기를 술집에서 떠들어댔다.

하지만 조승희가 우리 아버지를 죽이려 했을 때 그건 더 이상 총기 난사 사건처럼 느껴지지 않았다. 무작위로 자행된 폭력처럼 느껴지지 않았다. 매우 개인적인, 전혀 임의적이지 않은 일처럼 다가왔다. 그 뒤로 그때의 공포와 분노를 지금까지도 그대로 품고 살아왔다.

버지니아텍 총기 사건이 특히나 무서웠던 이유 중 하나는 그 폭력이 너무도 점잖은 공간에서 터졌기 때문이다. 대량 학살이 일어난 노리스홀은 아버지의 연구실이 있던 건물이었다. 중학생 시절 나는 학교를 마치고 거기로 걸어가 낑낑대며 수학 숙제를 하고, 아버지 책상 위에 놓인 귓속 뼈 표본을 한참 바라보곤 했다. 그러면서 나무 받침대 위에 놓인 그 망치뼈, 모루뼈, 등자뼈가 한때 누구의 머릿속에 들어가 있던 것들이었을지 궁금해했다. 아버지는 전정계, 즉 인간의 몸이 공간 속에서 방향을 잡고, 중력을 느끼고, 위아래를 구분하는 시스템에 관한 세계적인 권위자였다. 그 섬세한 세 개의 뼈가 이루는 작은 공간이 아버지가 평생을 바친 연구의 중심이었다. 노리스홀은 아버지의 동료가 당신 앞에서 살해되고 당신 역시 팔에 총을 맞은 장소다. 그러나 그곳은 세상에서 가장 안전해야 할 공간이었다. 버지니아텍은, 아니 모든 대학은 적어도 최고의 모습일 땐 인간의 이성과 노력을 숭배하는 신전과도 같은 곳이다. 하지만 지금은 어떤 공간에서든 갈피를 잡기가 힘들다. 공간에 대한, 안전에 대한 감각이 사라져버렸기 때문이다.

총격 사건 이후 뒷정리를 하던 동안에 누군가 아버지의 귓속 뼈 표본을 훔쳐 갔다. 그래서 이제 그건 내 기억 속에만 남아 있다. 마치 민주주의와 법치주의가 잘 작동하는 나라의 중산층 대학 도시에 살면서 느끼던 안전함처럼. 하지만 그 안전은 거품처럼 덧없는 것이었다. 살짝만 건드려도 눈 깜짝할 사이에 터져 버리고 마는 것이었다.

총이 세상을 그렇게 만든다. 곧 터질 거품으로, 폭력이라는 돌이킬 수 없는 변화를 단 30초 앞둔 공간으로. 총은 그가 누구든 상관없이 그걸 손에 쥔 사람에게 그런 힘을 부여한다. 우리 우편배달부는 무기를 소지하면 안 됐다. 연방 소유 땅에서도, 정부 소유 차량에서도 절대 금지였다. 개인 소유 차량에 두는 건 좀 애매했다. 하지만 설령 그게 합법이고 허가증까지 있다 해도 근무 중에는 개인 차량 안에 두는 것도 허용되지 않았다. 나는 주 담당 구역인 10번 구역에는 총을 가지고 다닌 적이 한 번도 없었다. 그건 미친 짓이었다. 거기엔 공식 정부 소유 차량을 몰고 다녔고, 그 구역은 거의 사무실 단지와 아파트 단지들이었기 때문이다. 거긴 밀집된 교외 지역, 그야말로 평범한 동네였다. 하지만 산골로 들어간다면? 거긴 완전히 노상강도의 놀이터였다. 그 긴 구역을 돌면서 무슨 일이 생겼을 때 기댈 무기가 찰진 욕밖에 없다면 그게 더 미친 짓이라 생각했다. 그런 환경에서는 총을 들고 다니는 게 전혀 이상할 게 없어 보였다. 오히려 생득권처럼 느껴졌다.

그래서 크리스마스를 두세 주 앞둔 그 밤에 결국 공포심에

굴복하고 말았다. 앞선 네 세대의 미국인들이 바짝 다가온 공포에 몸을 떨 때 했던 일을 나도 했다. 중앙 콘솔 잠금을 풀고 존 브라우닝의 걸작 .45 ACT 탄이 장전된 M1911 권총을 꺼냈다. 1911은 한 세기 동안 설계를 바꾸지 않았을 정도로 잘 만든 권총이었다. 나는 녀석의 슬라이드를 뒤로 당겨 230그레인 스피어 골드 닷 JHP탄 한 발을 약실에 밀어 넣고 안전장치를 올린 다음 장전한 상태로 바지 앞쪽 허리춤에 쑤셔 넣었다. 그러고 나니 기분이 한결 나아졌다. 그게 총이 하는 일이다. 더 안전하게 만들어주진 않지만, 기분이 나아지게 한다. 그 기분이 깨지는 순간이 올 때까지는.

그 모든 건 하등 뇌, 동굴인류 수준의 반응이었다. 그저 큼직한 미국제 강철 덩어리를 토템처럼 의지하자니 안전하다는 느낌이 들었다. 나는 더 이상 말랑말랑한 살과 피로만 이루어진 몸뚱이가 아니었다. 이제 약에 취한 무리가 트레일러의 누더기 더미 속에 너구리처럼 숨어 있다가 나를 덮치더라도 그에 맞설 준비가 되어 있었다. 이것은 나만이 아니라 대부분의 백인 미국 남자들의 머릿속에서 흔히 펼쳐지는 장면이다. 전에는 언제든 피해자가 될 수 있는 존재였지만, 무장을 한 지금은 어떤 공격에도 맞설 준비가 되어 있었다.

천천히 차를 몰고 길을 다시 내려왔다.

매복해 있다 튀어나오는 약쟁이는 없었다. 식인종도 민병대도 나방 인간 따위도 없었다. 어떤 괴물도 없었다. 있는 거라곤 그저 터무니없는 나의 원초적 공포뿐이었다.

아까 지나온 농가에 도착했을 때 커다란 주황색 나트륨 가로등 하나가 켜진 이 집이 맞겠구나 싶었다. 진입로에 잘 관리된 트럭 두어 대가 세워져 있고, 그 일대 전체가 사람의 손길이 닿은 모습이었다. 나는 트럭에서 내려 집 앞으로 몇 걸음 걸어갔다. 산속의 종소리처럼 맑고 시린 적막한 밤하늘 아래 서 있으려니, 집 안에서 텔레비전 소리가 희미하게 들려왔다. 작게 검은색으로 적힌 번지수는 어느 방향으로도 읽기 어려웠지만 진입로를 보니 애초에 여기가 맞았다는 확신이 들었다.

스스로를 욕했다. '그랜트, 이 멍청한 개자식아. 제발 쫄지 말고 정신 좀 차려.' 총을 지니고 있는 건 규정 위반일 뿐 아니라 참으로 생각 없는 짓이었다. 잘못하면 직장을 잃고, 감옥에서 몇 년을 보내야 할지도 몰랐다. 트럭으로 돌아가 조수석 발판 쪽으로 슬쩍 돌아서서는 허리춤에서 그 빌어먹을 권총을 뺐다. 이어서 탄창과 약실에 물려 있던 총알을 차례로 빼내 뒷주머니에 쏙 집어넣었다. 너무 어두워서 슬라이드를 살짝 뒤로 젖혀 손가락으로 약실을 더듬어 확인했다. 완전히 비어 있었다. 슬라이드를 원위치로 놓고는 총과 탄창을 중앙 콘솔에 집어넣고 잠갔다.

내 인생 전체를 통틀어, 그때만큼 벌거벗은 기분을 느껴본 적이 없었다. 내 꼴이 너무도 한심했다. 이제 이 재수 없는 소포를 얼른 배달하고 집으로 돌아가야 했다.

그 큰 팝콘 기계를 들고 가 현관에 내려놓았다. 놀이공원이나 회사 행사 같은 데서 흔히 보이는 빨간색 철제 팝콘 카트 모양으로 조립되는 기계였다. 그걸 현관문 앞에 두고 노크한 다음 잠깐 기다렸다가 트럭으로 돌아왔다. 안에서 TV 소리가 들렸지만 무슨 프로인지까지는 분간할 수 없었다. 현관에서 봤을 땐 부엌에 불이 켜져 있었지만 사람들은 보이지 않았다.

진입로로 걸어 나오는데 주황색 나트륨 등 불빛 아래 수염이 덥수룩하고 건장한 남자 둘이 나를 기다리고 있는 게 보였다. 한 사람은 권총을 차고 있고, 나머지 한 사람은 펌프 액션 산탄총을 몸 앞으로 비스듬히 쳐들고 있었다. 그들 뒤로는 아내로 보이는 여자들이 서 있었다.

한 번이라도 방어용 권총 사용 교육을 받아본 사람이라면 상대의 손부터 보라고 배웠을 것이다. 1번 형제는 권총을 허리춤에 찬 채 양손은 옆으로 느슨히 떨구고 있었다. 2번 형제는 양손으로 산탄총을 움켜쥔 채 손가락은 이미 방아쇠 안쪽에 넣은 모습이었다. 좋지 않았다. 내가 가진 거라곤 왼쪽 호주머니 속 탄환 한 발이 전부였다. 불과 2분 전만 해도 나도 무장하고 있었는데. 씨발, 역시 이럴 줄 알았다.

"이봐요! 거기 뭡니까!" 산탄총을 든 남자가 외쳤다.

이제 선택의 여지랄 게 별로 없었고, 그 점에 대해 신과 2분 전 현명한 판단을 내린 스스로에게 고마웠다.

나는 내가 할 수 있는 유일한 일을 했다. 두 손을 번쩍 치켜들고 말했다. "미국 우정국에서 왔습니다! 저는 시골 우편배달부이고, 여기 사시는 분들에게 팝콘 기계를 배달하러 왔어요."

침묵. 잠시 후 누군가가 내 얼굴에 손전등을 비추었다. 천만다행으로, 나는 창고에서 건진 미 우정국 반사 조끼와 파란색 플리스 제복 재킷을 입고 있었다.

"혹시라도 제가 크리스마스를 망치지 않았으면 좋겠네요." 그땐 고작 그 말밖에 떠오르지 않았다.

"아, 젠장! 형씨, 미안하게 됐습니다. 우편배달부이신지 몰랐어요. 골짜기 아래윗집 노인네들이 줄줄이 전화해서 저 위 아버지 집 쪽에 번쩍이는 불빛이 보인다고 얼마나 야단이던지."

내 트럭 지붕 위엔 LED 경광등이 번쩍이고 있었고, 그 양옆엔 미 우정국 '우편배달부' 자석 표지판도 붙어 있었다. 하지만 자석판은 반사 재질이 아니어서 밤에는 보이지 않았다.

"정말 죄송합니다. 일부러 놀라게 하려던 건 아니었어요. 이걸 가지러 굳이 시내까지 나오지 않게 해드리려던 건데. 상자가 좀 커서요." 내가 말했다.

나는 그들과 악수를 나누고는 그 자리를 떠났다. 그러나 트럭을 몰고 내려오는 내내 나의 심장은 마치 공기드릴로라도 후벼 파는 양 미친 듯이 쿵쾅댔다.

캄캄한 진입로 한가운데서 일방적인 총격을 20초쯤 앞두고 간신히 목숨을 건진 것이었다. 그건 내가 고객에게 주황색 쪽지 한 장을 남기고 그냥 돌아올 줄도 모르는 똥멍청이여서였다. 주소지를 못 찾겠다고 느낀 순간 바로 그 팝콘 기계를 중앙 우체국으로 다시 가져와, '배달 경로 방해'라고 처리했어야 했다. 무장으로 두려움에 맞서지 말았어야 했다. 그게 항상 틀렸다는 말은 아니다. 그 반대다. 하지만 내가 말하고 싶은 건 그렇게 용기의 인위적 대체물로 총을 활용함으로써 내가 처한 상황의 현실

자체를 근본적으로 바꾸었다는 사실이다. 총은 분명 정서적 버팀목이 되어주지만, 그렇다고 그게 사람 몸에 내는 구멍이 완전히 물리적인 현실이라는 사실은 조금도 달라지지 않는다. 이렇게 사람에게 실제로 구멍을 내는 기계는 다른 사람들이 들고 다닌다. 겁에 질렸을 수도, 분노에 눈이 뒤집혔을 수도, 정신이 온전치 않을 수도 있는 사람들, 상황에 대해 불완전한 정보를 가졌을 수도, 어둠 때문에 잘 보지 못할 수도, 손에 스키틀즈 한 봉지를 든 10대 아이와 권총을 든 상습 범죄자를 구분하지 못할 수도 있는 사람들이. 옳고 그름을 떠나, 그게 자연권이든 역사적 우연이든, 일단 총을 끌어들이는 순간 누군가의 창자나 폐나 두개골에 구멍이 날 확률이 0에서 0이 아닌 상태로 바뀌게 된다. 무에서 유로 넘어가는 건 도약 중에서도 가장 큰 도약이다.

그게 현재 미국 시골에서의 삶이다. 누군가 나를 쏠 확률이 상시적으로 있는 삶. 이것은 독재에 대한 저항처럼 느껴지지 않는다. 마치 세상이 서부 활극 시대로 되돌아간 느낌이다. 캔자스주 도지시티에서는 1878년에 이미, 사람이 너무 많이 죽는다는 이유로 와이어트 어프Wyatt Earp라는 영웅이 도시 경계 안에서의 총기를 금지했다는 사실을 모두가 잊어버린 것만 같다. 매일 더 많은 사람이 총에 맞지 않고 지나가는 게 오히려 기적일 정도다. 하지만 적지 않은 사람이 총에 맞는 것 또한 사실이다. 해마다 4만 5000명가량이 총에 맞는다. 20여 년간의 베트남 전쟁 때 전사한 미군 전체 숫자에 맞먹는 규모다. 9.11 테러 이후 20여 년 동안 전 세계에서 벌인 대테러전에서 사망한 미군 7700명보다 수만 명이나 더 많은 숫자이기도 하다. 그럼에도 이렇게 세상에, 그리고 내 주변에 총을 가진 사람들이 넘쳐난다면, 나 역시 늘 무장하고 있는 쪽을 택하게 될 것이다. 그건 내가 원해서가 아니라 그들이 무장하고 있고, 나는 그들을 믿지 못하기 때문이다.

무장할 권리와 우체국은 둘 다 미국 헌법에 새겨져 있고, 헌법은 고치기 어렵게 설계된 문서다. 좋든 싫든 이 둘은 모두 시대의 변화하는 흐름에 잘 휩쓸리지 않도록 만들어진 것이다. 많은 시민이 그 둘 중 하나에 의문을 제기함에도 그냥 남아 있도록. 미 우정국이 1년에 두어 명의 배달부만 죽이고, 미국 수정헌법 2조는 매년 4만 5000명을 죽인다는 점만 다를 뿐이다. 과연 우리에게 이 두 개가 다 필요할까? 이 질문은 사실상 의미가 없다. 왜냐면 건국의 아버지들이 설계해둔 그대로, 지금으로부터 100년 뒤에도 미국에는 여전히 우정국이 있을 것이고 미국인들의 손에는 여전히 총이 들려 있을 것이기 때문이다.

제22장

우편 트럭을 탄 산타클로스

크리스마스이브였다. 목요일이었고, 그래서 우리는 여전히 배달 중이었다. 나는 누가 봐도 크리스마스 선물임에 틀림없는 상자를 들고 있었다. 주소가 손글씨로 적혀 있고 종이 마트 봉투를 포장지로 활용한 듯 보이는 이 상자의 주소지는 이미 시골길이라 여겨지는 마운트테이버로드에서 빠져 들어간 길에서 또 한 번 빠져 들어간 길 어딘가에 있었다. 크리스마스 대목. 해가 진 지는 이미 오래였고, 이 상자는 오늘 내가 배달해야 할 마지막 소포였다. 중앙 우체국으로 복귀해야 할 시간은 이미 한참 지나 있었고, 내가 대체 어디에 있는지 궁금해하는 전화들로 전화기는 불이 나고 있겠지만 여긴 휴대전화 신호가 아예 잡히지 않는 곳이었다.

이 길은 내가 어렸을 때 마운트테이버에서 내려다보며 저 아래쪽엔 뭐가 있을까 궁금해하던 바로 그 길 중 하나였다. 하지만 컴컴한 숲속에서는 보이는 게 별로 없었다. 그저 12월의 추위 속에서 조용한 불빛이 나무들의 검은 형체를 착착 빨아들이고 있을 뿐이었다. 도로 옆으로 개울물 흐르는 소리가 들려왔다. 작은 골짜기에서 흘러 내려온 물줄기들이 모여 더 큰 물길로 합쳐져가는 소리였다. 그 소리와 함께 브러시마운틴 자락과 카타우바로드 사이의 나지막한 산등성이를 향해 올라갔다.

한 집 한 집 번지 숫자판에 손전등을 비추며 주소지가 가까워옴을 느꼈다. 길을 한 번 꺾어 들어가자 널찍한 마당이 딸린 2층 벽돌집이 한 채 나타났다. 겨울 원더랜드처럼 장식 전구로 눈부시게 꾸며놓은 집이었다. 처마와 창들을 따라 알록달록한 전구들이 반짝이고, 진입로를 따라 환히 빛나는 페퍼민트 막대 장식들이 줄지어 서 있었다. 3미터는 족히 되어 보이는 풍선 눈사람과 설인이 흰빛을 환히 내뿜고, 끝이 봉긋 솟은 부츠를 신은 요정들, 초록 전구로 만든 가짜 전나무들도 줄줄이 서 있었다. 그 한가운데는 썰매에 탄 실물 크기의 산타가 있었다. 썰매를 끄는 순록들은 춤을 추듯 위아래로 움직이고, 루돌프의 붉은 코는 항해등처럼 깜빡였다. 블랙스버그 최고의 크리스마스 장식을 한 집에 주는 상이 있다면 분명 이 집 차지였을 것이다. 하지만 이 집은 어두운 골짜기 깊숙이에 있었고, 길을 꺾어 들어와서야, 아니면 밤에 저궤도 위성에서나 사방이 컴컴한 숲에 둘러싸인 모습으로 간신히 보일 법했다.

눈부신 조명 탓에 번지수는 잘 보이지 않았지만 이 집일 수밖에 없다는 생각이 들었다. 내 트럭의 비상등은 환한 장식등 불빛 속에 묻혀 사라졌다. 밤 8시가 다 되어가는 시각이었고, 바깥은 살을 에는 추위로 얼어붙어 있었다. 그 시각에, 그것도 크리스마스이브에 우편배달부가 나타날 거라 생각하는 사람은 아무도 없었다. 하지만 나는 '나를 쏘지 마세요'라고 외치는 미 우정국 반사 조끼에 파란색 인조털 우샨카(동물의 모피 등으로 만든 러시아의 전통 방한모자--옮긴이)를 쓰고 있었다. 시골 배달부로서는 최선의 공식적인 차림이었다.

현관에 다가가니 집주인 여자가 나와 나를 반겼다. 여자는 이미 편한 실내복으로 갈아입은 모습이었다. 안에서는 음식 냄새가 풍겨왔다. 그레이비를 곁들인 따뜻한 무언가가 저녁 메뉴인 듯했다.

"메리 크리스마스! 여기 소포가 왔습니다, 부인. 제가 보기엔 크리스마스 선물 같네요." 그러곤 나도 모르게 말이 튀어나왔다. "와, 이거 다 꾸미는 데 얼마나 걸려요?"

"남편이 추수감사절 전부터 꾸미기 시작해요. 그리고 크리스마스 기간이 다 끝날 때까지 이대로 쭉 놔둬요."

"아, 주현절까지지요."

"네?"

"동방박사들이 아기 예수한테 드릴 선물을 들고 말구유에 찾아오는 날요. 저희 어머니 쪽 가족은 그때 선물을 열었지요."

"정말요? 분파가 어느 쪽이에요?"

"루이지애나 가톨릭요."

그녀는 눈썹을 치켜올리는 것으로 대답했다(버지니아는 전통적으로 개신교가 다수인 곳이다-옮긴이). 그러곤 상자를 살폈다. "이거 슬러셔 부인 거네요. 저 건너에 사시는 분." 그녀는 큰길을 가리켰다. "그냥 여기 두고 가세요. 내일 제가 가져다줄게요. 선생님도 이제 집에 가셔야죠. 크리스마스이브에까지 이렇게 부려먹다니, 정말 너무하네요."

"아니에요, 제가 직접 해야죠. 그러려고 여기까지 온 걸요. 절대 귀찮게 해드리고 싶지 않아요."

"그럼 전화라도 미리 넣어놓을게요. 그리고 트럭 몰고 그 집 다리 위론 올라가지 마세요. 무게를 못 견딜 거예요."

나는 그 집을 나와 다리 쪽으로 차를 몰았다. 오던 길에 이미 본 다리였다. 철도 침목들로 하나하나 짜맞춰 굵은 볼트로 튼튼하게 죄어놓은 모습이었다. 그 너머에 심심산골에서나 볼 수 있는 진짜 널빤지 오두막이 있었다. 평평한 땅이 너무 좁으니, 집은 개울 한쪽 산자락에 바짝 붙여 짓고 다리를 하나 놓아 개울 반대쪽에 차를 주차하고 들어가는 식으로 해놓은 것이었다. 개울은 잔뜩 불어난 물로 수위가 높아져 있었다. 크레오소트유로 방부 처리한 침목들은 잔뜩 얼어 미끄러웠고, 빛이라고는 내 머리 위 헤드랜턴에서 흘러나오는 푸르스름한 빛이 전부였다. 3미터쯤 아래로 차가운 물과 바위가 보였다. LED 조명의 미세한 떨림 속에서 발아래 물은 춤을 추듯 일렁였다. 포치 한구석에는 비와 눈을 피해 쌓아놓은 장작더미가 가득했다. 창은 하나뿐이었고, 그 너머에서 희미한 백열등 불빛이 새어나왔다.

몸집이 작은 백발의 슬러셔 부인이 현관문을 열었다.

"신디한테 전화 받았어요. 아이고, 여기까지 가져다줄 필요는 없는데."

"그럼 어떻게 받으시려고요. 귀찮게 시내까지 운전해서 나오셔야 하잖아요."

그녀는 다시 안으로 들어가더니 초콜릿칩 쿠키를 하나 들고 왔다.

"메리 크리스마스."

"메리 크리스마스."

보아하니 칩스 아호이 제품인 듯했다.

그날의 일을 거의 끝낸 나는 다시 트럭을 몰고 작은 흙길을 따라 마을 쪽으로 향했다. 트럭 뒤 어둠 속에선 산타랜드의 불빛이 보였고, 개울 건너 노인의 집은 이미 그 휘황찬란한 조명 속으로 사라지고 없었다. 곧 그 화려한 불빛도 작은 불빛 덩어리로 변해 있었다.

이윽고 우듬지의 실루엣으로만 남았다가, 곧 그 희미한 불빛마저 사라졌다.

소리도 기온도 12월이었다. 이제 이달을 증명해주는 건 태양빛에서 멀어진 지구의 기울어진 모습뿐이었다.

남은 건 차갑고 어두운 숲, 그리고 그 사이를 지나가는 바람뿐이었다.

그러다 결국엔 아무것도 남아 있지 않았다.

제23장

권한을 빙자하여

개와 우편배달부에 대해 그들이 해준 이야기는 사실이다. 나는 개가 좋다. 개를 사랑한다. 여태까지 만난 개들도 대부분 나를 좋아했다. 우편배달부였을 때만큼 그렇게 개들에게 미움을 받아본 적은 없었다. 시골이든 도시든 개는 우편배달부에게 치명적인 적이다. 거의 이런 급이다. 배트맨과 조커. 셜록 홈스와 모리아티 교수. 매직 존슨과 래리 버드.

그건 일종의 오라 같은 것이었다. 그냥 민간인일 때는 낯선 사람 집에 상자를 들고 가도 개가 짖지 않을 때가 있었다. 하지만 똑같은 상자를 미 우정국이라는 깃발 아래 들고 가면 요크셔테리어가 마치 지옥에서 우편배달부를 표적으로 풀어놓은 악마에 빙의라도 된 것처럼 날뛰는 거다.

교육원에서 우리는 개와 안전에 대해 따로 한 과정을 배웠다. 강사는 이라크전에 참전했던 전직 군인 행크였다. 행크는 훌륭한 교관이었다. 웃겼기 때문이다. 그가 얼마나 웃기고 재미나게 이야기를 했는지, 우리는 그가 가르친 것을 무엇보다 잘 기억한다. 행크는 내가 이다음에 커서 되고 싶은 우편배달부였다.

수업은 영상 하나로 시작했다. 첫 장면에 베티 페이지Bettie Page(1950년대에 핀업 사진으로 유명세를 얻은 미국의 모델-옮긴이) 스타일에 인디 록 느낌이 나는 예쁘장한 시내 배달부가 등장한다. 그녀는 남부 캘리포니아의 햇살 아래서 핫핑크 이어폰을 끼고 콧노래를 흥얼거리며 룰루랄라 걸어가고 있다. 배경 음악은 펑카델릭Funkadelic(펑크와 사이키델릭 록을 결합하여 혁신적인 음악성을 보여준 그룹-옮긴이) 짝퉁 같은 느낌이지만, 외모에서 풍기는 분위기로 보아 여자는 픽시스Pixies(미국의 얼터너티브 록 밴드-옮긴이)를 듣고 있는 게 분명했다.

아무려나, 길 위쪽에서 한 노인이 얼룩무늬 핏불 두 마리를 놓치고 녀석들은 작은 앞마당을 박차고 달려와 순식간에 베티 페이지를 향해 인도로 돌진하기 시작한다. 그러나 픽시스 때문에 베티는 녀석들이 오는 소리를 듣지 못한다. 그러다 무언가를 감지했는지 한쪽 이어폰을 뺀다. 배경 음악은 극 속에서 나는 작은 소리로 바뀌고, 그녀는 달리기 시작한다. 가방을 떨어뜨린다. 하지만 개들은 추격을 멈추지 않는다! 곧 그녀를 땅바닥에 쓰러뜨리고, 한 놈은 다리 하나를, 다른 한 놈은 껑충 뛰어올라 팔을 미친 듯이 물어뜯는다. 꽤나 현실적인 연출로, 마치 타란티노 영화의 고문 장면처럼 보기 괴로운 시퀀스가 한참 이어지더니 베티는 결국 만신창이가 되어 죽는다.

강의실 여기저기서 신음이 터져 나왔다.

곧 불이 켜지고, 행크가 다시 연단 앞으로 걸어 나왔다.

"자, 잘 들어요. 개는 가볍게 보아 넘길 대상이 아닙니다. 1년에 5000명이 넘는 우편배달부가 개한테 공격을 당하고, 그중 매년 혹은 2년에 한 사람씩 실제로 목숨을 잃어요. 보통은 시내 배달부들이 그런 일을 당하지만, 시골 배달부도 차에서 내려 배달할 때 조심해야 합니다. 시골 개들은 진짜 장난이 아니거든요. 개는 여러분의 하루를 통째로 망쳐버릴 수 있습니다. 녀석들은 우편배달부를 진짜 싫어해요. 농담이 아닙니다."

야구모자를 쓴 남자가 손을 들었다.

"개가 우리를 공격하면 쏴도 됩니까?" 교육원 교육 기간 2주 내내 그 남자에게서 들은 유일한 말이었다.

"이미 말했듯이 우체국에는 총을 가지고 올 수 없습니다. 배달할 때도 들고 다니면 안 되고요. 여러분은 총을 몸에 지니고 다니면 안 됩니다. 그러니까 그건 안 됩니다. 배달 중엔 개한테 총을 쏠 수 없습니다."

"곰은요?" 이번엔 다른 남자가 물었다. 우체국에 오기 전에 베스트 바이에서 일했던 사람이었다.

"지금 장난해요? 안 됩니다. 배달 중엔 곰한테 총을 쏠 수 없습니다! 배달 중엔 총을 들고 다니면 안 되니까요."

"그럼 위험하다는 기분이 들면 어떻게 해요?" 이번엔 재키가 물었다. 산속에서의 안전이 걱정됐던 것이다.

"여러분, 다시 한번 말합니다. 배달 중엔 총을 가지고 다닐 수 없습니다. 앞서 말했다시피, 우정국에서 지급한 것 말고는 아무것도 들고 다니지 마시길 바랍니다."

"만약에 누가 덤벼들면, 그냥 귀를 꽉 잡고 죽어라 잡아당겨요. 그러면 얼굴 가죽이 바나나 껍질 벗겨지듯 쫙 벗겨질 테니." 클레어가 말했다. 클레어는 키가 얼추 180에 항상 바다표범, 세인트버나드, 얼룩말, 코알라 등의 온갖 동물이 그려진 홀치기 염색을 한 티셔츠를 입고 다녔다. 같이 교육받는 2주 동안 한 번도 같은 티셔츠를 입은 적이 없었다. "저희 아버지가 가르쳐준 방법인데, 진짜 효과 짱이에요." 그녀가 말을 이었다. "잭슨빌에서 바텐더로 일할 때 한 놈에게 써먹었는데, 그놈은 귀를 다시 붙이려고 성형수술까지 했다니까요."

"좋아요, 이제 진짜 중요한 얘길 해드릴 테니 잘 들으세요." 행크는 이제 농담하는 표정이 아니었다. "배달을 하다 보면, 반드시 개를 만나게 될 겁니다. 그리고 그 개는 여러분의 친구가 아닌 바로 그 개일 겁니다. 여러분이 성 프란체스코든 닥터 두리틀이든 상관 안 해요. 결국 당신 차례가 되는 날이 올 거고, 그 개가 당신을 제대로 보내줄 겁니다."

재키가 내 쪽으로 몸을 숙이며 물었다. "성 프란체스코가 누구예요?"

"동물들의 수호성인이에요."

재키는 얼굴을 한 번 씰룩할 뿐이었다.

행크가 우리 말을 들은 모양이었다. “이봐요, 우리 지금 성인전 배우려고 모인 거예요, 아니면 배달하다 안 죽는 법 배우려고 모인 거예요?”

“미안해요, 행크.” 내가 말했다.

“그럼 상황 인식에 대해 얘기해봅시다. 여러분은 하이킹을 하러 가는 게 아니에요. 배달을 나간 동안 이어폰은 금지예요. 항상 긴장을 풀지 말고 주변을 잘 살펴야 합니다. 시골 배달부들은 대부분의 시간을 차 안에 계시죠. 하지만 차에서 내려 소포를 들고 고객의 포치나 현관문 앞으로 걸어갈 때, 그때가 가장 긴장해야 할 순간이에요. 스캐너는 항상 오른손에 쥐고 있어요. 옛날 허니웰 스캐너는 웬만해선 부서지지 않아요. 그걸로 개를 작살나게 후려갈겨도 멀쩡할 겁니다. 우편가방을 메고 있다면, 왼쪽 팔을 그 밑으로 넣어 방패처럼 만드세요. 캡틴 아메리카처럼요. 근데 여러분은 다 시골 구역을 맡을 테니 가방은 안 메고 다닐 거예요. 그래도 일단 제가 가방에 뭘 들고 다니는지 보여드리죠.”

행크는 강의실 앞쪽 테이블 위에 자기 배달 가방을 털썩 올려놓았다. 이미 가죽끈 한쪽에 깡통이 하나 매달려 있는 게 보였다.

“이건 홀트 개 퇴치 스프레이예요. 여기서 나눠주는 다른 장비들과는 다르게 이건 진짜 효과가 확실해요. 대신 항상 새 통인지 확인하고, 현장으로 들고 나가기 전에 미리 한 번 뿌려서 테스트를 해보세요. 그러고 나서는 반드시 소독용 알코올로 노즐을 닦아주고요. 뿌릴 때도 조심하세요. 이건 사실상 페퍼 스프레이 같은 거라 뿌리기 전에 바람이 부는 방향을 꼭 확인해야 해요. 저는 이걸 바로 여기, 가방에 달아둡니다. 언제든지 빼서 쓸 수 있도록. 개가 눈에 띄고, 녀석에게 뭔가 수상한 분위기가 감지되면 일단 이것부터 빼서 손에 쥐어요. 그리고 왼쪽 주머니에 두 개짜리를 하나 더 넣어 다녀요. 정글 테이프로 묶고, 급할 때 재빨리 꺼낼 수 있게 이 파라코드 끈을 달아서." 정글 테이프. 파라코드. 전부 육군 보병들이 쓰는 용어였다.

"호주머니에 넣어 다니는 건 처음 스프레이가 맛이 갔을 때나 개가 두 마리 이상일 때를 대비한 거예요. 이런 건 꼭 제일 필요할 때 말썽이거든요. 머피의 법칙 알죠? 그러니 항상 예비용이 필요해요. 두 개가 하나고 하나는 없는 거나 마찬가지죠. 그래서 저도 현장에 나갈 때 항상 세 통을 들고 다니는 겁니다. 어느 날 개 한 마리가 현관에서 저를 향해 돌진한 적이 있어요. 트럭까지는 거리가 20미터쯤 됐지요. 제일 안전한 방법은 딱 하나죠. 그냥 최대한 빨리 차로 돌아가는 거. 도망가다가 개를 치면 그건 뭐 그쪽 문제고. 어쨌든 문이 쾅 열리는 소리가 들리더니 개가 튀어나오는 게 보여서 저는 차를 향해 뛰기 시작했죠. 근데 너무 먼 거예요. 너무. 그래서 그냥 서서 버텨야겠다고 생각했어요. 우편 가방을 방패처럼 앞으로 돌려 메고 스프레이를 꺼내 들었죠. 개는 점점 내 앞으로 돌진해 오고, 나는 그 얼굴을 향해 스프레이를 팍 눌렀어요. 그런데…… 아무것도 안 나오는 거예요! 노즐에 때가 껴서 막혀버린 거죠. 호주머니에서 예비용을 꺼내려는데 개는 이미 코앞에 와 있었어요. 그래서 녀석에게 저 유서 깊은 3단 콤보를 날려줬죠.

왼손 잽 한 번, 오른손 스트레이트 한 방, 거기에 마무리 발차기까지. 그게 제대로 명중해서 그 개가 몸을 가누지 못하는 사이 예비 스프레이를 꺼내 제대로 갈겨줬다 이겁니다. 여러분, 만약 개한테 스프레이를 발사하게 되면 끝까지 하세요. 통이 완전히 빌 때까지. T존, 그러니까 눈이랑 코를 노려야 해요. 눈이랑 코. 제가 한 말을 다 잊어도 이거 하나만은 꼭 기억하세요. T존에 대고 통이 완전히 빌 때까지 뿌린다는 거. 그리고 만약 개 한 마리가 보이면 두 마리가 있을 수 있다는 것도 기억해두세요. 녀석들은 무리 짓기 좋아하는 동물이고, 당신을 죽이고 싶어 합니다! 그러니까 위험지대를 완전히 벗어나기 전까지 절대로 안심하지 마세요."

클레어가 고개를 절레절레 흔들었다. 하지만 나는 그의 말을 믿었다.

유치원 때 버스 정류장에서 집까지 1킬로미터가 좀 안 되는 거리를 걸어와야 했다. 1970년대 당시엔 아이들을 그냥 그렇게 혼자 걸어다니게 했었다. 길의 3분의 1쯤에는 항상 개를 풀어놓고 사는 집이 있었다. 그 집에 사는 큰 개 두 마리가 돌진해 와 나를 쓰러뜨렸고, 나는 울음을 터뜨렸다. 지금 생각해보면 녀석들은 나와 놀려고 그런 것이었을 테지만 당시에 나는 하나도 재미있지 않았다.

루이지애나 배턴루지에서 자란 어머니는 개를 키워본 적이

한 번도 없었다. 그래서 어머니는 작은 비닐봉지에 개 간식을 넣어주며 말했다. "이걸 녀석들한테 줘. 그럼 널 공격하지 않을 거야." 좋은 생각이긴 했지만, 개라는 동물의 본성에 완전히 반하는 발상이었다. 이제 나는 그냥 한 입 거리 장난감이 아니라 애피타이저까지 동반한 장난감이 된 셈이었다. 나는 최대한 멀리 간식을 던지고 반대 방향으로 죽어라 뛰었다. 하지만 개들 입장에서 이것은 더 신나는 게임일 뿐이었다. 어느 비 온 다음 날, 그 개들에게 들이받혀 나는 도랑으로 굴러떨어지고 말았다. 진흙투성이가 된 몸으로 울지 않으려고 이를 악물고 집까지 걸어갔다. 마침 아버지가 평소보다 일찍 퇴근하신 날이었다.

"네 엄마는 개에 대해 아무것도 몰라." 그간에 일어난 일을 내게 전해 들은 아버지는 이렇게 말했다. "자, 우리가 이 상황을 한번 고쳐보자." 우리는 지하실로 내려가 플라스틱 분무기에 암모니아를 채웠다. "가서 그 개 간식을 좀 가져와." 나는 한 줌을 집어왔고, 아버지는 나를 차에 태웠다. 그날은 앞자리에 앉게 해주었다. 우리는 그 개들이 있는 집까지 차를 몰고 갔다.

"녀석들을 불러봐." 아버지가 말했다.

나는 조수석, 그러니까 개들이 있는 쪽에 앉아 있었다. 그래서 차창 밖으로 간식을 흔들어대며 녀석들을 불렀다. 그러자 녀석들이 쏜살같이 달려왔다. 그때 나는 차를 타고 있었는데도 진짜 무서웠던 기억이 난다. 개들이 내 쪽 창문 위로 뛰어오르자 아버지가 나를 뒷자리로 훅 밀더니 녀석들 얼굴 정면에 대고 암모니아를 뿌렸다. 녀석들은 울부짖으며 도망쳤다.

세월이 흘러 나중에 함께 낚시를 갔을 때 이 이야기를 꺼내니, 아버지는 전혀 기억하지 못했다.

"우리가 그랬어?"

"네, 아버지."

"뭐, 잘 모르겠으면 일단 힘으로 밀어붙여 보는 거지."

아마 그래서였을 것이다. 미 우정국에서 지급하는 홀트 개퇴치 스프레이를 내가 그렇게 요구했던 이유가. 원래 시골 배달부한테는 아무것도 챙겨주지 않았는데, 어느 날 우체국에 들렀을 때 새로 온 시내 감독관이 나를 불렀다. 당시 나는 나르칸(오피오이드 계열 약물 과다복용을 역전시키는 약인 날록손의 브랜드명-옮긴이) 사용 훈련과 스프레이 지급을 몇 달째 요구하던 중이었다.

"레드! 당신 개 스프레이 여기 있어요." 나는 평생 레드, 아니면 빅 레드, 이 레드헤드 개새끼라 불렸지만 그녀가 나를 레드라고 부른 건 유난히 기억에 남았다. 아마 그게 그녀가 내게 말을 건 유일한 순간이었기 때문일 것이다.

나는 스프레이 깡통 두 개를 받아, 남은 기간 내내 하나는 왼쪽 주머니 펜라이트 옆에, 또 하나는 재킷 안쪽에 꽂아 넣고 다녔다. 장비 애호가로서 그 스프레이들 역시 우편배달에 '필요하다'고 느낀 또 하나의 장비였을 뿐이다. 실제 그게 필요한 순간이 오기 전까지는.

2021년 봄엔 일주일에 6일을 소포 전담 근무를 나갔다. 저 아래 강쪽, 프라이스포크 주위로 배달을 다녔다. 그 집은 누구라도 은퇴 후의 삶을 꿈꿀 만한 드림하우스였다. 드넓은 잔디밭을 가진 커다란 벽돌 저택으로, 자갈이 깔린 긴 진입로 끝에 자리 잡고 있었다. 나는 보통 생각이 딴 데 가 있었다. 그즈음엔 일에 익숙해져서 거의 몸이 알아서 움직이다시피 했고, 그날도 경제 팟캐스트를 들으며 내가 어디에 있는지는 생각조차 하지 않았다. 머릿속은 오직 공급 충격에 대한 생각뿐이었다. 주변을 살피지 않았다. 만약 그때 정확한 상황 인식에 대한 주의를 게을리하지 않았더라면, 차고 안의 개 전용 출입구를 알아봤을 터였다. 그 큼직한 문을. 현관까지 한참 걸어가는 동안 마당 여기저기에 있는 개똥도 눈여겨봤을 터였다.

초인종을 눌렀다. 불이 들어오는 옛날식 흰색 버튼이었다. 대답이 없었다. 소포를 스캔하고 현관문 앞에 내려놓은 다음 트럭으로 돌아가려 몸을 돌렸다. 바로 그때 개들이 눈에 들어왔다. 사냥개의 긴 다리, 뼈를 으스러뜨리는 악어의 각진 턱, 핏불의 머리통을 가진 야수들이었다. 두 놈이었다. 한 놈이 다른 한 놈보다 몸집이 컸다. 놈들은 집 뒤에 숨어서 내가 현관문 앞으로 올 때까지 기다렸다가, 어슬렁어슬렁 걸어와 내 앞을 가로막았다. 딱 봐도 이미 몇 번이나 써먹어본 수법이었다. 이 덩치 큰 놈들은 자기들이 뭘 하는지 정확히 알고 있었다.

나는 놈들에게서 시선을 떼지 않은 채로 왼손엔 묵직한 파란색 허니웰 스캐너를, 오른손엔 홀트 깡통을 꺼내 쥐었다. 내가 겁먹은 티를 내지 않고 그냥 정면으로 다가가면 그들도 그게 무슨 뜻인지 알아채겠지. 하지만 전혀 아니었다. 나는 오랜만에 놈들 앞에 나타난 최고의 오락거리였다.

놈들은 순식간에 달려들었다. 항상 작은 놈들이 먼저 나선다. 작은 놈이 이빨을 드러내고 으르렁거리더니, 삽시간에 나를 향해 뛰어올라 스캐너 안쪽을 파고들었다.

사람은 스트레스를 받으면 훈련받은 대로 움직인다고들 한다. 그건 사실이었다. 그 순간, 행크의 목소리가 들려왔다. "그 스캐너로 놈들 머리를 사정없이 후려쳐요! 놈들이 달라붙지 못하게!" 그래서 나는 놈을 향해 스캐너를 휘둘렀다. 하지만 맞히지는 못했다. 바로 큰 놈이 노리고 있던 순간이었다. 놈은 몸을 숙여 내 발목을 향해 달려들었다. 개들이 야생에서 사냥감을 잡는 방식이 딱 이거다. 다리 하나를 꽉 물어 바닥에 쓰러뜨리면, 나머지 개들이 달라붙어 해치우는 거다. 머릿속에서 행크가 외쳤다. "T존! T존에 대고 뿌려요! 눈과 코에!" 나는 생각할 겨를도 없이 바로 스프레이를 힘껏 눌러 큰 놈에게 갈겼다. 끈적한 붉은 스프레이에서 타바스코 같은 냄새가 훅 올라왔다. 살짝 튄 것만으로도 눈물이 찔끔 날 정도였다. 하지만 나는 놈의 두 눈을 정확히 조준해 쐈다. 진짜 위험한 순간이 오면 으레 그렇듯 갑자기 시간이 느려졌다. 이제 잠깐 생각할 시간이 생긴 것이다. 빨간 뱀처럼 뻗어나가는 스프레이 줄기를 놈의 코 쪽으로 천천히 내렸다. 그리고 놈의 콧구멍을 향해 한참을 발사했다.

잠시 이 자리를 빌려 홀트사에 감사 인사를 전하고 싶다. 이 제품은 광고한 그대로 작동했기 때문이다. 큰 놈은 통나무처럼 바닥에 쓰러졌고, 나는 작은 놈 쪽으로 몸을 돌려 다시 한번 스프레이를 갈겼다. 수업 때 행크가 말했었다. "통이 완전히 빌 때까지 뿌리세요!" 나는 그대로 했다. 안에 든 스프레이를 완전히 다 썼다. 작은 놈은 왼쪽 눈만 맞혔지만 남은 오른눈으로 놈이 본 것은 큰 놈이 차고 쪽으로 어슬렁어슬렁 돌아가는 모습이었다. 다리 사이로 꼬리를 잔뜩 말아 끼운 채로. 나는 스캐너를 고쳐 쥐고 왼손으로 예비 홀트 스프레이를 뽑아 들었고, 작은 놈은 그걸 똑바로 쳐다봤다.

문득 나도 모르게 외쳤다. "가! 꺼지라고!" 마치 아버지가 완전히 시골뜨기 모드로 내 안에 들어와 외치는 소리 같았다. 어쨌든 작은 놈도 꼬리를 내리더니 숲으로 사라졌다.

나는 그 자리에 서서 짜릿한 흥분을 느꼈다. 이어서 약간 우스꽝스러운 기분이 들었다. 그러다 불현듯 두려움이 몰려왔다. 만약 주인이 집에 있다면 60초 안에 가슴팍에 산탄총 세례를 받을 수도 있겠다는 생각이 든 것이다.

고객의 개한테 페퍼 스프레이를 쏘면 우체국에 어떤 일이 벌어지는지 아는가? 아무 일도 벌어지지 않는다. 우리는 연방정부의 대리인이다! 우편물 배송을 방해하는 건 연방법을 어긴 범죄다! 배달부는 원하면 동물 방해 카드를 작성하여, 그 집의 배달을 중단할 수 있다. 개에 대해 안전 조치가 취해질 때까지 동네 전체의 배달을 중지할 수도 있다. 사실 그건 아주 흔히 있는 일이다.

하지만 우체국으로 돌아와서도 아무에게도 그 얘기를 하지 않았다. 그다음에 어떤 일이 벌어질지 확신이 서지 않았기 때문이다. 나는 그냥 홀트 스프레이 새 통 하나만 가져왔다. 그러다 며칠 뒤에 감독관에게 이야기하니, 그는 그 집 배달을 중단하고 싶냐고 물었다. “그 집 배달은 딱 끊어버리자고요!” 나는 그럴 필요까진 없을 것 같다고 말했지만, 주황색 위험견 카드를 작성하여 우편 분류함에 끼워 넣었다. 그 구역 공식 배달부 케이시는 이후 나와 마주쳤을 때 자기가 그 개들을 잘 안다며 카드까지 작성할 필요는 없었다고 말했다.

내가 페퍼 스프레이를 뿌렸다고 하자 그녀는 딱 한마디만 했다. “잘했네요.”

나는 우편배달부로서 힘이 별로 없었다. 어느 날엔가, 병원 근처 큰 트레일러 단지에 배달을 나간 적이 있었다. 그때까지는 거기에 이런 단지가 있는 줄도 모르고 살았다. 울창한 숲으로 둘러싸여 있어 밖에서는 잘 보이지 않았지만 단지 안엔 트레일러 집이 몇백 채는 족히 있는 것 같았다. 나무 정자 밑에는 공동 우편함이 줄지어 있었다. 우편배달 일을 하는 1년여 동안 주 교도소와 연방 교도소에서 온 편지는 한두 통 정도였는데, 이 트레일러 단지에는 하루에만 수십 통이 왔다.

나는 우체국 열쇠로 공동 우편함들을 하나씩 열기 시작했다. 그러자 무슨 저녁 식사 벨이라도 울린 것처럼 그곳 주민들이 하나둘 모여들었다. 그러다 그 수가 순식간에 늘어 무슨 〈워킹 데드〉의 한 장면처럼 무리를 이루었다. 그들 중 일부는 자기 우편물을 달라고 했고, 조금 더 대담한 사람들은 내 뒤로 슬쩍 돌아와 열려 있는 우편함에서 자기 우편물을 그냥 집어가려 했다.

“전부 뒤로 물러나세요!” 내가 소리쳤다. 사람들은 놀란 표정을 지었다.

"그냥 제 우편물만 가져가려는 건데요." 첫 번째 남자가 기분이 상한 듯 말했다.

"제가 다 끝내고 나면 가져가세요."

내가 남자에게 말하고 있는 사이 또 다른 남자가 내 뒤에서 자기 우편물을 꺼내려 했다. 순식간에 아수라장이 되어가고 있었고 나는 우편물에 대한 통제권을 잃을 판이었다. 절대 일어나서는 안 되는 일이었다.

"당신도요! 물러나세요!" 나는 모든 우편함을 따라 걸어가며 다시 문을 잠갔다. 화가 치밀어 올랐다. 마치 학생들에게 무시당하는 대체교사가 된 기분이었다.

"모두 잘 들으세요! 우편물 배달이나 배달부를 방해하는 것은 연방법 위반입니다. 제가 다 끝낼 때까지 저쪽 자갈길에 서서 기다리세요. 안 그러면 싹 다 우체국으로 도로 가져가버릴 거예요. 전부 다."

그러곤 가만 서서 기다렸다. 사람들이 슬금슬금 흩어졌다.

개들한테 페퍼 스프레이를 갈겼을 때와 마찬가지로, 화의 밑바닥엔 짜릿한 흥분이 깔려 있었다. 페퍼 스프레이, 연방법을 이용한 겁박, 수감 중인 가족들의 편지를 기다리는 사람들의 우편물을 꽉 쥐고 내주지 않는 것. 이것들이 우정국의 가련한 제우스로서 내가 휘두르는 번개였다. 몇 달 동안 내 스케줄에 대한 통제권도 없고 가끔은 무시당하고 깔보이는 느낌까지 받아왔던 입장에서 솔직히 그때 기분이 썩 나쁘지 않았음을 인정해야겠다. 사실 위험할 정도로 좋았다.

과연 나는 법을 집행하는 존재였을까? 우편의 안전을 지킬 권한을 위임받은 공권력의 대리인이었을까? 과연 나는 무책임한 집 주인이 풀어놓은 개들에게 공격받아 부득이하게 자기방어를 할 수밖에 없었던 무고한 공무원이었을까?

아마 나는 저 바깥에서 어떤 견제도 받지 않고 작동하는 정부였는지도 모른다. 한 줌의 권한과 높은 이상, 우편의 필수성이라는 자만에 빠져, 책임은 없고, 권력이 어떻게 사람을 타락시키는지를 보여주는 살아 있는 예시.

아니면, 그냥 겁이 났던 것뿐일지도 모른다.

제24장

책 한 권에 기회, 책 한 권에 평화

미 우정국의 원래 임무 중 하나는 책, 잡지, 무역 저널, 전문 간행물의 발송을 장려하는 것이었다. 1748년 필라델피아의 벤저민 프랭클린은 영국 왕실이 임명하는 우정국장이 되었는데, 이전 우정국장이었던 경쟁 인쇄업자가 프랭클린이 발행하던 신문을 우편으로 취급해주지 않자 그 자리를 자청한 것이었다. 프랭클린은 버지니아 출신의 윌리엄 헌터와 함께 우정 시스템을 전면 개편하며 각지에 우체국과 배달 불능 우편 처리국을 세웠다. 그 뒤로 필라델피아에서 보스턴까지 3주나 걸리던 편지와 신문 배달 시간이 이틀로 확 줄었다. 오늘날까지 동부 해안을 잇는 1번 국도는 프랭클린이 우편 도로망의 척추로 삼고자 만든 도로였다. 닉슨 대통령 시절 우정부가 대통령 내각에서 제외되면서 준

독립기관이 됐지만, 임무는 그대로였다. 1970년에 제정된 우편 재조직법은 우정국의 역할에 대해 다음과 같이 규정한다. "미 우정국은 시민의 개인적, 교육적, 문학적, 상업적 서신 교류를 통해 이 나라를 하나로 묶는 우편 서비스를 제공할 의무를 가진다."

어느 날 아침, 소포를 분류해서 작업 수레에 올려놓고 있는데 똑같은 크기의 패키지 한 무더기가 나왔다. 발신자는 모두 '이달의 책 클럽'으로 되어 있었다. 바깥에 마차 한 대가 덜컹거리며 들어온들 이보다 더 놀라진 않았을 것이다. "와, 아직도 이런 게 존재하다니!" 나는 파란 상자 하나를 들고 말했다.

"뭐라고요?" 바로 건너 분류함에서 작업하고 있던 다이애나가 물었다.

"이달의 책 클럽이라니. 이런 걸로 돈을 벌 수 있다고? 이런 단방향 자동 구독 비즈니스 모델이 아직도 살아 있다니 진짜 신기하네."

"아이고, 당신은 무슨 생각이 그렇게 많아요." 다이애나가 고개를 절레절레 흔들었다. "그 머리는 대체 언제 쉬어요?"

"나는 어떻게 사람들이 책 한 권을 끝까지 읽을 수 있는지 모르겠어. 한 페이지만 넘겨도 바로 곯아떨어지던데." 에리카의 말이었다. 그녀는 자일스카운티에 있는 트레일러에서 옆 트레일러 주인이 버리고 간 핏불 다섯 마리를 데려와 키우며 살았다.

"누가 그렇게 책을 겁나 사재끼는지 알려줘요? 바로 스티븐이에요." 내가 사는 8번 구역에서 테리를 보조하는 딘이 말했다.

"뭐, 그래도 난 괜찮아요. 당신 집 우편함이 그 동네에서 제일 끝내주니까. 완전 예술이야, 예술." 우편배달부 일을 시작하고 두어 달쯤 지났을 때 나는 부끄러움에 못 이겨 우리 집의 허접한 싸구려 플라스틱 우편함을 새로 교체했다. 우리 집에는 처음부터 쓰레기 같은 플라스틱 우편함이 달려 있었다. 갈색 얼룩 폴리비닐에 못생긴 가짜 이오니아식 기둥이 달린 그런 거였다. 크기도 손바닥만 하고 말벌과 거미만 자꾸 끌어들이는 데다 번지수도 안 붙어 있어서 참다 참다 더는 견딜 수가 없었다. 그래서 나는 시골 배달부들의 최애 템으로 갈아탔다. 지브롤터 엘리트 라지 아연도금 강철 우편함. 기둥은 삼나무 재목으로 정하고, 땅을 1미터쯤 파서 그걸 세우고 콘크리트를 부어 고정했다. 배달하기에 딱 맞는 높이, 흔들림 제로. 큼직한 반사 재질 번지 숫자에 거주자의 성을 적은 카드까지 붙여놓았다. 신참 배달부들에게 이보다 친절할 수 없는 우편함이었다. 우편배달부들이 꿈꾸는 바로 그 우편함이었다.

"스티븐이 책을 얼마나 받는데요?" 우리 부모님 댁을 맡고 있던 조지가 물었다.

"일주일에 두세 권." 딘이 말했다.

"헉, 스티븐, 나는 당신 아버지가 책을 많이 받는다고 생각했어요."

"아버지도 많이 읽지만, 저보단 속도가 느리시죠."

에리카가 나를 보더니 고개를 잘래잘래 저었다.

✦

내가 우편배달부로 일하는 동안 투표용지를 빼면 책은 가장 중요한 우편물이었다. 언젠가 발신 주소가 프랑스인 책을 배달한 기억이 난다. 우표에 프랑스 우정국 '라 포스트' 소인이 찍혀 있었다. 프랑스에서는 제1종 우편물은 하루 만에, 제2종 우편물은 이틀 만에 전국 어디든 배달된다고 한다. 나폴레옹 치하 파리에선 하루에 두 번까지 배달했는데, 세계로 뻗어나가려면 서신 왕래 속도부터 빨라져야 한다는 생각에서였다. 포병 장교이자 공학자였던 나폴레옹은 원조 기술관료였고, 정보의 흐름에 집착하는 사람이었다. 결국 미터법을 나폴레옹 법전에 박아 넣은 것도 그였다.

책의 주소지는 3번 구역이었다. 릭런Lick Run 계곡 입구를 지나 갭마운틴 남사면을 타고 올라가는 길에 있었다. 그 길로 올라간 건 처음이었다. 그 길에 있는 집들은 우편함이 모두 노리스런 도로변에 모여 있었기 때문이다. 시골 구역에선 꽤 흔한 방식이다. 산비탈로 난 지선 도로를 따라 집들이 줄지어 있으면 집 앞이 아니라 산 아래 계곡 쪽 큰길 옆에 여러 집 우편함을 줄줄이 세워두는 식이다. 그날 나는 타코마를 몰고 갔기 때문에 경사는 문제가 아니었지만, 등기 소포라 수신자에게 직접 서명을 받고 건네야 한다는 부담이 있었다.

그 집까지 올라가는 내내 프랑스어를 연습했다. "봉주르! 세르 쿠리에 아메리캉. 자 유느 리브르 아 리브레(안녕하세요! 미국 우편배달부입니다. 책 배달 왔습니다).” 산길은 처음엔 포장도로였다가 자갈길이 되더니 마지막엔 좁은 흙길로 바뀌었다. 하지만 길 끝에 나타난 그 집은 전혀 뜻밖의 외양을 하고 있었다. 2층짜리 빅토리아 양식으로, 외벽 전체가 동화 속 집처럼 장식용 나무 조각으로 아기자기하게 꾸며져 있고 보라, 노랑, 흰색으로 밝게 칠해져 있었다. 그 알록달록한 모습을 보니 마디그라(한때 프랑스령이었던 미국 루이지애나주에서 열리는 사순절 축제로, 이 기간엔 집이나 의상을 보라, 녹색, 금색으로 화려하게 장식한다-옮긴이)가 떠올랐다. 깔끔한 흰색 울타리에 둘러싸인 마당은 완벽하게 관리되어 있고 꽃 화분도 옹기종기 놓여 있었다. 창문에서는 클래식 음악이 흘러나오고 있었다. 집 주변엔 오직 나무들밖에 없었다. 마치 영화 〈지옥의 묵시록〉 감독판에서 튀어나온 장면 같았다. 안개 속 강 상류에서 그림책에나 나올 법한 프랑스 시골 저택이 불쑥 모습을 드러내는 장면. 완벽하면서도 너무도 생뚱맞은 풍경.

현관문 쪽으로 걸어가는데, 키가 대략 150센티미터쯤 되어 보이는 여자가 문을 열고 나와 나를 반겼다. 짧은 단발머리에 목에는 스카프를 두르고 있었다. 나는 마치 깊은 산골 프랑스 요정의 집에 도착한 기분이었다.

“어, 봉주르! 세 르 쿠리에 아메리캉. 자 유느 리브르 아 리브레.” 트럭 안에서 혼자 연습할 때보다 목소리에 자신감이 한참 떨어져 있었다.

그 뒤에 이어진 건 신나게 뿜어 나오는 프랑스어의 향연이었다. 프랑스어 특유의 모음과 거친 자음이 폭포수처럼 쏟아졌다. 기분 좋은 놀라움이라든지 손님이 찾아온다는 등의 말을 뜨문뜨문 알아들었지만, 사실 나는 프랑스어를 할 줄 모르고 그냥 좀 읽을 줄만 아는 수준이었다. 우아하고 활기찬 이 고급 디저트 같은 프랑스어는 내 실력을 넘어도 한참 넘어서는 것이었다. 그래서 나는 기껏해야, "다코르(그럼요)!"라든지, "르 샤 에 누아르(검정 고양이네요)" 같은 말이나 하고 있을 수밖에 없었다.

"죄송합니다, 부인. 사실 저는 프랑스어를 할 줄 몰라요. 그냥 이 책이 파리에서 온 걸 보고 신기한 마음에 한마디 해본 거예요."

"아유, 근데 어찌나 힘차게 말하시던지! 친한 친구가 보내준 책을 받는 것도 반가운데, 그걸 프랑스어를 하는 우편배달부한테서 받다니. 저는 속으로 '이제 미국 우체국에 프랑스어를 하는 배달부가 생긴 건가?' 했어요."

"실망시켜드려 죄송합니다."

"아이고, 아니에요. 오히려 즐거웠어요."

"그래도 서명은 받아야 합니다. 실 부 플레, 마담(부탁드립니다, 부인)."

"다코르! 비앙 쉬르(물론이죠)."

✦

팬데믹 동안 사람들은 책을 팔거나 나눴고, 그래서 내가 배달하는 책도 더 많아졌다. 어느 날 아침, 배달을 나가려는데 감독관이 나를 붙잡고 말했다. "윈체스터로드Winchester Road에 수기 우편물 있는 거 잊지 마세요. 어제 캣이 챙겼어야 했는데 못 하고 그냥 와서요."

윈체스터로드는 11번 구역에 있었다. 캣이 다른 구역들을 보조하면서 맡고 있던 반쪽짜리 구역이었다. 나는 아직 그 구역의 보조를 맡고 있었는데, 그 이유 중 하나는 딸들의 도움 없이 내 픽업트럭으로 배달하는 요령을 터득한 덕분이었다. 타코마를 몰고 혼자 배달하는 핵심 요령은 윈체스터로드를 거꾸로 도는 것이었다. 거긴 막다른 길이라 자동 분류 우편물들을 꺼내 역순으로 다시 정리한 다음 도로의 왼편으로 올라가면서 왼쪽 창밖으로 우편함에 집어넣으면 되었다. 그 구역엔 동그랗게 한 바퀴 돌아 나오는 동네가 하나 있고, 구역의 마지막 3분의 1가량을 차지하는 막다른 길이 하나 더 있는데, 구간들 역시 똑같은 요령으로 배달할 수 있었다. 길 끝에는 가족이 운영하는 작은 자동차 정비소 겸 농장이 하나 있었다. 배달 초기에 거기에서 어떤 남자가 굴착기를 모는 걸 본 적이 있다. 남자는 굴착기 끝 체인에 한 400킬로그램쯤 되어 보이는 돼지를 매달고 덜컹덜컹 어디론가 가고 있었다. 대학이라는 거품막을 조금만 벗어나면 블랙스버그가 얼마나 깡촌인지는 나도 이미 알고 있었다. 하지만 머릿속 개념과 묵직한 중장비에 껍질을 벗긴 돼지 한 마리가 대롱대롱 매달려 있는 현실 사이엔 커다란 간극이 있었다.

그날도 나는 윈체스터를 거꾸로 올라가 조그마한 벽돌 단층집에 도착했다. 우편물을 수거할 집이었다. 줄무늬 멜빵 작업복을 입은 백발 노인이 이미 차도 쪽으로 나와 있었다.

"방금 지나가는 거 보고 놓치기 싫어서 미리 나와 있었어요." 그가 말했다.

"네, 보낼 우편물이 있으시다고요. 책이라고 들었는데."

"맞아요. 어제 온 여자분이 자긴 못 가져가지만, 그쪽은 아마 가져갈 수 있을 거라더군요."

"네, 제가 가져갈게요."

"이거 배달부님이 좀 실어줘야겠어요. 늙은 허리로는 도저히 못 들겠어서."

"그럼요. 제가 실을게요. 어디 있는지만 알려주세요."

남자는 돌아서서 차고 문손잡이를 잡고 드르륵 올렸다. 차고 바닥 전체에 서류 상자가 겹으로 빼곡히 깔려 있었다.

"이 중에 어느 걸 보내시려고요?"

"전부 다요. 전부 법률 서적들이에요. 힐스빌의 어느 집 유품 정리 세일에서 헐값에 몽땅 사왔죠. 살 땐 거기 사람들이 내 트럭에 실어줬고, 내릴 땐 동네 애들한테 몇 푼 주고 시켰지요." 책 상자를 하나하나 노려보면서 나도 그 애들한테 돈을 주고 시키고 싶다는 생각을 했다.

"우리 딸이 변호사거든요. 믿어져요? 나는 평생 용접공으로 먹고살았는데, 우리 제니가 변호사가 됐다니까요. 어릴 때부터 똑똑하긴 했지만 졸업식장에서 이 두 눈으로 보지 않았다면 아마 못 믿었을 거예요. 아무튼 이 법률 서가를 보고 딸한테 전화했더니, 새로 차린 자기 사무실에 갖다 놓고 싶다더라고요."

그는 수백 권에 달하는 그 책들을 죄다 '미디어 우편'으로 보낼 참이었다. 사실 원래 그게 미디어 우편의 용도다. 전문 지식과 법률 지식을 널리 소통하게 하여 나라를 하나로 묶는 일.

각 상자마다 인쇄된 라벨과 바코드가 붙어 있었다. "우리 가게 저울로 내가 전부 무게를 쟀어요. 필요하면 저울도 보여줄 수 있어요. 아무튼 싹 다 규정대로 계산해서 냈어요."

나는 허니웰 스캐너로 첫 번째 상자를 스캔했다. 코드는 제대로 읽혔다.

"괜찮습니다, 선생님. 스캐너가 다 통과됐다고 하네요."

남자는 거기 서서 자기 딸이 변호사가 되기 위해 얼마나 공부를 해야 했는지 아느냐느니, 책이 이만큼 필요한 직업이 있다는 게 말도 안 되는 것 같지만 딸 말로는 다 필요하다느니, 법이란 게 원래 그런 거라느니 하는 말들을 쉬지 않고 떠들었다. 내가 수십 개의 상자를 트럭에 싣는 내내 그는 잘나가는 딸을 키운 아버지의 이야기를 미주알고주알 들려줬다. 자기 딸은 노동자들이 일하다 다쳤을 때 도와주는 변호사가 될 거라고.

법률 서적으로 트럭 짐칸이 꽉 찼다. 상자를 다 싣고 나니 타코마의 맨 뒤쪽은 푹 가라앉고 앞은 저 하늘 위로 쳐들려 있었다. 우체국으로 돌아가는 동안 나는 숲우듬지만 바라봐야 했다.

이후 캣을 만났을 때 내가 그 상자들을 전부 다 싣고 왔노라고 확인시켜주었다. 하나도 빠짐없이.

"그래요, 좋아할 줄 알았어요. 당신 책 좋아하잖아요!"

"읽는 걸 좋아하죠. 트럭에 실어 나르는 게 아니라."

"그래도 그 상자들이 당신을 불러달라고 합창을 하던데요."

✦

어쩌면 종이책 서가라는 건 이제 한물간 것인지도 모른다. 하지만 나는 책이 칼보다 더 시대에 뒤떨어지는 물건이라고는 도저히 믿지 못하겠다. 칼은 쓸수록 닳지만, 책은 읽을수록 가치가 더 올라간다. 책은 한 번 두 번 읽힐 때마다 그 안에 담긴 생각들이 더 널리, 더 많은 사람들의 정신 속으로 번져간다. 또한 정성 들여 읽히면 새로운 생각이 열린다. 하지만 책은 한없이 연약하기도 해서 비를 맞거나 개한테 물어뜯기도록 내버려두면 그 안에 담긴 정보는 그대로 사라져버린다. 내가 항상 그렇게 책을 조심해서 다루는 것도 그래서다. 종이에 인쇄된 구식 책은 불멸성과 소멸성을 동시에 지닌다.

어쩌면 우체국도 이달의 책 클럽처럼 시대에 뒤떨어진 발상일지도 모른다. 공부를 위해서든 재미를 위해서든, 책을 안 읽는 사람이 정말 많다. 실용적 차원을 넘어선 글 읽기가 필수는 아니다. 일종의 사치라는 말이다. 하지만 인간의 생각과 지식을 유기적으로 배열해놓은 책이라는 구조물은 인류가 만들어낸 것 중 가장 강력한 디자인 패턴 중 하나다. 책은 한 사람이 자신의 사유와 정신을 수백만 명의 사람들과도 나눌 수 있게 해준다. 책은 늘 더 나은 방법을 궁리하던 농부와 장인이 뒷마당 정비공, 과학적 농학자, 엔지니어, 그리고 물론 예술가로 성장하는 데 훌륭한 도구가 되어주었다. 우체국 덕분에 자급자족하며 살던 사람들은 더 이상 섬처럼 고립되지 않을 수 있었다. 등유 램프 아래서, 그리고 나중엔 전등 아래서 하나의 농가는 하나의 네트워크 연결점이 되어 더 큰 사상의 우주와 연결되었다. 연방항공청이나 식품의약국처럼 보편적 서비스를 제공하는 공공기관은 결코 완벽할 수 없다. 비효율적일 때도 있고, 취약할 때도, 업데이트가 잘 안 될 때도 있다. 그럼에도 그런 기관들은 안전과 법의 지배, 이동의 자유, 기업 활동의 자유, 시민사회의 일원으로서 말하고 생각할 자유를 가능하게 하는 접근성과 기반 시설 또한 제공한다.

하지만 이런 네트워크 역시 연약하기는 매한가지다. 어떤 기관에 대한 신뢰가 무너지면 사람들은 그 가치를 보지 못하게 된다. 그들은 자기들 세금이 대체 어디에 쓰이는지 궁금해하기 시작한다. 만약 미 우정국을 망가뜨리고 싶다면 이렇게 하면 된다. 서비스 속도를 늦추고, 노동자들을 함부로 대하고, 필요한 만큼 자본을 투여하지 않는 것이다. 하지만 아름다운 아날로그의 무언가를 한번 망가뜨리면 영영 고치지 못하게 될 수도 있다.

이 나라에는 책을 없애고 싶어 하는 사람들도 우체국을 없애고 싶어 하는 사람들도 수두룩하다. 비자유주의illiberalism—이건 정치 스펙트럼의 한쪽만을 말하는 게 아니다—는 사상이 위험하다는 생각에서 출발한다. 맞다. 세상에 위험하지 않은 게 없다. 항생제도 위험하고, 전기도 제트 엔진도 전기톱도 인터넷도 위험하다. 그러나 정부는 사상을 막기 위해 존재하는 것이 아니다. 시장이 할 수 없는 일들을 하기 위해 존재하는 것이다. 이를테면 표현의 자유와 사상의 자유를 촉진하는 것 같은 일들을. 공간과 사상을 마음대로 누빌 자유는 헌법에 박혀 있다. 책을 금지하는 일과 우정국을 공격하는 일은 그 자체로 이 입헌공화국의 건국 문서들을 정면으로 공격하는 행위와 다를 바 없다. '애국자' 코스프레를 한 비자유주의 파시스트 폭도들이 국회의사당을 습격한 일과도 다를 바가 없다. 우체국을 공격하는 건 그저 TV 화면에서 덜 자극적으로 보일 뿐.

대학 때 들어야 했던 한 연구 방법론 수업이 떠오른다. 그때 사서가 책의 양을 '리니어 피트linear feet'라는 길이 단위로 계속 언급했는데, 언어의 덩어리를 그렇게 재는 방식이 참 이상하게 느껴졌었다. 나에겐 그 너머에 있는 아이디어들과 그 뒤에 놓인 정신이 보였기 때문이다. 하지만 날마다 책을 다루는 사람에겐 책이 다른 무언가가 되는 모양이다. 땔감용 장작더미 같은, 또 하나의 길이와 부피 단위 같은 것으로.

마케터로 일할 때 내가 사람들을 바라보던 방식도 그랬다. 가치의 등급으로 분류되는 하나의 상품. 가구용 나무, 건축 자재. 그리고 나머지는 땔감. 잘라내어 시장으로 실어 나르고, 불이 잘 붙게 말려서 본래의 용도대로 태워버리는 것. 하지만 인간은 선호와 수요라는 경제적 단위보다 훨씬 큰 존재다. 이걸 인정하는 것만으로도 쓰레기가 된 기분이지만, 사람들의 버튼을 눌러가며 그들에게 물건을 팔아치운 스물다섯 해 동안 나는 인간다움에 대한 감각을 잃어버렸다. 그 물건은 그들에게 필요할 수도 그렇지 않을 수도 있는 것들이었다.

미 우정국은 미국 사람들을 소비자로 본 적이 한 번도 없다. 우정국은 언제나 그들을 시민으로 보았다. 학교를 통해 거의 보편적인 문해 교육을 받은 사람들, 기회만 주어진다면 더 나은 먹거리를 기르고 기계를 고치고 부러진 뼈를 고칠 사람들, 그리고 새로 얻게 된 부로 어쩌면 정신의 삶을 가꾸기 시작할 사람들로. 그들은 똑똑한 시민이 되어 민주주의를 확장하고, 어쩌면 그걸 온 세계와도 나눌 사람들이었다. 미 우정국은 사람들이 자기 안의 '좋음'이 발굴되기만을 기다리고 있음을, 미국 안에 더 나은 버전의 미국이 들어 있음을 보았다. 이 나라에 필요한 건 오직 책 몇 권뿐이었다.

예수회는 벌거벗은 이를 입히고 배고픈 이를 먹이고 그리고 무엇보다 교육을 통해 무지의 족쇄를 끊어내는 일이 신의 일이라고 믿는다. 우리가 쓰는 모든 단어가 악마에게 가하는 일격이라고 믿는다.

내가 배달하는 책 한 권 한 권도 똑같은 일을 했다.

제25장

영혼이 캄캄한 한밤을 지날 때

철 지난 폭설이 내리던 날, 나는 타코마를 타고 소포를 배달하고 있었다. 그때 신참 시골 배달부 척이 내게 전화해 캣이 크리스천버그 쪽으로 가다 길에서 미끄러져 도랑에 빠졌다고 전했다. 미우정국 견인차는 로어노크에 나가 있어서 캣을 구조하러 오려면 최소 90분은 기다려야 한다는 것이었다.

"개인 트럭 갖고 계시잖아요. 가서 좀 도와주실 수 있을까요?"

솔직히 노조의 관점에서라면 그에게 엿이나 먹으라고 쏘아줬을 것이다. 하지만 대상은 캣이었다. 그녀가 그렇게 눈 속에 갇혀 있을 것을 상상하니 도저히 그냥 두고 볼 수가 없었다. 게다가 나는 견인줄도 갖고 있고, 그걸 써볼 기회를 몇 년이나 기다려온 참이었다.

현장에 도착하니 커다란 디젤 픽업트럭을 가진 남자들 몇이 언덕 위에 모여 있었다. 담배를 피우며 그냥 가만 서서 도랑에 빠진 캣을 내려다보고만 있었다. 기사도도 상식적인 도리도 모르는 그 모습은 진짜 우리 할머니가 무덤에서 벌떡 일어날 광경이었다.

"혹시 여러분 중에 도와줄 생각을 한 분은 안 계신가요?" 나는 화가 치밀었다.

"그거 당신 일 아니오?"

솔직히 사무실이라는 환경에서는 나도 냉정해지는 법을 배웠다. 바닥이 보이지 않는 화이트칼라 일의 구렁텅이에서는 마음을 단단히 먹는 게 오히려 자산이 된다. 하지만 파워포인트 하나로 끙끙대는 것과 어느 외딴 뒷길에서 눈더미에 갇혀 옴짝달싹도 못 하는 것은 차원이 다르다. 이곳 우체국에서는 사람과 우편물의 싸움이었다. 늘 역부족이었고 늘 자원이 부족했다. 우리 배달부들끼리 서로를 돌보지 않으면 아무도 우리를 챙겨주지 않았다.

나는 우체국 차량 앞 범퍼의 견인 고리에 줄을 걸었다. 캣은 액셀을 밟고, 나는 기어를 사륜 H로 넣고 당겼다. 곧 캣은 도로 위로 다시 올라왔다. 이번엔 내가 캣을 구한 셈이었다. 드디어.

또 한 번의 구조도 있었다. 파랑어치처럼 푸르른 어느 봄날, 11번 구역 배달을 막 끝냈는데 척이 4번 구역에 나가 있는 '그 애'를 찾아봐달라고 했다. 그 애는 교육원을 막 졸업한 신참이었는데, 척 말로는 그의 스캐너가 약 30분째 움직이지 않고 전화도 안 받는다는 거였다. 나는 잠깐 자부심이 차오르는 걸 느꼈다. 이제 나는 '구조대'에 낄 정도로 명실상부한 배달부였다. 척의 컴퓨터에서 지도를 대충 훑어보고 곧바로 길을 나섰다.

러스터의 게이트로드에서 우체국 차량을 발견하고 갓길에 차를 세웠다. 아직 그 구역의 3분의 1도 못 간 지점이었다. 나는 비상등을 켠 채 '그 애' 뒤에 차를 대고는 마치 주 경찰이 된 것 같은 기분으로 차량의 오른쪽으로 다가갔다. 그 애는 엔진을 끈 채 자리에 앉아 그저 앞만 멍하니 바라보고 있었다. 너무 어려 보였다.

"이봐, 친구, 별일 없어?" 아무 반응이 없다. "이봐, 괜찮아?"

"네, 괜찮아요."

"무슨 일이야?"

"그냥…… 그냥…… 그래요." 그는 넋이 나가 있었다. 일종의 해리 상태에 빠진 것처럼.

"마지막으로 물을 마신 게 언제야?"

"모르겠어요."

"내가 가서 게토레이 하나 가져다주면 마실래?"

"네." 내가 예수 그리스도를 자신의 주인이자 구세주로 받아들이겠냐고 물었대도 아마 그는 "네" 하고 대답했을 것이다.

나는 트럭으로 돌아가 게토레이 하나를 집어 그 애에게 가져다주었다. 그때 에리카와 딘이 도착했다.

“쟤 왜 저래요?” 에리카가 물었다.

“잘 모르겠어요. 너무 벅찼나?”

“저 애 나랑 같이 교육원에 있었어요. 쟤가 왜 지금 우편배달을 시작했는지 모르겠어요.” 에리카가 말했다. “가장 좋아하는 일이 비디오게임이라 하더라고요.”

“이게 저 애한테 맞는 일은 아닐지도 모르겠네요.”

“그렇게 생각하세요?”

“이제 어떡하죠?” 딘이 물었다. 어느덧 내가 이 난장판의 책임자가 되어 있었다.

“내가 소포는 전부 가져갈게요. 자동 분류 우편물, 잡지류, 스퍼스는 셋이서 나눠요. 오늘 건 다 끝냅시다.”

“일단 담배 한 대만 좀 피우고요.” 에리카가 말했다.

그렇게 우리는 모두 해치웠다. 하지만 그게 그 애의 마지막 근무였다. 이후 다시는 그 애를 보지 못했다.

다음 날 아침 우편 분류 작업을 하면서 나는 배달부 일이 초반에 얼마나 힘든지 얘기했다. 그러자 케이시가 말했다. “말도 마요. 나는 석 달 동안 매일 울었던 것 같아요.” 그녀가 무엇 때문에 운다는 건 상상하기가 어려웠다. 하지만 사실은 구조대가 될 정도로 익숙해진 뒤에도 우리에게는 여전히 우는 날이 있었다. 중요한 건 어떻게든 버티는 거였다.

✦

법률가, 자동차 딜러숍 주인, 풋볼 코치, 대학 행정가 등이 사는 고급 동네 전체를 맡았을 때였다. 큰 대학 도시에서 돈과 권력으로 통하는 곳. 길 하나를 막 끝내려는데, 꼭 화난 앵무새처럼 날카로운 여자 목소리가 들렸다.

“저기요! 저기요!” 목소리의 주인공은 요가복을 입은 작고 마른 여자였다. 발에는 무슨 광대 신발처럼 큼직한 노란 크록스를 신고 있었다. 그녀는 거의 코믹 오페라 수준으로 흥분해서는 팔꿈치를 앞뒤로 힘차게 흔들며 내게 다가왔다. 바로 뒤에는 남편이 따라오고 있었는데, 역시 길쭉한 요가 체형에 뚱한 표정의 수염 난 얼굴을 하고 있었다.

“네, 부인. 뭘 도와드릴까요?”

“제 소포 있어요? 제 소포 어디 있어요?” 그녀는 불행을 즐기는 전투적인 비건처럼 수척한 인상을 풍겼다.

“오늘은 이 주소로 온 소포가 없는데요, 부인.”

“부인, 부인. 제발 저를 그렇게 부르지 마세요. 제 소포는 닷새 전에 왔어야 했거든요! 컴퓨터에 그렇게 나와 있어요. 근데 아직도 배달이 안 됐다고요.”

“운송장 번호가 없으면 제가 할 수 있는 게 없습니다. 번호만 주시면 제가 조회해볼게요.”

“조회는 ‘저도’ 할 수 있거든요. 저도 컴퓨터가 ‘있어요’. 제가 알고 싶은 건 그게 대체 어디 있냐는 거예요.”

"운송장 번호를 주시면 제가 최대한 찾아드릴게요. 아마 처리 센터에 걸려 있을 것 같아요."

"정말 도움이 하나도 안 되네요! 아, '당신' 잘못이 아니고, '처리 센터' 문제군요. 아무도 책임지는 법이 없다니까!"

"부인, 저는 그냥 보조 인력이에요. 할 수 있는 한 최선을 다하고 있습니다. 정말로요."

"이건 도저히 못 참겠네요! 이런 대우는 못 받아요! 나한테 훈계하지 말아요! '저는 그냥 보조 인력이에요'?" 마지막 말은 비웃는 듯한 톤으로 말했다. 그녀는 씩씩대며 자기 집 진입로 쪽으로 걸어갔고, 남편도 그들의 커다란 유리집 쪽으로 뒤따라갔다. 그녀는 한 50미터쯤 가다가 돌아서서 외쳤다.

"책임지세요!"

그 말투, 그게 정말 거슬렸다. 한심하다는 듯 거들먹거리며 아래로 내려다보는 듯한 그 말투가. 인간이 아니라 우편배달부로만 보는 것. 개가 물어도 되는 무엇, 농담거리. 그래서 그녀는 그렇게 내게 상처 주는 말들을 뱉어냈던 것이다. 나를 땅바닥까지 끌어내리는 말들, 아프게 만들고 작아지게 만드는 말들을.

내가 하고 싶었던 건 페퍼 스프레이를 꺼내 그 여자의 눈에 뿌려버리는 것이었다. 그 뒤로도 몇 년 동안 그때 그녀의 코 점막 속으로 부식성 화학약품을 길게 분사하고 그녀가 울부짖는 소리를 들었다면 얼마나 통쾌했을지 수없이 상상했다. 하지만 당연히 그러지 못했다.

어릴 적 아버지와 함께 지하실에서 배낭여행을 준비한 적이 있었다. 이제 막 스카우트에 들어갔고, 아직 열두 살 꼬마일 때였다. 키는 아마 150센티미터쯤 됐을 것이다. 보이스카우트 핸드북에 나온 준비물 목록을 차근차근 확인하며 준비해야 했다. 하지만 ADHD 사람들이 그렇듯 머릿속은 이미 야영지 근처에 있다는 오래된 통나무 오두막 삼매경에 빠져 있었다. 나는 '딴청이'였다. 그건 노인네가 가장 좋아한 욕이었다. "멍하니 딴생각만 하고 있군! 그냥 하나도 진지하지가 않아." 아버지는 바보 같은 행동을 절대 참지 못했다. 그건 관용의 문제가 아니었다. 아마도 자기혐오에서 비롯되었을 혐오였다. 사실 아버지도 나만큼 몽상가였고 ADHD였다.

"그래서 어떡할 건데, 응?" 아버지가 물었다. "저 숲속에서 라이터가 없으면? 그 컴컴한 데 앉아 덜덜 떨고만 있을 거야?"

"순찰조가 같이 있잖아요. 내가 라이터를 깜빡해도 누군가는 가지고 있겠죠." 아버지의 반응은 즉각적이었다. 그는 키 190이 넘는 자기 몸을 굽혀 내 눈높이에 맞췄다. 그러곤 코앞에 대고 말했다.

"그중 하루는 너 혼자 거기 있게 될 날이 있을 거야. 그땐 아무도 널 도와주지 않아. 그럼 어떡할 거야? 가진 거라고는 네 배낭 안에 든 것, 네 머릿속에 든 것, 그리고 네 두 손으로 할 수 있는 것뿐이야. 아무도 널 도와주러 오지 않아. 그러니까 준비해."

아버지는 도덕적 딜레마 앞에서 뭘 느껴야 하는지, 영혼의 캄캄한 한밤을 어떻게 견뎌야 하는지 따위에 대해서는 조언을 잘 해주는 분이 아니었다. 그의 내면은 그가 무덤까지 가져간 수수께끼였다. 아버지의 조언은 언제나 물리적인 세계를 다루는 법에 관한 것이었다. 차 에어컨의 냉매를 충전하는 법이라든가, 차단기를 떨어뜨리는 부하를 하나씩 분리해 원인을 찾아내는 법 같은 것들. 그는 삼중 대비를 믿는 사람이었고, 안전을 위한 여유를 넉넉히 두고 거기에 또 여유를 두는 사람이었다.

아버지는 많은 일에서 거의 초인적으로 옳았지만, 틀릴 때는 또 턱도 없이 틀렸다. 언젠가 내가 완전히 혼자가 되고 아무도 도와주러 오지 않을 거라는 그의 예언은…… 틀렸다.

아버지는 자기 자신의 운명에 대해서도 틀렸다. 어린 시절에 무슨 일을 겪었는지는 몰라도 인생 말미에는 그를 사랑하는 사람들이 그의 목숨을 살리기 위해 기나긴 싸움을 벌였다. 나는 시도 때도 없이 아버지를 응급실로 모시고 갔고, 아버지가 고통스러워할 때 곁을 지켰다. 동생 존은 아버지를 모시고 세 시간이나 차를 몰아 샬러츠빌의 버지니아대학교로 가 전문의를 만나게 했다. 다른 동생 데이브는 부모님 댁으로 와 집안일을 돕고, 아버지를 종양 전문의에게 모시고 갔다. 한번은 아버지가 생전 처음으로 대놓고 겁을 내는 바람에 아이처럼 트럭으로 끌고 가야 했다. 풀라스키의 응급실로 모시고 가면서 손을 꽉 잡았을 땐 완전히 공포에 사로잡힌 모습이었지만 짐짓 못 본 척했다. 절대 아버지가 약하거나 어리석거나 뭘 잘못한 것처럼 느끼게 만들지 않았다. 설령 그게 사실이라 해도, 설령 그 망할 똥고집 때문에 몇 년은 더 살게 해줬을지도 모를 도움을 받지 못했다고 해도. 아버지가 혼자였던 부분이 있다면 그건 스스로 택한 고립이었다. 그럼에도 그의 아들들은 그를 구하리라는 희망을 절대 놓지 않았다. 왜냐면 말은 그렇게 해도 그는 항상 우리를 구하러 와주던 사람이었으니까.

내 마음속에서 그 미친 여자의 말은 곪아 썩어갔다. 나 자신조차 놀랄 만큼 금세 회복한 지 몇 달이 지나고부터 나는 점점 무너지고 있었다. 어느 날 아침, 몇만 번째인 것 같은 기분으로 우편 분류 작업을 하고 있는데 편지 하나하나가 10킬로그램은 나가는 것처럼 느껴졌다. 마치 심장에 납으로 된 뱀이 칭칭 감긴 것 같았다. 이 감각이 뭔지 잘 알았다. 오랫동안 잊고 있었을 뿐. 그건 심한 성인 우울증 삽화였다. 몇 주 동안 수면 아래서 보글보글 끓고 있다가 이제 완전히 올라온 것이다.

얼리샤에게 안부 문자가 왔다. 나는 부정적인 감정을 잔뜩 실어 답장을 보냈다.

- 더는 못 하겠어.
- 그냥 오늘 아침이 좀 힘든 거야, 여보.
- 이 빌어먹을 곳에서 단 1분도 더 못 있겠어.
- 여보, 오늘 하루만 어떻게든 버텨봐. 퇴근하고 집에 오면 나아질 거야.
- 이건 절대 나아지지 않아. 이 도시는 진짜 개판이야. 내 인생이 어쩌다 이렇게 됐지?

참으로 그랜트다운 행동이었다. 비참한 기분이 들거나 마음을 다쳤을 때 그 비참함을 사랑하는 사람들과 나눠 그들도 나만큼 비참해지도록 만드는 거다. 부정적 일탈. 모두를 진창 속으로 끌어내리기.

그 음울한 힘이 하루 종일 온몸을 태웠다. 4번 구역의 그 여자가 가진 영혼의 독이 방전된 전류처럼 내게 튀어 온몸이 그대로 감전된 것만 같았다. 그날 밤 집에 돌아와서도 나는 여전히 '저기압 씨'였다. 얼리샤와 아이들이 내 눈치를 보며 발끝으로 살금살금 다녔다. 가족들이 간식까지 준비해놨지만 나는 그냥 쿵쿵거리며 2층으로 올라갔다. 내가 얼마나 개자식처럼 굴고 있는지 내 눈에도 뻔히 보였지만, 도저히 멈출 힘이 없었다. 그냥 침대에 누워 천장을 바라보면서 아버지로서, 남편으로서, 한 인간으로서 내가 저지른 무수한 잘못들만 줄줄이 떠올렸다.

나는 쉰 살짜리 패배자였다. 이 지구상에서 가장 각광받는 광고 회사에서 일했고, 최고 브랜드들의 전략가였고, 《포춘》 선정 50대 기업에서 부사장으로 일하며 행동경제학 연구실도 새로 만든 참이었다. 젠장, 엿 같은 석사 학위까지 따놓고, 이제 와서 내가 대체 무슨 짓을 한 거지? 그 모든 걸 한 방에 말아먹었지. 제대로 된 직업 안전망을 만들 생각은 꿈에도 못 하고. 나는 그냥 탭댄스만 춰대며 말만 번지르르하게 하는 사기꾼이었고, 결국엔 그 헛소리가 안 먹히는 날이 오고야 만 거다. 자기 소포를 책임지라고 소리치던 그 여자가 옳았다. '책임을 져라.' 네 삶을 던져버린 것에 책임을 져. 부모님이 옳았다. 나는 콩 한 무더기만도 못한 인간이었다.

얼리샤가 방으로 들어왔다.

"목욕 좀 할래? 기분이 좀 나아질지도 몰라."

"응, 그래." 이제 내가 길가에 차를 세워두고 멍하니 앉아 있던 바로 그 애였다.

욕조에 몸을 담그자 얼리샤가 와서 말을 걸었다.

"여보, 오늘 나한테 보낸 문자 말이야……."

"문자가 뭐?" 내 말투에는 화가 묻어 있었다. 왜냐면 정말로 화가 나 있었으니까.

"당신 나한테 그러면 안 돼. 자기가 지금 많이 힘들다는 거 나도 알아. 그래도 나한테 그런 식으로 쏟아내면 안 돼. 그러면 나도 상처받고, 아이들도 상처받아. 우리 다 당신을 걱정하고 있는데."

"내가 빌어먹을 루저라서 걱정하는 거잖아."

순간 눈물이 터졌다. 나를 여기까지 끌고 온 게 뭐였든, 그게 극기심이었든, 어떻게든 자아를 놓지 않으려 발버둥친 힘이었든, 모험심이었든, 투지였든, 조증이었든, 환상이었든, 기도였든 이제 그게 싹 사라져버린 것이다. 남은 건 슬픔이었다. 그리고 두려움. 삶의 불안정함, 내 가족을 돌볼 능력, 그리고 암이라는 예측 불가능한 변수에 대한 두려움. 내 정신이 얼마나 취약한지, 얼마나 쉽게 망가질 수 있는 것이었는지를 알아차린 공포. 그 모든 것 아래 광기가 있었다.

내가 욕조 안에서 알몸으로 흐느끼는 내내 얼리샤는 떠나지 않았다. 그녀는 거기 가만 서서 캣이 구덩이에 빠졌을 때 픽업트럭에 앉아 있던 그 개자식들처럼 그 꼴을 구경만 하고 있는 게 아니었다. 그저 나를 기다리고 있었다. 그녀는 나를 혼자 내버려 두지 않았다.

심리학자 빅터 프랭클Viktor Frankl은 저서 『죽음의 수용소에서』에서 말한다. 모든 것을 빼앗겼다 해도 태도만은 우리가 선택할 수 있다고. "자극과 반응 사이에는 틈이 있다. 그 틈이 반응을 선택하는 우리의 힘이다. 우리가 얼마나 성장하고 자유로워질지는 우리가 어떻게 반응하냐에 달렸다." 전에는 늘 이게 헛소리라 생각했었다. 하지만 다 큰 남자가 욕조 속에 벌거벗고 앉아 울고 있자니 문득 그 틈이 느껴졌다. 아내의 사랑과 인내와 끈기 덕분에 그 순간 나는 결심할 수 있게 되었다.

이제 더 이상 화를 내지 않을 것이다. 루저처럼 느끼지 않을 것이다. 스스로를 그렇게 생각하지도 않을 것이다. 사람들에겐 내가 필요하다. 그때 내 안에서 썩은 찌꺼기와 타르 같은 우울의 늪 대신 다른 무언가를 찾아냈다. 바로 문이었다. 나는 그냥 거길 통과해 나가기만 하면 되었다. 아마 그 문은 내내 거기에 있었을 것이다. 다만 이제야 내가 본 것이었고, 나는 발을 내디뎠다.

완벽한 변신은 아니었다. 전혀 완벽하지 않았다. 하지만 나는 변했다. 나를 아는 사람들은 모두 알아차렸다. 내가 달라졌다고들 했다. 내 태도에서조차 확 드러난다고 말했다. 그 이유는 아무에게도 말하지 않았다. 남들에게 보이기엔 너무 내밀하고 민망한 이야기였고, 실용적이고 진지한 사람이라는 나의 이미지와도 어울리지 않았기 때문이다.

하지만 그게 사실이다.

내가 길을 잃었을 때 얼리샤가 나를 구하러 왔다. 사랑하는 사람들은 늘 구조대를 꾸려 우리를 찾으러 온다.

우리가 곤경에 처하면 우리를 사랑하는 사람들은 어둠 속으로 우리를 찾아온다. 우리가 도움을 청하기만 하면 손전등과 견인줄과 그밖에 필요한 것들을 가지고 우리에게 와줄 것이다.

제26장

자연이 가하는 천 번의 충격

우편배달은 철저한 육체노동이다. 사무직은 그와 정반대다. 몸은 그저 뇌와 입을 실어 나르는 운반체일 뿐이다. 오직 생각하고, 말하고, 자판만 두들긴다. 우편물을 운반하고, 분류하고, 싣고, 운전하며 배달하는 일이 어떤 것일지는 상상할 수 있을지 몰라도 거의 상상이 불가능한 것이 하나 있다. 바로 〈매트릭스〉처럼 말로 설명해서는 절대 알 수 없는, 약해빠진 몸속에 살면서 우편물을 배달하는 느낌이다. 그건 직접 겪어봐야만 안다.

먼저 우편배달부 구역을 한번 훑어보라. 그리고 시내 배달부들을 보라. 그들은 하나같이 종아리 근육이 놀랍도록 발달되어 있다. 하지만 몇몇 눈에 띄는 예외를 빼면 그보다 더 큰 공통점이 있다. 체형이 상당히 비슷하다는 점이다. 떡 벌어진 어깨,

다부진 체격, 튼튼한 다리. 이 일을 오래 하다 보니 몸이 그에 맞게 변한 사람도 일부 있겠지만, 분명 생존자 편향도 있을 터, 이런 몸을 가진 사람만이 우편배달부로 오래 살아남을 수 있었으리라는 것이다. 몇몇 예외도 있긴 했다. 마르고 강하거나, 그냥 덩치가 크고 힘이 센 유형 말이다. 하지만 가늘가늘한 발레리나 유형이나 예민하고 왜소한 유형은 없었다. 중년에 접어들면, 아니 30대만 돼도 시내 배달부들의 몸은 은퇴를 앞둔 NFL 선수처럼 보였다. 물론 요가로 유연성을 유지하고, 수천만 달러짜리 항염 식단을 먹으며, 사탄과 계약이라도 한 것 같은 톰 브래들리를 말하는 게 아니다. 이들의 몸은 오히려 마지막 슈퍼볼에 나선 페이튼 매닝의 지쳐 비틀거리는 프랑켄슈타인의 괴물 같은 모습에 가까웠다. 뻣뻣한 목에 다리는 질질 끌고 다니고, 코르티코스테로이드를 잔뜩 맞아가며 보조기와 에이스 붕대, 그리고 끝까지 버티겠다는 강철 같은 의지로 간신히 버티는 몸들이었다. 미국 노동시장에서 이제 몇 안 남은 꿀 연금 중 하나와 함께 석양 속으로 퇴장할 그 황금 같은 날을 기다리면서. 그리고 시간과 우연과 정형외과적 부상은 모두에게 닥친다.

이 일은 그냥 사람을 갈아버린다. 미국 산업안전보건청에 따르면 미국 평균 산업재해율은 정규직 직원 100명당 연간 2.8건이다. 우정국 직원의 경우는 100명당 7.0건인데, 내가 블랙스버그 우체국에서 본 현실은 그보다 훨씬 높아 보였다. 참고로 말하면, 이 재해율은 탄광이나 건설 노동자, 경찰보다도 높다. 벌목꾼, 시추 노동자, 쓰레기 수거원, 지붕공이 우리보다 더 위험하지만 그게 전부다. 게다가 이 통계에는 팬데믹 시기의 근무는 포함되지도 않는다.

그렇다고 시골 배달부들이 재해를 피한 건 아니다. 그저 다른 종류의 재해를 입었을 뿐이다. 개인 소유 차량에 다리를 벌린 채 오래 앉아 있어 망가진 허리. 왼손으로 운전하며 뒤쪽으로 계속 손을 뻗는 동작을 끝없이 반복하다가 생긴 회전근개 파열과 목 부상. 시골 배달부들은 도시 배달부들만큼 날씬하지 않았는데, 그건 걸을 일이 별로 없어서이기도 했다. 보드라웠던 내 손도 점점 거칠어졌다. 악력은 큰 소포를 가장자리만 집어 들고도 그대로 들고 갈 수 있을 만큼 강해졌다.

육체적인 시험도 철마다 다르다. 여름의 더위는 더 이상 대화 소재가 아니라 그냥 생존의 문제가 된다. 우리 앞에서 핫 요가 따위 들먹이지도 마라. 햇볕에 달궈진 알루미늄 상자 안에서 열 시간을 보내보기 전까지는 진짜로 더운 게 뭔지도 모르니까. 고객 집 마당에 호스가 보이면 가끔은 그냥 거기에 머리를 들이밀었다. 그러면 피가 확 식으면서 무슨 약이라도 한 것처럼 온몸이 이완되며 천국에 간 기분이 들었다. 나는 우편차에 작은 미니 쿨러를 싣고 다니는 법을 터득했다. 거기에 얼음을 채우고, 얼려 둔 생수병과 게토레이도 넣었다. 게토레이는 물과 1대 1로 섞어 마셨다. 병 그대로 마시면 사실 너무 짜서 오히려 수분을 잃게 된다.

현관에 우리더러 마시라고 쿨러를 놓아두는 마음 따뜻한 고객도 있었다. 푸엔테스 코치는 버지니아텍 풋볼 코치로서 크게 인상적이지 않았던 반면, 그의 아내는 우리를 위해 현관에 '보급소'를 만들었다. 온갖 음료가 가득 든 커다란 쿨러였는데, 특히 우편배달부들이 제일 좋아하는 프로스트 체리 게토레이가 있었다. 그녀는 냅스 크래커와 사탕, 껌, 심지어 챕스틱 립밤까지 갖다놓았다. 그녀를 직접 만난 적은 없지만 그 사려 깊고 인간적인 친절 하나만으로도 그녀의 우편물을 배달하기 위해서라면 기관총 포화 속으로라도 기어 들어갈 수 있을 것 같았다. 그 집 소포는 100만 달러짜리 명나라 화병이라도 들어 있는 양 전부 조심스럽게 내려놓았다. 물론 내 고객의 소포는 전부 최대한 얌전히 다루려 애썼지만, 솔직히 그 집 소포를 다른 집들 것과 똑같이 취급했다고 한다면 그건 거짓말일 것이다.

메리맥Merrimac 근처 보조 구역에는 겨울이면 보온병에 뜨거운 커피를 담아 도넛과 함께 내놓은 고객도 있었다. 추운 계절, 유난히 따뜻했던 어느 날 아침, 밖에 나와 커피를 마시며 햇살을 즐기는 그들과 마주쳤다. 아장아장 걷는 아이를 둔 젊고 보기 좋은 부부였다. 그들은 바쁜 와중에도 시간을 내어 우리 배달부들을 위해 무언가를 내어주었다. 우리가 사람임을 알아봐준 거다.

"저기, 우체부 아저씨, 커피 한 잔 따라드릴까요?"

"커피는 절대 거절 못 하죠." 내가 말했다. "근데 컵이 없네요."

"아, 그건 걱정 마세요. 머그잔 하나 가져가시고, 다음에 지나갈 때 우편함에 넣어두시면 돼요."

그 구역의 공식 배달부는 캣이었는데, 내가 그 부부 얘길 꺼내자 그녀의 얼굴이 환해졌다. 차가운 세상에서 커피 한 잔은 정말 큰 힘이 된다.

메리맥로드의 그 부부, 푸엔테스 부인, 그리고 그 길고 힘들었던 팬데믹의 해에 우리를 챙겨준 모든 이들에게 말해두고 싶다. 우편배달부의 수호성인인 성 가브리엘 대천사가 천국에 특별석을 마련해두고 진주문 앞에서 기다리고 있을 거라고. 우리는 여러분의 친절을 분명히 알아봤고, 그 마음 때문에 여러분을 사랑했다고.

✦

겨울, 그리고 추위. 예수도 울고 갈 추위였다. 애팔래치아의 겨울에는 독특한 종류의 추위가 있다. 스카우트 애들을 데리고 캠핑을 다니던 때 내가 '애팔래치아식 고난 훈련'이라 불렀던 추위다. 만약 둘 중 하나를 택해야 한다면 블루리지의 혹독한 겨울보단 차라리 건조한 북부 중서부 대초원의 영하 20도의 추위를 택할 것이다. '애팔래치아식 고난 훈련'의 하드코어 버전에서는 나무에 나뭇잎은 바람이 몽땅 벗겨내버려 다 사라지고 없고, 북극 바람이 아무 방해 없이 마음껏 활개를 친다. 하늘은 잿빛이고 비가 내렸다. 차가운 비는 여차하면 얼음으로 바뀔 듯 위협해대지만, 결코 그 지점까지는 다다르지 않는다. 이 세계의 주인공은 바람이다. 나무 사이로 신음하듯 울어대다가 계곡을 타고 사납게 몰아치며 달려온다. 나는 길 위로 빗방울이 공중에 매달려 수

평으로 날아가는 모습, 물방울이 나무와 바위와 산을 세차게 휘돌며 치솟는 모습을 지켜봤다. 마치 바람 터널 속에서 견디는 실험에 세워진 인간 마네킹이 된 느낌이었다. 그 바람 꼬리가 어떻게 살아 있는 모든 것을 움켜쥐고 차갑게 만드는지가 그대로 보였다. 나는 한겨울 노스캐롤라이나의 어느 돌구덩이에서 스쿠버다이빙도 해봤지만, 우편을 배달할 때만큼 춥지는 않았다.

시간이 지나면서 날씨에 맞게 옷 입는 법을 터득했다. 여름에는 통풍이 되게 단추를 풀 수 있는 낚시용 셔츠를 입었다. 목덜미가 타지 않게 스카프를 둘렀고, 속옷 없이 반바지만 입었다. 추울 땐 무작정 '겹쳐 입기'만 하면 안 됐다. 젖었을 때도 보온이 되도록 요령껏 겹쳐 입어야 했다. 이를테면 합성 내복과 울 같은 것들로. 나는 해진 파타고니아 기본 티 위에 오래된 메리노 울 스웨터를 입고, 그 위에 반사 테이프가 박음질된 파란 미 우정국 플리스 재킷을 걸쳤다. 바람이 정말 심한 날엔 질긴 고어텍스 레인코트를 입었다. 그 재킷엔 겨드랑이 지퍼가 있었는데, 그게 정말 중요했다. 몸에서 열이 나면 땀이 차기 시작했는데, 비 오고 바람 부는 날 기온이 영상으로 넘어갈 때 옷 속에서 땀을 흘리는 건 저체온증으로 가는 지름길이기 때문이다. 울 목토시와 니트 모자도 썼는데, 흠뻑 젖어도 여전히 따뜻해서 둘 다 정말 훌륭한 방한용품이었다. 마지막으로, 손가락 없는 글레이셔 장갑이 있었다. 손끝은 무감각해질 때가 많았지만 재킷에 달린 주머니만으로도 나는 충분했다.

이 모든 것은 내 개인 장비였다. 사실 시골 배달부들에게는 전부 기본으로 지급되어야 한다고 생각하지만 이 중 하나도 지급되지 않는 게 현실이다. 나는 오지 플라이 낚시랑 백패킹을 하던 시절에 쓰던 최상급 장비들을 꽤 갖고 있었다. 시골 배달부 대부분은 그저 자기 형편에 맞춰 살 수 있는 것들을 사 입는다. 그건 배달 차량을 개인이 구매해야 하는 일만큼이나 어처구니없는 일이다. 정부가 시골 배달부들을 폭염과 혹한 속으로 내보내면서 고작 물을 많이 마셔라, 보온에 유의해라 따위의 경고 말고는 아무것도 제공하지 않는다는 건 범죄에 가깝다. 수사적 표현이 아니다. 매년 여름 배달부들은 더위로 죽는다. 배달부들은 이 일에 맞는 튼튼하고 기능성이 뛰어난 미국산 장비를 제공받을 자격이 있다.

혹시 추운 날씨에 적합한 배달부 복장에 관해 이렇게 자세히 설명해놓은 걸 보고, 내가 이 일에 맞춰 옷을 입는 데 상당한 시간과 공을 들였으리라고 추측한다면 옳게 본 것이다. 나는 머릿속으로 우편배달부를 위한 복장을 설계하는 데 많은 시간을 썼다. 이처럼 분노에 찬 설계에 몰두했던 건 옷을 한번 잘못 입었다가 호되게 당한 적이 있기 때문이다. 나는 블루리지에서 더위가 아니라 추위 때문에 거의 죽다가 살아났다.

10번 구역을 배달할 때였다. 아직 겨울도 아니었다. 11월이었는데 갑자기 한파가 찾아왔다. 캐시가 아파서 결근하는 바람에 나는 뒤늦게 호출을 받아 출근했다. 중앙 우체국에 도착했을 땐 이미 누가 캐시의 낡고 듬직한 우편배달차를 가져간 뒤였다. 대신 나는 남아 있던 다른 차량을 쓸 수 있었다. 그게 왜 여태 남아 있었는지는 곧 알게 되었다. 히터가 고장 나 있었던 것이다.

나는 서둘러 집을 나서느라 청바지에 러닝화, 면 티셔츠와 회색 낚시용 셔츠, 그리고 미 우정국 야구모자 차림이었다. 기업 연구 단지를 다 돌고 나니 그제야 날이 꽤 춥다는 게 느껴졌다. 하지만 이제 한 시간만 더 돌면 됐다. 추우면 얼마나 더 추워지겠는가?

나머지 구역은 제노Zeno의 '달리기의 역설'이 되었다. 처음 30분은 진짜 30분이 걸렸다. 그다음 15분이 또 30분이 걸렸다. 그다음 7분 30초가 또 30분이 걸렸다. 시간이 지날수록 점점 시간이 늘어졌다. 내가 점점 느려지고 있다는 뜻이었다. 몸이 마치 음성 명령으로 프로그래밍된 로봇처럼 느껴졌다. 손이 움직이는 걸 봐도 그게 내 손 같지가 않았다. 마치 먼바다 밑에서 작동하는 바이오닉 의수처럼 느껴졌다. 어린이집, 기숙사를 차례로 돌고, 마지막으로 구역 맨 끝의 암센터를 돌고 나서야 뭔가가 심각하게 잘못됐음을 깨달았다. 심각한 신체적 위험에 빠졌을 때마다 그랬듯 나는 보이스카우트 시절에 받은 훈련에 의지했다.

추위와 비바람에 오래 노출됐나? 체크.

더 이상 춥다고 느끼지 않는가? 체크.

사고가 느려지고 혼란스러운가? 체크.

피부가 창백하거나 푸르스름한가? 사이드미러로 대충 얼굴을 확인하니 작은입배스의 배처럼 살짝 푸른 기운이 올라와 있었다. 체크.

저 깊은 데서 생각 하나가 기포처럼 떠올랐다. 조금 전까진 몸이 떨리고 있었는데 이젠 더 이상 떨리지 않았다. 우편배달차를 모는 나의 움직임이 둔하고 엉성했다.

나는 응급처치 교본에 실릴 만한 완벽한 사례였다. 중증도 저체온증 증세가 나타난 것이었다.

중앙 우체국으로 돌아온 나는 트럭을 주차하고, 수거해온 발송 우편물을 모두 분류함으로 가져가 작업대 위에 부려놓았다. 적하장에서 시골 배달부 구역까지 좀비처럼 걷는 데만 30분은 걸린 듯한 느낌이었다. 남자 화장실에 들어가니 피부가 용광로에 들어간 것처럼 화끈거렸고, 몸속은 베이크트 알래스카(스펀지 케이크나 크리스마스 푸딩 위에 아이스크림을 얹고 오븐에 살짝 구운 디저트-옮긴이) 속 아이스크림처럼 느껴졌다. 화장실 칸 하나에 들어가 그대로 앉아 있자니 온몸이 사무치게 떨렸다. 너무 떨려서 경련이 올지도 모르겠다고 생각했다. 몸속에서 장기들이 떨리는 게 느껴졌고, 팔은 어찌나 긴장했는지 며칠이 지나도록 결릴 정도였다. 그 상태가 몇 분이나 지속되었고, 몸이 조금씩 데워지면서 그제야 소름 끼치는 추위가 느껴지기 시작했다. 온몸이 냉장고에라도 들어갔다 나온 느낌이었다.

나는 발송 우편물을 집어 들고 다른 주소지로 전달할 우편물을 정리한 다음 그 하얗게 얼어붙은 연방 독수리 살인 기계의 열쇠와 스캐너를 반납하고는 거길 휙 빠져나왔다. 집으로 가는 내내 타코마 히터를 끝까지 틀었는데도 내장 깊은 곳까지 계속 시렸다. 간은 마치 굳어버린 베이컨 기름 덩어리처럼 느껴졌다. 나는 욕조에 뜨거운 물을 받아 그 안에서 한참을 머물렀다. 아마 한 시간은 있었을 것이다. 마치 자신을 화장하는 불 속에서야 겨우 따뜻해졌다는 올드 샘 맥기(캐나다 시인 로버트 서비스Robert W. Service의 유명한 서사시 「샘 맥기의 화장The Cremation of Sam McGee」에 나오는 인물로, 일확천금의 꿈을 찾아 미국 테네시에서 유콘으로 금을 캐러 가다가 혹독한 추위에 동사한다-옮긴이)처럼, 그제야 비로소 몸에 온기가 도는 게 느껴졌다.

혹시 궁금할까 봐 말하자면, 맞다. 그때 병원에 갔어야 했다.

교육 때 저체온증에 대해서는 거의 다루지 않았다. 그들이 집착한 위험은 앞이 트인 샌들이었다. 교육원에서는 반드시 앞이 막힌 신발을 신어야 한다고 매일같이 말했다. 나는 항상 발을 보호하는 것이 중요하다 생각했고, 통풍이 잘되는 양말만 신어도 더위는 그럭저럭 견딜 만했다. 개인 차량에 올라타면 바로 쪼리로 갈아 신는 시골 배달부들도 있었는데, 체온 조절이라는 측면에서는 이해가 갔지만 내 눈엔 목숨 걸고 하는 짓처럼 보였다. 브레이크 페달에 걸리기라도 하면 큰일이었고, 행여 발가락을 다칠까도 걱정이 됐다. 예전에 소포 운반 카트를 밀다 내 발을 찧은 적이 있는데, 그때 부츠를 신고 있었는데도 꽤 아팠다. 게다가 비가 안 오는 날 보도를 걸을 땐 마찰력이 그리 큰 문제가 아닐 수 있지만, 산골로 나가면 늘 신경 쓰이는 문제가 된다. 진흙, 젖은 낙엽, 젖은 풀, 살얼음판, 깨진 유리 전부 다. 실제 세상에선 진짜 신발이 필요하다. 대너 부츠나 브룩스 러닝화 같은 것들이.

미 우정국의 공식 입장은 모든 사고는 예방 가능하다는 것이지만 나는 옳은 신발을 신어도 그렇지 않은 경우가 많다고 본다. 시간에 쫓길 때, 세상이 계획되지 않은 장애물 코스처럼 느껴질 땐 더더욱. 어느 상쾌한 가을 날, 빅폴스로드에서 오래된 농가 앞에 차를 세웠다. 빅폴스로드는 뉴리버의 범람원을 따라 나 있어, 대부분의 집들이 도로보다 낮은 위치, 즉 내리막에 자리 잡고 있었다. 그날 그 집은 소포가 두 개였다. 하나는 크고 각진 상자였고, 다른 하나는 크리넥스 상자 정도 크기의 작은 것이었다. 나는 머릿속으로 동선을 다 짜두고 있었다. 차를 세우고, 바닥에 있던 큰 상자를 집어 들고, 옆에 쌓여 있던 더미에서 작은 상자를 꺼낸다. 비상 브레이크를 당기고, 문은 열린 채로 두고, 트럭 앞을 가로질러 경사진 잔디 둔덕을 껑충껑충 내려가 현관으로 향한다.

전날 밤에 비가 온 뒤였다.

처음 두 걸음은 계획대로 되었다. 하지만 세 번째 걸음을 내딛을 때 젖은 낙엽이 깔린 젖은 잔디 경사면이 기다리고 있었다. 발이 그대로 죽 미끄러졌고, 어느새 나는 밝은 회색 하늘을 똑바로 올려다보고 있었다. 그리고 암흑.

살면서 실제로 기절해본 건 그때가 유일하다. 목에 무언가가 걸려 기절한 적은? 있다. 술에 취해 잠깐 의식을 잃은 적은? 물론 있다. 집에서 만든 잠수 장비 사고로 거의 의식을 잃은 적은? 그거야 당연히 있다. 하지만 완전히 기절해 쓰러진 건 그때가 처음이었다.

정신을 차렸을 때 나는 여전히 그 큰 소포를 가슴에 올려두고 있었다. 마치 칼을 두 손으로 쥐고 누운 중세 왕의 석관 조각상처럼. 나는 손목에 차고 있던 지샥을 봤다. 바닥에 누워 있던 시간이 20분이 채 안 됐다. 빅폴스는 3번 구역에서 무선 연락이 먹통이 되는 구간 중 하나다. 내가 어디 있는지 아무도 몰랐다. 누군가 나를 찾으러 올 때까지 얼마나 더 거기에 누워 있어야 할지 몰랐다. 만약 저체온증에 걸렸던 그날처럼 추웠다면 그걸로 끝이었을 것이다. 게임 오버. 우편배달과 죽음 사이의 거리가 고작 누군가의 앞마당에서의 30분일 수도 있다는 생각은 무섭다기보다 실존적 차원으로 다가온다. 얼마나 허무한지. 삶을 마감하는 얼마나 좆같은 방식인지.

하지만 짜릿한 날도 있었다. 이를테면 로어노크에서 100킬로미터쯤 떨어진 홀린스 우체국을 도우러 갔던 날처럼. 아파트 건물들 사이를 정신없이 오가며 소포를 배달하고 있는데, 가닥가닥 떡진 금발의 한 중년 여성이 주차장 한가운데를 곧장 가로질러 내 쪽으로 다가왔다.

"나는 다 보여." 목소리는 낮고도 울림이 있었다. 그녀는 나와 눈을 마주치더니, 마치 「맥베스」에 나오는 기묘한 마녀처럼 비난하듯 손가락을 뻗어 나를 가리켰다.

"너 진짜 우편배달부가 아니잖아! 나는 다 보여!"

여자는 큰 덩치에 비해 움직임이 빨랐다. 갑자기 운전석 쪽 창문을 쾅쾅 치더니 침을 뱉었다. 우리는 바로 창문 안전유리 하나만을 사이에 두고 서로 얼굴을 마주하고 있었다.

그제야 내가 무서워해야 한다는 생각이 들었다. 그런데 오히려 웃음이 터졌다. 와아, 이거 완전 좀비 아포칼립스잖아! 진짜 '재밌다'.

나는 후진 기어를 넣고 액셀을 밟아 약 20미터쯤 여자에게서 멀어졌다. 그런데 이게 오히려 그녀의 추격 본능을 발동시키고 말았다. 하지만 나는 타코마 안에 있었고, 주차장과 큰길 사이의 완충 녹지에 나란히 서 있는 두 그루의 참나무 사이엔 빠져나갈 공간이 충분했다. 기어를 주행 모드로 바꾸고 핸들을 오른쪽으로 90도 꺾은 후 힘껏 액셀을 밟았다. 랠리 드라이버처럼 덜컹거리며 녹지 위를 가로질러 도로에 합류했다. 여자는 나를 쫓아 거리로 튀어나왔다. 그러나 저 여자가 아무리 미쳐 날뛰어도 내 보닛 아래엔 235마력짜리 엔진이 부릉대고 있고 나는 우라지게 좋은 트럭 운전대 앞에 앉아 있었다. 내 친구이자 동지. 한 남자와 그의 말.

기뻤다! 나는 바이킹이었다! 내게 무슨 우편물이 던져지든 전부 다 받아낼 수 있었고, 웃으며 걸어나올 수 있었다. 나에겐 훌륭한 트럭이 있고 우리는 멋진 팀이었다. 살아 있다는 게 정말 좋았다! 아무리 더워도, 아무리 추워도, 아무리 마음이 고통스러워도, 자연이 천 번의 충격으로 우리의 연약한 몸을 모욕해도 나는 그 어느 때보다 더 살아 있음을 느꼈다. 화이트칼라 일을 하면서는 육체적인 스릴을 느낀 적이 없었다. 거의 30년 동안 온도가 일정하게 유지되는 감각 박탈실 같은 환경에서 일했다. 하지만 바깥에서 우편배달 일을 하면서부터는 땅과 날씨와 내 몸이라는 물리적 존재와 가까워진 느낌이 들었다. 더 이상 나는 '유리병 속의 뇌'가 아니었다. 언덕을 기어오르고, 개를 피해 달리고, 한밤중의 어둠 속에서도 한낮의 태양 아래서도 우편물을 배달할 수 있었다. 내 몸은 그 모든 걸 해냈다. 때로는 계곡을 내려다보며 세븐일레븐 샌드위치를 먹다가 문득, '밖에서 샌드위치를 먹는 게 씨발, 끝내주게 좋구나' 하는 생각이 들었다. 배가 고프고, 먹을 게 있고, 먹고 나서 배가 부른 느낌을 받는 것. 빗속에서 아주 괜찮은 우비를 입고, 그저 날씨를 비웃으며 그 일부가 되는 것. 내가 살과 피로 이루어진 존재라는 것, 그리고 그걸 아는 것. 이 모든 게 정말이지 너무 좋았다.

나는 또한 온전한 존재였다. 나의 정신과 육체와 영혼이 모두 하나로 연결되어 있었다. 동시에 그 연결이 깨질 수도 있다는 감각은 그 어느 때보다 선명했다. 그로부터 불과 2년 뒤 아버지가 돌아가실 무렵 몸은 암에 잠식되어 서서히 기능이 정지되고 있었지만 정신만은 끝까지 또렷했었다. 아버지가 돌아가시고 충격에 빠져 내가 어렸을 때 쓰던 방에서 아버지의 책상 앞에 앉아 있었던 기억이 난다. 거기에 앉아 있노라면 늘 무슨 금기라도 깨는 기분이 들었다. 아버지는 자기 공간을 몹시 아끼는 사람이었기 때문이다. 나는 거기에 앉아 등식으로 반쯤 채워진 엔지니어용 노트를 내려다봤다. 그 위엔 펜텔 P205 샤프가 마치 아버지가 돌아오기만을 기다리듯 놓여 있었다. 아버지는 마지막 순간까지도 새로운 과학을 붙잡고 있었다. 끝까지 총기가 반짝였다. 어머니는 겉보기엔 아주 건강했지만 아버지가 돌아가실 무렵에는 정신이 이미 떠나 있었다. 몸속 의식은 시공간에 대한 개념을 잃어버린 상태였다. 가끔 우리와 함께 있을 때도 있었지만 어떤 때는 내가 어머니의 오빠이거나, 수십 년 전 대륙의 절반쯤 떨어진 거리에 살던 아버지였다.

시간 속에, 자기 몸 안에 온전한 정신으로 존재하는 일. 온전한 자아로 존재하는 일. 그건 선물이다. 그리고 그 선물은 영원하지 않다.

제27장

수고해주셔서 감사합니다

11번 구역엔 내 꿈의 구독 리스트를 보유한 고객이 하나 있었다. 《뉴욕 리뷰 오브 북스》, 《런던 리뷰 오브 북스》, 《애틀랜틱》, 《하퍼스》, 《이코노미스트》. 더 여유 있는 시절이었어도 내겐 사치처럼 느껴졌을, 인문학 전공 교양 계층을 위한 값비싼 잡지들이었다. 전부 종이질도 정말 좋아서 커피숍에 앉아 큼직한 타블로이드판을 하나 쫙 펼쳐놓고 커피를 홀짝이며 평생 읽지 않을 책들에 대한 글을 읽는 장면이 자연스레 그려졌다. 트럭에서 잡지류를 발견하면 그걸 배달하기 전에 기사 한두 편을 읽곤 했는데 그게 마치 선물 같았다. 생명줄 같았다. 나는 생각했다. '이 잡지들을 다 구독하는 사람이라면 나와 같은 길을 가는 사람이겠지.' 내가 부탁을 하나 해도 싫어하지 않을 터였다. 나는 쪽지를 써서 남겼다. '안녕하세요? 저는 11번 구역을 담당하는 우편배달부 스티븐이라고 합니다. 혹시 이 잡지들을 재활용 수거함에 버리신다면, 제가 가져가서 나중에 재활용 수거함에 대신 버려드려도 될까요? 구독 목록이 정말 훌륭하네요.' 구독자 제니는 이 모든 정기간행물이 새 생명을 갖게 된다면 정말 기쁠 것 같다는 답장과 함께 비닐봉지 한가득 잡지를 담아 남겨두었다. 물론 그 대부분이 《이코노미스트》였다. 우주가 열적 종말을 맞이하는 날 세상에 남는 건 읽지 않은 《이코노미스트》들뿐일 것이니.

제니는 다음 재활용 뭉치가 준비되면 내게 문자를 보냈고 그러면 나는 현관 앞에 놓아둔 봉지를 가져갔다. 어느 날 문자를 받고 새 봉지를 가지러 갔는데, 마침 그 집 진입로에서 캣과 제니가 이야기를 나누고 있었다.

"안녕하세요. 무슨 일 있어요?"

"제니 밴이 시동이 안 걸려요. 점프를 하려 해도 방법을 몰라서요. 케이블도 없고." 캣이 말했다. "근데 여기서 뭐 하세요? 오늘 쉬는 날 아녜요?"

"맞아요. 제니 집에 뭘 좀 가지러 왔어요. 그나저나 밴은 왜 그런 거예요?"

"정비소에서 배터리를 새로 충전해 왔는데 지금 시동도 안 걸리네요."

"배터리가 얼마나 됐는데요?"

배터리는 7년 된 것이었다. 나는 제니에게 새 배터리가 필요한 것 같다고 말해주었다.

“저도 그렇게 생각하고 있었어요.” 캣이 말했다. 시골 배달부라면 카우보이가 자기 말을 아는 만큼 차에 대해 안다.

“나한테 케이블이랑 공구가 있어요. 내가 도울 테니 당신은 가서 배달 마저 끝내요.” 나는 캣에게 말했다.

캣이 떠나고 나는 제니와 함께 혼다 미니밴을 보러 갔다. 안을 들여다보니 컴퓨터로 설계된 일본식 엔진의 전형이었다. 모든 게 3차원 테트리스처럼 딱딱 맞물려 있었다. 우리 둘 다 배터리가 어디 있는지조차 제대로 몰랐지만 유튜브가 그걸 찾는 법을 가르쳐줬다. 우리는 냉기 흡기를 떼어내고 배터리 단자를 분리한 다음 엔진룸에서 배터리를 꺼냈다. 이제 제니의 딸이 자동차 부품점에서 새 배터리를 사오기만 하면 되었다.

우편배달부가 되어 가장 좋은 점 중 하나는 날마다 누군가에게 작은 선행을 베풀 기회가 주어진다는 것이었다. 내가 뭔가를 조금이라도 더 해주면 고객들은 늘 고마워했고, 그러면 나는 (개자식은 빼고) 고객들을 도울 다른 기회를 계속 찾게 되었다. 우편배달부가 ‘누가 착하고 누가 나쁜지’ 명단을 안 만들 거라 생각한다면 현실을 모르는 거다. 배달부들은 서로 이야기를 나눈다. 누구 한 사람에게 못되게 굴면 우리 모두가 알게 된다. 그러니 고맙다는 인사는 문명화된 이기심 차원에서라도 이득이다. 거래는 당신을 소비자로 만들지만, “고맙습니다” 하고 말하는 건 당신을 인간으로 만들기 때문이다.

가끔은 그냥 우편배달부라는 사실만으로도 감사 인사를 받곤 했다.

어느 추운 아침, 트럭에 우편물을 싣고 길 건너로 쏜살같이 달려가 스타벅스에 들렀다. 우체국 차량을 몰고 가면 드라이브 스루는 이용할 수 없다. 음료를 건네받는 창이 운전석 반대편에 있기 때문이다. 집에서 마시는 커피가 훨씬 저렴하기 때문에 나는 최대한 집에서 카페인을 들이켜고 나오는 편이었지만 진눈깨비가 휘날리던 그날, 그러니까 애팔래치아식 고난 체험이 지겹도록 지리하게 이어지던 날, 스타벅스에서 입이 델 정도로 절절 끓는 커피를 구입해 마시고 싶다는 욕구에 저항하기란 도저히 불가능했다.

계산대에 있던 여성은 매니저였고, 20대 중반쯤으로 보였다. 그녀는 한번 세상에 나갔다가 다시 학위를 따러 대학으로 돌아온 사람 같은 분위기가 있었다.

"우편배달부세요?"

어떻게 알았지? 아, 맞다. 내가 파란색 미 우정국 폴라 플리스를 입고 있었지.

"어느 쪽요?" 흥미로운 질문이었다. 대부분은 도시 배달부와 시골 배달부가 따로 있단 걸 잘 모르기 때문이다.

"시골 배달부요. 근데 제가 맡은 구역은 스미스랜딩 쪽이라 도시 구역이랑 더 비슷해요. 우체국 차량도 배정받고요."

"거긴 공동 우편함이 많죠."

"배달부셨어요?"

"시골 배달부였어요. 진짜 빡셌죠. 특히 추울 때는요. 대체 그걸 어떻게 하시는지 모르겠어요."

"어떤 땐 저도 모르겠어요."

"오늘 커피는 저희가 쏠게요. 밖에서 따뜻하게 계세요, 형제님."

그녀가 그 스타벅스에서 일하는 동안 나는 커피값을 한 번도 낸 적이 없다. 그녀는 절대 돈을 받지 않았다. 한번은 내가 타코마를 몰고 갔을 때 창구 직원이 말했다. "매니저가 우편배달부한테는 커피값을 받지 말래요. 좋은 하루 되세요!" 드라이브스루 창 너머로 그녀가 내게 짧게 손을 흔들었다. 그 창을 통해 그녀는 과거 추운 날의 자신을 보았을지 모른다. 하지만 동시에 이제 막 일을 하러 추위 속으로 들어가는 나 또한 보았다.

그녀에게 고맙다는 말을 전하고 싶다. 커피에 대해서도, 우편물을 배달해준 것에 대해서도, 그리고 친절함에 대해서도.

✦

그해에는 커피를 정말 많이 마셨다. 커피는 아주 오래전부터 마셨다. 어렸을 때 할머니가 종종 타주셔서 특별한 간식으로 마시기 시작했다. 할머니는 자신의 고향인 배턴루지에서 볶은 커뮤니티 커피에 우유와 설탕을 잔뜩 넣어 만들어주셨다. 대학에 가서는 모든 커피 마니아의 종착지인 블랙커피를 마셨다. 춥고 젖었을 땐 오직 손이 델 듯이 뜨거운 커피로만 채워야 하는 장기가 몸에 따로 있는 느낌이었다. 근처에 맥도날드나 세븐일레븐이 있으면 쓰레기 등급의 커피도 눈 깜짝할 사이에 300밀리리터쯤

들이마셨다. 어쨌든 색이 까맣고 커피로 만들어졌으니까. 추운 날이라면, 폴저스를 잔뜩 넣은 낡은 양말을 자동차 휠캡에 넣고 끓여준다 해도 나는 그걸 마시고 고맙다고 했을 것이다.

그래서 어느 날 나도 모르게 블랙스버그 시내에 있는 맥도날드 드라이브 스루 줄에 서 있게 되었다. 큰 사이즈 블랙커피를 주문했고, 창구로 차를 대자 젊은 흑인 여성이 나를 한 번 흘끗 보더니 말했다. "우편배달부세요?"

"네, 트럭에 배달할 소포는 잔뜩인데, 제 커피 탱크는 바닥난 느낌이어서요."

"우편배달부는 공짜예요. 제 삼촌이랑 할아버지도 우편배달부였어요."

"와, 고마워요!" 그걸 맥도날드 회사 측에서 제공한 건지, 아니면 그 젊은 여성이 자기 돈으로 사준 건지는 나도 모른다. 내가 아는 건 이 단순하고 친절한 행동 하나가 모든 걸 그냥 거래 수준 이상으로, 더 인간적인 무언가로 고양시켰다는 사실이다.

그러고 나서 그녀는 뜻밖의 말을 했다.

"수고해주셔서 감사합니다."

"천만에요." 나는 반사적으로 대답했다. "제가 오히려 영광이죠."

하지만 그 자리를 떠나면서 공짜 커피가 주는 그 따뜻하고 환한 기분은 곧 사기꾼이 된 것 같은 죄책감, 심지어 수치심으로까지 바뀌었다. 그동안 살아오면서 나는 이상은커녕 누구를 위해서도 목숨을 걸어본 적이 없었다. 군인이었던 적도, 세계적 보건 위기 속에서 병원 최전선에서 일하는 의료진이었던 적도 없었다. 나는 그저 가족을 위해 건강보험이 필요한 사람, 때로는 우편배달부 '코스프레'를 하는 것 같은 기분을 느끼던 사람이었다. 나는 이런 식으로 감사받을 자격이 없었다. 하지만 나는 그걸 받아들였다. 왜냐면 내가 받을 자격이 없는 귀한 것을 받는 것, 그걸 우리는 은총이라 부르기 때문이다.

미 우정국의 모든 사람들에게, 그들이 내게 준 모든 것에 대해 감사하고 싶다. 내가 그들의 어려운 일을 최선을 다해 배우는 동안 그들이 베풀어준 모든 도움에 대해. 내가 배운 겸손에 대해. 나 자신을 시험해볼 기회에 대해. 나라는 개인을 훨씬 넘어선 어떤 것, 이를테면 국가적 차원의 이야기, 미국 우정국이 처음 만들어지고 지금에 이르기까지 이 나라를 누벼온 그 긴 여정의 일부가 될 수 있었던 기회에 대해.

우편을 배달했던 모든 할아버지와 할머니, 엄마와 아빠, 이모와 삼촌 들에게, 그리고 미국 우정국을 미국인들이 가장 사랑하는 공공 서비스로 만들어준 모든 분들에게 고마운 마음을 전한다. 모든 우편물 분류 작업자와 창구 직원, 도시 배달부, 그리고 무엇보다 나의 형제자매 같은 시골 배달부 동료 들에게, 당신들이 날마다 수행하는 그 중요한 일에 대해 고맙다고 말하고 싶다. 그 노고는 결코 묻히지 않는다. 우리는 다 보고 있고, 당신들을 사랑한다.

수고해주셔서 감사합니다.

제28장

마지막 팬케이크

우편배달부는 국민의 일을 수행하는 연방 공무원이다. 스스로 노선을 정하는 법은 없다. 우편이 가는 곳을 무조건 따라가야 한다.

어느 평일 아침, 지리 룰렛 바퀴가 내게 우리 가족의 친구에게 가는 소포를 하나 배정했다. 공공정책 교수이자 한때 예수회 사제였던 존 로어 씨의 미망인 캐시 로어 부인이었다. 그의 막내아들 마크는 데이비드, 존, 나와 함께 우리 스카우트 대원이었다. 마크 말로는 가끔 그의 아버지의 옛 예수회 동료들이 들러 함께 와인을 마시는데, 취하면 라틴어로 대화를 나눈다고 했다. 이 이야기의 가장 인상적인 대목은 라틴어로 대화한다는 게 아니라 술에 취한 상태로 일상 라틴어를 한다는 거다.

캐시 부인과 이야기할 기회가 생겼다는 게 반가워 들뜬 마음이 되었다. 그녀를 본 지 오래였다. 벨을 눌렀다. 그런데 아무 응답이 없었다.

나는 손목의 지샥을 봤다. 아직 이른 아침이었다. 내겐 긴 하루가 남아 있었다. 몇백 미터만 내려가면 부모님 댁이었다. 그래서 나는 그때까지 한 번도 안 해본 짓을 했다. 커피가 당겨 부모님 댁에 잠깐 들른 것이다.

트럭에는 패러데이 백을 하나 두고 있었는데, 스캐너에서 나오는 전파 신호를 차단하는 물건으로 딱 이럴 때를 대비한 것이었다. 스캐너를 끄면 내가 끈다는 신호가 전해지겠지만 신호를 막아버리면 그건 그냥 통신 상태가 안 좋은 게 된다. 그렇게 하면 적어도 30분 정도는 벌 수 있을 거라 생각했다.

초인종을 누르자 아버지가 머리부터 발끝까지 파타고니아 플리스로 휘감고 현관에 나타났다.

"아니, 네가 여기 웬일이냐?"

"캐시 로어 부인한테 배달할 게 있어 왔다가 잠깐 들렀어요."

"들어와. 네 엄마가 지금 팬케이크 만드는 중이야."

원칙적으로 우리 부모님과 나는 서로의 집에 불쑥 찾아가는 일이 없었다. 항상 전화부터 했다. 애들 데려가도 돼요? 방금 나무를 하나 벴는데 혹시 트럭 가져와서 옮기는 것 좀 도와주실 수 있으세요? 부모님과 마지막으로 팬케이크를 먹은 건 아주 오래전이었다. 부모님 댁에서 밤을 지낸 아이들을 데리러 갔을 때였다. 그때 아이들이 아마 초등학생이었을 것이다. 내 가족을 꾸리면서 관계의 역학도 달라졌다. 나는 내 집이 있고, 부모님은 부모님 집이 있었다. 적어도 스스로에게 그렇게 말해왔다.

어머니는 가운 차림으로 부엌 아일랜드 앞에 서 있었다. 전기 팬이 꺼내져 있었다. 무쇠판 표면이 너무 잘 길들여져 꼭 니스칠을 한 것처럼 반들거렸지만 사실 아주 오래된 물건이었다. 30년 전에 돌아가신 할머니가 그걸 쓰던 기억이 남아 있으니.

"스티븐, 커피 좀 줄까?" 어머니가 물었다.

"완전 좋죠."

"그 케이컵(커피, 차, 코코아 등 다양한 종류의 캡슐을 사용할 수 있는 큐리그 기계로 만든 음료-옮긴이) 줘. 새로 내리지 말고." 아버지가 말했다.

"새로 내릴게."

"조이! 그냥 그 케이컵 줘!"

엄마는 새걸 내렸다.

"그 커피 시애틀스 베스트야. 그게 최고야. 스타벅스보다 훨씬 낫다니까."

"아버지, 시애틀스 베스트는 스타벅스 브랜드예요. 그냥 등급을 못 받은 커피를 그렇게 마케팅하는 거예요."

아버지는 TV만 계속 보고 있었다. "시애틀스 베스트가 최고야."

부엌은 리모델을 한 상태였다. 어머니는 낡은 누런 포마이카 상판 대신 하얀 대리석 같은 상판에서 요리를 하고 있었다.

벽은 온통 하얗게 칠해져 있고, 조명은 무슨 수술실처럼 밝았다.

우리는 일 이야기로 넘어갔고, 나는 일은 요즘 괜찮다고 했다. 패러데이 백 얘기도 했는데, 그걸 듣고 아버지는 껄껄 웃었다.

“아직 일자리 찾는 중이냐?” 아버지가 물었다.

“네. 몇 군데랑 얘기 중이에요. 경제가 다시 조금씩 풀리는 것 같아요.”

진실은 그냥 딱 한 사람과만 이야기한 거였고, 말할 때마다 고용 계획이 한 달 한 달 연기되고 있다는 느낌을 받았다.

어머니가 팬에서 고개를 들었다.

“우체국은 좋은 직장이야.” 어머니가 말했다.

“스티븐이 이걸 계속하진 않을 거야, 조이. 얘는 임원이야.”

“우체국은 좋은 직장이야.” 배관공이 수입이 꽤 괜찮다며 그걸 알아보라는 말을 나만 보면 하고 또 했던 여자의 말이었다.

“맞아요, 어머니. 그래도 제 커리어로 돌아가야죠.” 커리어라니. 실은 돈을 더 많이 주는 데로 들어가야 한다는 이야기였다. 나는 우편배달이 정말 즐거웠다. 내가 해왔던 어떤 일보다 좋았다. 하지만 대출을 갚고 대학에 갈 아이들 학비를 마련하려면 어쩔 수가 없었다. 우체국은 급료가 턱없이 모자랐고, 통장 잔고는 하루하루 바닥에 가까워지고 있었다. 조지프 콘래드가 말했듯 가난한 사람들에게 세상은 나쁜 곳이다. 그래서 나는 내가 별로 하고 싶지도 않은 일을 하게 될 일자리를 미친 듯이 찾고 있었다.

그때 문득 의문이 들었다. 부모님 집 거실에서 팬케이크를 먹으며 내가 일과 삶에서 진짜로 원하는 게 뭔지에 대해 허심탄회하게 대화할 용기가 있었던가? 아니었다. 쉰 살을 먹고도 아직도 부모님에게 잘 보이려 애쓰고 있었다. 나는 아버지가 나를 자랑스러워하길 원했고, 어머니가 나를 걱정하지 않길 원했다. 내 걱정을 하면 나에 대해 생각하는 거고, 그걸 오래 하다 보면 결국 지금의 결과에 실망하게 될 테니까.

거실에 서 있는 나 자신이 역겨웠다. 아직도 부모님에게서 뭔가를 갈구하고 있다는 사실이.

그날 먹은 팬케이크는 내가 먹은 어머니의 마지막 팬케이크였다. 내가 기억하는 한 똑같은 방법으로 만든 팬케이크. 라벨에 만화 요리사가 그려진 황갈색 종이 원통에 담긴 버터밀크 파우더, 늘 쓰던 오래된 스테인리스 계량컵. 모든 걸 그램까지 정확히 계량하는 어머니의 과학적으로 정확한 방식. 어머니는 마지막까지 실험실 연구원이었다.

몇 년 뒤 아버지는 세상을 떠났고, 어머니의 치매는 레시피를 따라 할 절차 기억조차 남지 않을 정도로 진행되었다. 평생 수백 번을 만들어본 것조차도. 아버지가 돌아가시기 몇 주 전 어느 아침에 들렀을 때 어머니는 내 동생 데이브를 위해 팬케이크를 만들려 애쓰고 있었다. 그 광경에 나는 미칠 듯이 화가 났다. 데이브는 어머니에게 그걸 만들어달라고 했고, 어머니는 아직도 녀석에게 그걸 만들어주려 애쓰고 있었다. 그렇다고 내가 데이브에게 화가 났던 건 아니었다. 그건 내 오래된 자기방어용 분노, 더 깊은 슬픔을 가리기 위한 분노였다. 씨발, 그깟 팬케이크 때문에.

데이브는 그렇게 편하게 부탁하는데 사실 나는 한 번도 어머니에게 팬케이크를 만들어달라고 부탁한 적이 없었다. 어머니와 나 사이엔 우리 사이를 떨어뜨려놓는 이상한 '서로 주고받지 않기'의 경계가 있었다.

내가 그날 아침을 기억하는 건 그냥 우연히 들렀기 때문이다. 그러지 않았다면 그건 그냥 내가 수천 번을 먹은 또 한 끼의 팬케이크였을 것이다. 똑같은 부엌에서, 똑같은 버터밀크 믹스로 만든, 똑같은 마가린을 바르고 똑같은 앤트 제미마 시럽을 끼얹어 먹는 팬케이크. 먹고 싶으면 언제든지 재현할 수 있는 식사. 미국의 아무 슈퍼마켓에서나 10분이면 재료를 마련할 수 있는 것.

내가 그걸 먹은 건, 그리고 그걸 먹기 위해 거기에 있었던 건 내가 고향으로 돌아온 쉰 살의 우편배달부였고, 옛 이웃에게 소포를 하나 배달한 뒤에 문득 부모님 집에 들러야겠다고 생각했기 때문이다.

나는 무언가를 원했고, 내가 받은 건 팬케이크였다.

그 팬케이크는 이제 더 이상 먹을 수 없다.

제29장

그 모든 일에도 불구하고

내가 처음으로 종교적 체험을 한 건 스물한 살 때였다.

그때 나는 노스캐롤라이나 주립대의 센테니얼 캠퍼스에서 혼자 산악자전거를 타고 있었다. 수백 에이커에 달하는 땅엔 크고 작은 언덕과 저지대, 그리고 새로 지어 아직 텅 빈, 붉은 벽돌의 실험동과 강의동 건물들이 있었다. 나는 거기에 혼자 가는 걸 좋아했다. 내 안의 깊은 어딘가에는 편안한 환경에 대한 기준이 애팔래치아에 맞춰져 있었다. 깊고 고요한 숲, 바람이 세차게 부는 높은 산꼭대기, 사람이 하나도 없는 길고 텅 빈 공간. 그곳은 내게 고향을 떠올리게 했다.

그날 나는 하루 종일 밖에서 자전거를 탔다. 아직 5월 초였지만 유난히 더운 날이었다. 아마 탈수 상태였을 것이다. 시간

감각을 잃은 채로 주립 정신병원인 도로시아 딕스 병원의 빽빽한 소나무숲을 길게 빙 돌아 달리고, 이어서 서쪽의 원자력 발전소에서 시내까지 초고압 송전선들이 행진하듯 이어진 길을 따라 캠퍼스 쪽으로 내려갔다. 캐롤라이나에서 완벽한 봄날을 상상한다면 바로 이런 날이었을 것이다. 이곳 하늘에는 버지니아에서는 좀처럼 느끼지 못했던 부드러움이 있었다. 버지니아의 단단한 구리판처럼 뾰족뾰족한 윤곽과 차가운 색감에 비해 모든 것이 더 평평하고 더 뜨겁고 더 파스텔톤이었다.

나는 긴 경사로를 따라 새 캠퍼스 건물들 쪽으로 내려갔다. 붉은 흙길을 미끄러지듯 내려가니 곧 타이어가 흙길에서 아스팔트길 위를 굴러가는 소리로 바뀌었다. 센테니얼 캠퍼스의 새 건물들은 대부분 문이 잠겨 있지 않았기에 건물 안 음수대에 들러 물이나 한 모금 마시고 가야겠다고 생각했다.

문을 열고 안으로 한 걸음 내딛는 순간, 나도 모르게 한쪽 무릎을 꿇고 주저앉고 말았다. 그건 절대 자발적인 움직임이 아니었다. 그냥 교회 의자 앞에서 보이지 않는 어떤 힘에 이끌려 무릎을 꿇듯 자연스럽게 몸이 내려앉았다.

차가운 공기가 피부의 한 치 한 치를 타고 흐르는 게 느껴졌고, 증발 냉각이 일어나는 모습이 실시간으로 보였다. 물 분자 하나하나가 액체에서 기체로 상태가 바뀌며 열기를 빨아들이는 모습, 지구 생명 활동의 근본적인 열 교환, 이 행성의 날씨를 움직이는 엔진 활동이 바로 내 피부 위에서 일어나고 있었다.

눈 속으로 빛이 쏟아져 들어왔다. 그리고 음악 소리가 들렸다. 그것은 하나의 음이라기보다 화음 같은 것이었다. 어떤 음은 지질학적 시간의 스케일로 이어졌고, 어떤 음은 서서히 합해졌다가 내 심장 리듬에 맞춰 서서히 사라졌으며, 또 어떤 음은 분자열이 내는 피콜로 같은 높은 음으로 배경에 깔린 음들과 화음을 이루었다. 마치 시간이 거의 멈춘 듯 느껴졌지만 동시에 시간의 광대함을 지각하는 순간이기도 했다.

그것은 온몸을 휘감는 황홀감이었고, 나는 모든 것과 하나가 된 것 같았다. 세상이 스스로 알아서 자기를 복제해나가는 모습이 눈앞에 펼쳐졌다. 그러다 곧 엄청난 경외감이 밀려왔다. 우주는 광대하기만 한 것이 아니라 무심했다. 나는 그저 그 안을 떠다니는 하나의 의식, 우주라는 급류 위 흰 포말 속을 떠다니는 공포에 질린 부유물 조각에 불과했고, 현실이란 양자적 순간순간마다 끊임없이 스스로를 계산해내는 한낱 컴퓨터일 뿐이었다.

얼마 뒤, 그 모든 느낌이 사라졌다.

나는 충격에 휩싸여 집으로 돌아왔고, 당장은 누구에게도 그 일에 대해 이야기하지 않았다. 그리고 그다음 주 내내, 어쩌면 내게 조현병이 발병한 건지도 모른다는 생각이 자꾸 들었다.

심리학을 전공한 룸메이트 제이미에게 그 이야기를 했더니 제이미는 지속적인 환청과 환시 증상은 없는 것으로 보아 자기가 보기에 조현병은 아닌 것 같다고 했다.

나는 얼리샤에게도 말했다. 우리는 이제 막 데이트를 시작한 사이였고 나는 그게 일종의 시험대가 되리라고 여겼다. "자기야, 나 아무래도 심각한 정신질환이 있는지도 모르겠어." 그녀가 나의 어떤 점을 높게 샀는지는 몰라도 그 대가에 다소 탄력적인 내 현실 감각도 포함될 수 있음을 그녀가 알기를 바랐던 것 같다.

그 뒤로 몇 년 동안 나는 다시 비교적 정상적인 영문학도 머저리로 돌아갔다.

그러다 스물세 살 때 뉴멕시코 우라카메사에서 또 한 번 비슷한 삽화를 경험했다. 물론 약을 하거나 그런 건 아니었다. 나는 오랜 보이스카우트 대원들과 함께 성인 지도자 자격으로 그곳에서 2주 동안 야영을 했다. 습도가 2퍼센트밖에 안 될 정도로 엄청나게 건조한 나날들이었다. 그 정도로 날이 건조하면 물을 다루는 것 자체가 이상하게 느껴진다. 거의 폭발하듯 증발하기 때문이다. 그곳은 뉴멕시코였고, 기이한 것들은 넘쳐흘렀다.

우라카메사는 유령이 출몰하는 곳이라고들 했다. 주니 원주민들은 그곳에 다른 세계로 통하는 문들이 있다고 믿었다. 마지막 날, 나는 이른 새벽에 혼자 일어나 일출을 보러 메사 끝자락까지 걸어갔다. 전망대로 걸어가는데 나무들 사이로 구상번개가 떠다니는 게 보였다. 지면에서 1미터가량 위를 이리저리 움직이는 모습이었다. 그 전기 유령들을 따라 메사 끝자락까지 걸어가노라니 어스름이 서서히 걷히고 새벽별들은 합창을 하며 하나둘 자취를 감추었다. 붉고 둥그런 해가 떠오르는 동안 나는 또다시 그 감각에 사로잡혔다. 온 세상과 하나가 된 듯한 일체감, 시간과 지각이 그 구성요소들로 분해되어 흩어지는 느낌. 이번에는 그저 그 감각이 내 안을 지나가도록 내버려두었다. 마치 그게 나의 뇌, 이 초월적인 과전하가 대지로 빠져나가도록 접지해주는 피뢰침이라도 되는 양.

그리고 돌아가 동생 존과 함께 말라빠진 달걀을 아침으로 먹었다.

그 뒤로 그런 일은 몇 번 더 있었다. 한 번은 로스앤젤레스를 내려다보는 산꼭대기에서, 또 한 번은 모하비 사막에서. 사막에서는 오직 나와 고고한 파란색 왜가리만이 존재했다. 그때마다 느낀 감정은 단순한 경외감 이상이었다. 온몸으로 겪는 변성의식 상태였다. 그러나 서른 이후로 더는 그런 경험을 하지 못했다. 나와 전 우주의 창조가 하나로 이어져 있다는 감각은 이제 저 멀리 사라졌고, 스무 해 동안 다시 찾아오지 않았다. 그러다 뉴리버를 내려다보는 안트라사이트로드에서 우편물을 배달하던 그날 다시 찾아왔다.

20년간 메말랐던 황홀경이 계속 찾아왔다.

내가 본 것 중 가장 거대한 인동덩굴에 둘러싸인 들판에서 봄의 벌들은 보이지 않는 질서를 따라 부지런히 일하고 있었다. 차디찬 12월의 아침, 영롱한 나무 얼음꽃 위로 쏟아져 내린 햇살이 빚어내는 굴절의 물리학. 차가운 빗속에서 소포를 들고 긴 진입로를 걸어 들어가며 저 위 대류권에서 떨어져 내리는 물방울 하나하나가 피부 위에 내려앉으며 펼치는 상변화를 그대로 느끼는 일.

나는 한 번도 구도자였던 적이 없다. 나는 신성이 아니라 세속의 학생이다.

그런데 왜 나에게? 왜 지금?

사실 종교에 대한 나의 감정은 늘 두려움과 비웃음 사이를 오락가락해왔다. 어느 날 출근길에 브러시마운틴 북쪽을 바라보는데, 내가 자랐고 지금도 살고 있는 산 위로 하와이에서나 볼 법한 쌍무지개가 걸려 있었다. 안쪽 무지개는 선명했고, 바깥쪽 아치는 반투명한 빛깔로 힘 있게 떠 있었다. 기상학 전공을 중간에 그만둔 사람으로서 잠시 기쁨에 가슴이 두근댔으나 어쩌면 오늘 하루는 이제 내리막뿐이리라는 생각에 곧 기분이 가라앉았다. 나는 사진을 찍었다.

11번 구역 분류대에 도착하니 2번 구역 공식 배달부 매기는 이미 분류 작업이 한창이었다. 그녀가 아침 인사를 건넸다. "좋은 아침이에요, 스티븐."

"네, 끝내주는 아침이에요! 밖에 쌍무지개가 떴더라고요. 봐요, 제가 찍어뒀어요." 나는 마치 내셔널 지오그래픽 기자라도 된 듯한 기분으로 자랑스레 휴대전화를 보여줬다.

그러자 그녀가 불쑥 울음을 터뜨렸다. "저건 우리 언니랑 조카가 하늘로 올라가는 모습이에요!" 그러더니 곧장 여자 화장실로 달려가 버렸다.

나는 그 자리에 얼어붙어 서 있었다. 캐시가 다가왔다.

"내가 뭘 잘못한 거죠?" 내가 물었다.

"당신은 아무 잘못도 안 했어요. 전혀요. 그냥 얼마 전에 매기의 조카가 코로나로 죽었고, 언니는 지금 중환자실에 인공호흡기를 달고 누워 있는 상황이라 그래요."

매기가 돌아오자 캐시가 다시 건너와 차분하고 힘 있는 목소리로 그녀에게 무슨 말을 건넸다. 나는 공연히 그녀의 마음을 헤집어놓은 것 같아 미안했고, 솔직히 그 생생한 감정을 마주할 배짱도 없었다. 또한 그녀가 사후세계에 대해 너무도 확신에 찬 어조로 말하는 게 두려웠다. 물리적 세상이 형이상학에 대해 우리에게 말을 건넨다는 생각, 무지개가 굴절된 백색광이 아니라 암호화된 정보라는 생각도.

우리 집에서는 종교가 감정적으로 체험하는 무언가가 아니었다. 어머니와 할머니는 독실한 루이지애나 로마가톨릭 신자였다. 할머니는 매일 묵주기도를 하고 일주일에 여러 번 미사에 갔으며 의무 축일을 지켰다. 어렸을 땐 금요일에 고기를 먹지 않다가 아버지가 자신은 가톨릭 신자가 아니니 금요일 밤에 햄버거를 먹겠다고 선언한 뒤로 그 규칙은 사라졌다. 할머니는 살면서 힘든 일이 생기면 성모마리아에게 기도해야 한다고 믿었다. 아버지는 이승에서의 마지막 날까지도 모든 인간은 결국 스스로를 책임지며 살아야 하는 거라고 확신했다. 나중에 내가 어른이 되어 교회에 가는 것에 대해 물었을 때 아버지가 한 말은 딱 하나였다. "멀쩡한 일요일 아침을 낭비하는 거지."

무지개니 환시니 개인적 계시니 전승된 지혜니 하는 것들이 내게 본보기로 주어진 적은 없었다. 우리 집에서는 교리문답이냐 과학적 방법론이냐, 둘 중 하나를 고르면 되었다. 영성을 일종의 절차의 일부로 취급한 것이다.

20년 넘게 평범한 삶으로 추방되어 있던 내게 종교적 체험은 이제 일상이 되었다. 반복적인 체험과 노출의 경험이 쌓이면서 그 순간이 곧 시작되리라는 걸 감지할 수 있는 지경에까지 이르렀다. 그게 파도처럼 밀려오는 걸 볼 수 있었고, 나는 그저 거기에 올라타 노를 젓기만 하면 되었다. 그건 초월적이고 신비로운 경험이라기보다 오늘은 200킬로그램을 들 수 있으리라는 걸 알고 기분 좋게 데드리프트 앞으로 걸어 나가는 일에 가까웠다. 열 시간, 열두 시간씩 우편을 배달하며 고된 하루를 보내고 나면 그 몇 분간의 종교적 황홀경으로 보상받았다. 긴 하루 끝에 마시는 차가운 맥주처럼 나는 그냥 즐기면 됐다.

그런 날들은 늘 비슷했다. 보통 이른 아침부터 일을 시작하고 고독한 시간을 오래 보내며 휴대전화 신호가 아예 잡히지 않을 만큼 깊은 산골로 들어가는 날이었다.

바람과 날씨도 영향을 미쳤다.

세상이 테런스 맬릭 영화처럼 황금빛으로 변해버리는 일출 직후나 일몰 직전에 그런 일이 더 잘 일어났다. 빛과 구름과 땅이 서로 맞물리며 세상이 한층 장대해졌다.

마지막 조각은 조망이었다. 거대한 세계 속에서 내가 얼마나 작은 존재인지를 체감하는 일. 대개는 가까운 숲속 풍경에서 한눈에 내려다보이는 풍경으로 순식간에 시야가 확장되었다. 영화에서처럼 지평선이 쫙 펼쳐지며 갑작스러운 공간의 폭발이 일어났다. 그렇게 모든 것이 발아래 펼쳐져 보이고 다른 조건들까지 맞아떨어지면, 마치 누가 스위치를 탁 켠 것처럼 한순간에 존재론적 경외감이 찾아왔다.

스물한 살에 처음 그 일이 일어났을 때는 정말 너무도 갑작스러웠지만 쉰 살이 되고 나니 알게 되었다. 이런 경험을 하려면 정신이 자유로워야 한다는 것을. 생각이 저만의 시간표대로 뻗어나갈 수 있도록 풀어놓아야 한다는 것을. 나는 그제야 그동안 내가 얼마나 스스로를 방기했는지를 깨달았던 것 같다. 나의 뇌 전체를 최고가를 부르는 곳에 빌려주고 살아왔다. 우편배달은 힘들었지만 인지적으로 아주 힘든 일은 아니었다. 나의 뇌는 자유로이 광야로 나아갔다. 수용 기지가 다시 연결되었고, 큰 안테나가 우주를 가로질러 쏟아져 들어오는 신호들을 받아들일 준비를 마친 상태였다. 신호들은 언제나 거기에 있었지만, 긴 공백 끝에 마침내 다시 그것들을 들을 수 있게 된 것이다.

우편배달을 하면서 음악을 듣노라면 불현듯 음악이 느려지는 순간들이 있었다. 마치 오래된 테이프 레코더의 재생 속도를 느린 설정으로 바꾼 것처럼 늘어지는 사운드는 흡사 데이터 스트림이 느려지면 음악이 뚝 끊기지 않고 서서히 성능이 저하되도록 만들어진 앱 기능과 유사하게 들렸다. 머리로는 알았다. 내가 듣는 건 그저 신호가 잘 안 잡히는 구간을 들어갔다 나왔다 할 때 생기는 효과일 뿐이란 것을. 하지만 시간이 지날수록 점점 미신적이고 마법적인 생각을 떨쳐버릴 수가 없게 되었다. 혹시 음악이 느려지는 순간 현실에서 음악적 의자 뺏기 놀이가 시작되는 게 아닐까, 내가 집중해서 그걸 현실화하면 내가 머물고 싶은 시간대를 선택할 수 있는 게 아닐까 하는. 물리학자 휴 에버렛Hugh Everett의 다세계 가설에서는 어떤 시점에서든 수많은 세계가 끊임없이 분기되어 나간다. 문제는 이거였다. 가족과 함께 어느 세계에 살게 될까? 공존하는 가능성들의 다중우주 속에서 과연 나는 어떤 현재의 물결에 올라타고 미래로 가게 될까? 음악이 느려질 때마다 나는 이런 세계를 떠올리려 애썼다. 트럼프가 패배한 세계, 내가 주택담보대출을 갚을 수 있고 딸들을 대학에 보낼 형편이 되는 세계, 내가 커리어를 되찾고 얼리샤가 그렇게까지 걱정하지 않아도 되는 세계, 내 딸들이 강하고 행복하게 자라는 세계, 인류가 대기 중 탄소를 포집해 땅속에 묻어두기 시작하는 세계를. 나는 그런 것들을 머릿속에 떠올리며 내 노동을 거기에 바치는 마음이 되었다.

길 위에서 우편물이 가득 실린 트럭과 함께 나는 기도하고 있었다.

✦

마지막 환시를 봤을 땐 느낌이 달랐다. 우편배달부로서는 이게 마지막이라는 걸 알 수 있었다. 꾸준히 일자리를 알아보던 중 한 미디어 회사에서 면접 제의를 받았고, 나는 변화의 문턱에 서 있었다. 어떻게 끝날지는 몰라도 우편배달부로서의 시간이 끝나가고 있었다.

그날은 온통 잿빛으로 물든 하루였다. 구름 아랫면이 선명한 경계를 이루며 맑은 공기와 그 위의 하늘, 세상의 천장을 갈라놓고 있었다. 내가 자란 계곡이 훤히 내려다보였다. 남쪽으로 쭉 뻗은 친숙한 파리마운틴 능선과 엘릿밸리, 저 아래 블랙스버그를 품은 저지대가 꼭 누군가의 전기 기차 모형 세트처럼 눈앞에 놓여 있었다. 나의 가족도, 버지니아텍의 회색 석조 건물들도, 그 모든 것이 발아래 파노라마처럼 쫙 펼쳐져 있었다. 그 순간, 현실이 흡사 게임 보드처럼 느껴졌다. 마치 내가 손을 뻗어, 완벽하고 투명한 의도에 따라 다음 수를 둘 수 있을 것처럼. 한 해 동안 내가 짊어지고 다녔던 짐은 이제 상태가 변해 증발해버렸다. 마음만이 아니라 몸까지 홀가분했다. 온전히 살아 있는 느낌이었다.

그리고 내 인생에서 처음으로 이렇게 생각했다. 하느님, 감사합니다.

내가 느낀 건 내재함과 초월의 하나 됨만이 아니었다. 감사였다. 눈물이 날 만큼의 감사. 나의 감사는 마음에서 절로 우러난 것이었다. 하느님, 우리 가족을 돌봐주셔서 감사합니다. 그들이 진짜 고통을 겪지 않게 지켜주셔서 감사합니다. 저는 저 자신을 내어드렸고, 당신은 저를 사용하셨습니다. 제가 이 순간을 위해 창조되었고 당신이 이런 방식으로 저를 쓰기를 원했다면, 그런 기회를 주셔서 감사합니다. 그 모든 것에도 불구하고 제가 옳은 시간대에 있다는 사실에 감사합니다. 왜냐면 여기가 바로 제가 있어야 할 자리였으니까요.

설령 이곳이 가능한 모든 세계 중 최고는 아닐지언정 그래도 죽여주게 좋은 곳이었고, 나는 저 산의 뿌리 깊은 곳까지 그걸 알았다.

그게 바로 지혜를 선물처럼 건네받을 때 느끼는 감각이었다. 부디 다른 사람들도 삶의 어느 순간에 그걸 느끼게 되기를.

지금은 평범한 일상을 돌보며 살아가고 있다. 하지만 언젠가는 산꼭대기로 돌아갈 것이다.

다시 불려갈 것이다.

하지만 아직은 아닙니다, 주님.

아직은요.

제30장

마지막 한 구간까지

배달을 나갈 때 평소 소지품 가방을 걸어두는 트럭 보안문 레일에 드레스 셔츠를 하나 걸어놓았다. 마지막 면접이 있는 아침이었다. 내가 석 달 동안 공을 들여온 미디어 회사의 CEO와의 면접이었다. 배달 스케줄을 옮길 방법은 없었고, CEO는 스케줄이 빡빡한 사람들이었다. 이 면접은 중요했다. 전에 하던 시장 조사 일을 하게 될 새 직장과 나 사이에 남은 마지막 정거장이었다. 그래서 나는 나름의 계획을 짰다.

약속 시간이 됐을 때 월넛크릭의 조용한 흙길가에 차를 세웠다. 깔끔한 흰색 셔츠로 갈아입고, 휴대전화를 배낭에 기대 세워 카메라가 내 뒤 목초지를 비추게 했다. 배경에는 말들이 있었다. 딱 좋았다. 이제 그냥 업무에 관한 생각만 하면 되었다.

CEO는 카리스마가 있었다. 그는 나의 큰 아이디어들, 이를테면 자본시장을 위해 새로운 대체 데이터를 만들고, AI로 소비자 행동을 시뮬레이션한다는 등의 발상을 마음에 들어 했다. 그는 내가 버지니아에 있다는 걸 알았다.

"사무실 풍경이 참 좋네요. 거기 말 키우는 동네에 가본 적 있어요. 딸이 승마를 하거든요."

"감사합니다. 네, 계곡 쪽에 말 농장이 많아요. 버지니아텍에도 규모가 꽤 큰 말 전문 수의학 프로그램이 있고요."

"저거 당신 거예요?"

"제 거요?"

"당신 말이냐고요."

"아, 아녜요. 이웃집 말이에요. 대신 저희 집 뒤에는 검은 곰 한 마리가 살아요."

"진짜요!" 그가 흥분했다. 대도시에 사는 사람들은 예외 없이 야생곰 이야기에 설레어한다. 그래서 내가 거친 산과 들에 사는 사람처럼 보일 기회를 나는 절대 놓치지 않았다. 그 역시 그 뒤로 곰과 말에 대해 물었다.

나는 불안한 마음으로 전화를 끊었다. 몇 달 동안 우편물을 배달하면서 마치 사기꾼이 된 듯한 기분에 시달렸다. 그런데 이젠 시장 전략가로 일한다는 말이 꼭 꾸며낸 이야기처럼 느껴졌다. 아마 이것이 내가 맞이할 미래일 것이었다. 앞으로 내가 하는 모든 일이 영원히 가짜처럼 느껴질 것이었다.

다른 사람들의 우편물로 가득 찬 우편배달 차량 안에서 면접을 보는 건 썩 도움이 되지 않았다.

✦

백신이 곧 나올 참이었다. 전체 회의에서 우체국장은 백신을 맞을지 말지는 개인의 선택이라는 내용의 편지를 읽었다. 적하장에선 백신 이야기가 한창이었다.

어느 날 아침, 케빈과 다이애나 옆에서 우편물을 싣고 있었다. 둘은 담배를 피우고 있었는데, 케빈은 군인 출신답게 손을 오므려 담배 끝 불씨가 바람에 꺼지지 않게 가리고 있고 다이애나는 버지니아 슬림을 입술에 대롱대롱 매달고 있었다.

케빈이 코로나바이러스 이야기를 했다. 사람들이 자꾸 그게 진짜가 아니라고 한다는 얘기였다. 다이애나가 그렇지 않냐고 말하자 케빈은 웃었다. "진짜가 아니라고요? 이 바이러스는 총알만큼이나 진짜예요. 똑같이 사람을 죽여요."

"내가 아는 건 그 백신을 다섯 달 만에 뚝딱 만들었다는 거예요. 그게 안전할 리가 없죠." 다이애나가 말했다.

"이봐요! 이 바이러스는 정말 심각하게 받아들여야 해요!" 케빈이 말했다. 나는 속으로 생각했다. 아주 좋은 대화야! 케빈은 존경받는 사람이었다. 사람들은 그의 말을 들었다.

적하장엔 세 사람이 있었고, 팬데믹에 대한 의견도 셋이었다. 백신이 안전하든 안전하지 않든, 그 순간 내가 알았던 건 세상이 예전으로는 절대 돌아가지 않으리라는 것이었다. 하지만 나는 백신을 원했다. 백신은 효과가 있었고, 백신이 의미하는 바를 나는 원했다. 나는 그다음에 무엇이 오든 그쪽으로 나아갈 준비가 되어 있었다.

일주일 뒤에 버지니아 보건부에서 이메일이 왔다. 바로 옆 동네에 있는 래드퍼드 대학교 농구 경기장에서 백신을 접종하며, 모든 우편배달부들과 그 외의 배송 서비스 종사자들이 그 대상이라는 내용이었다. 나는 그 이메일을 몇 장 출력해 캐시에게 건넸다. 사람들은 그의 말을 귀담아듣기 때문이었다. 캐시는 배달부들 사이를 돌며 소식을 알리는 역할을 했다. 우체국장과의 짧은 회의 이후로 미 우정국 직원들에게 백신에 대해 공식적으로 전달된 내용은 사실상 전무한 터였다.

백신을 맞으라고 하루 휴가를 받은 나는 래드퍼드로 차를 몰고 갔다. 농구 경기장 안은 우편배달부들, UPS 사람들, 페덱스 사람들로 가득했다. 아마 수백 명은 됐을 것이다. 나는 기업 연구 단지에서 늘 보던 UPS 배달부를 보고 손을 흔들었다. 팬데믹이 시작된 이후 한곳에 이렇게 많은 사람이 모여 있는 건 처음 보았다. 커다란 공적 공간에 그처럼 많은 사람과 에너지가 넘실대는 모습은 새삼 충격적이었다.

현장은 믿기 어려울 만큼 잘 운영되고 있었고, 나는 30분 만에 모든 과정을 마쳤다. 이제 나는 백신 접종을 마친 사람이 되었다.

세상은 예전의 '정상'으로는 돌아가지 않을 거였다. 하지만 어떤 모습으로든 변해가고 있었고, 다음 시간대에서 나는 더 이상 우편배달부가 아닐 터였다.

나는 주차장에서 면접을 본 미디어 회사의 인사팀이 보낸 이메일을 확인했다.

합격이었다.

소식을 전하자 얼리샤는 우리 비상금 잔고가 고작 200달러밖에 남아 있지 않다고 말했다.

우리는 버텨냈다.

✦

일은 한 달 뒤부터 시작이었다. 나는 새 직장에 들어가기 전에 두어 주쯤 쉴 수 있을까 싶어 그동안 쓸 건강보험 종류를 알아봤다. 몇 분 정도 검색해보니 나의 현재 수입으로도 자격이 되는 게 분명했다.

아니, 세상에, 나는 애초부터 자격이 있었다.

내가 스스로에게 했던 이야기, 즉 나는 건강보험을 위해 이 일이 필요하다는 이야기, 나로 하여금 한 해 동안 우편물을 배달하게 만든 그 이야기는 사실이 아니었다.

지금 장난하나. 나는 믿을 수가 없었다. 해고되자마자 그냥 신청만 하면 됐던 거다. 이 모든 일을 하나도 겪을 필요가 없었던 거다.

예전 같았으면 분명 이렇게 멍청한 짓을 한 나를 자책했을 것이다. 그런데 이번엔 그저 조용히 앉아 생각했다.

그럼 이 모든 건 대체 뭐였을까?

그건 내가 우편배달부가 되려고 그랬던 거였다.

✦

이제 떠날 시간이었다. 나는 새 일자리를 얻었고, 마음은 이미 정해둔 터였다. 퇴사 통보는 최소 2주 전에 해야 한다는 규칙에 따라 그날 일을 마치고 감독관 척에게 의사를 전할 참이었다.

그날 11번 구역을 돌았고, 내가 가장 좋아한 창구 직원 메이블에게 가져다줄 소포가 있었다. 메이블은 두어 달 전에 퇴직했는데 나는 미처 그녀에게 작별 인사도 하지 못한 상황이었다. 캣에게서 이제 메이블의 우편물을 케이스에서 빼지 말라는 이야기를 듣고서야 그녀가 퇴직한 걸 알았기 때문이다.

그날은 봄비가 세차게 내렸다. 소포는 사탕 상자처럼 보였다. 크로거 봉투에 싸서 그녀의 우편함에 넣으면서 혹시 젖을지 몰라 걱정이 됐다. 솔직히 다른 고객이었대도 그렇게 했겠지만 메이블의 우편물은 특별히 신경이 쓰였다. 그녀는 몇 번이고 나를 구하러 와준 구조대 중 한 사람이었고, 물어볼 게 있는데 캣이 근처에 없으면 항상 메이블이 답을 주었다.

그때까지 그녀가 사는 동네에는 한 번도 가본 적이 없었다. 그녀는 메리맥에서 갈라져 들어가는 길에 살았는데, 그쪽 우편함들은 전부 포장도로 옆 레일에 일렬로 달려 있었다. 나는 그녀의 집 위치를 확인하고 출발했다. 2킬로미터쯤 내려가자 개울이 하나 나타났다. 뉴리버에서 멀지 않았기에 작은 개울은 아니었다. 폭이 약 15미터쯤 됐고, 며칠 동안 내린 비로 물살이 거셌다. 범람 직전의 시커먼 물이 초콜릿 빛깔 거품을 일으키며 사납게 쏟아져 내렸다. 메이블의 집은 개울 건너편에 있었다. 물을 쭉 한 번 훑어보고 나의 늙은 엘 카브리토를 확인한 다음 변속기를 사륜 구동으로 넣고 조심스레 물에 들어갔다.

바퀴 아래서 돌들이 이리저리 밀려 움직이는 게 느껴졌다. 물살이 트럭을 아래쪽으로 밀어내기 시작했다. 측면이 물살을 정면으로 맞지 않도록 일부러 앞머리를 상류 쪽으로 틀어 들어갔는데도 물살의 힘은 대단했다. 개울을 반쯤 건넜을 즈음엔 물이 창문 아래턱까지 차올랐다. 우편물이 가득 실린 트럭이 그대로 잠수함이 될 판이었다. 그때 타코마를 몰면서 처음으로, 공기 흡입구에 사제 흡기 스노클(물이 깊을 때 물이 빨려 들어가 엔진이 꺼지지 않도록 흡기 위치를 위로 올리는 장치-옮긴이)을 달아놨으면 좋았겠다고 생각했다. 어쨌든 바퀴가 헛돌아 접지력을 잃지 않도록 액셀을 아주 살살 밟아 천천히 앞으로 나아간 끝에 간신히 개울 반대편으로 기어 올라갔다.

그러곤 트럭에서 내려 타이어 옆면을 살피고 있는데, 방금 내가 내려왔던 길로 쿼드바이크를 탄 젊은이 하나가 진흙을 물보라처럼 튀기며 굉음과 함께 달려왔다.

"아저씨! 저쪽 잠수교로 건너야지, 그렇게 가시면 안 돼요! 대체 이런 물을 어떻게 건넌 거예요!" 요란한 물소리 위로 그가 외쳤다.

"그냥 운이 좋았나 봐요."

"그게 아니라 수호천사가 도운 거죠! 어떻게 건너는 건지 제가 알려드릴게요."

그가 알려준 대로 잠수교 쪽으로 가보았으나 물이 너무 탁해 다리는 잘 보이지도 않았다. 그가 달려오더니 조수석 창가 쪽에 바이크를 세웠다.

"혹시 메이블 서머스 씨 알아요?" 내가 물었다.

"제 이모예요."

"여기 그분한테 전해줄 사탕이 있는데. 우편함 속에서 젖을까 봐 여기까지 온 거예요."

"제가 전해드릴게요."

"스티븐이 안부 전한다고 해줘요. 꼭 전해줘요, 알겠죠?"

"약속할게요, 아저씨. 꼭 전해드릴게요."

✦

우체국으로 돌아오니 척이 책상에 앉아 있었다. 나는 늘 그를 좋아했다. 그는 원래 도시 배달부였다가 시골 감독관으로 승진한 사람이었다.

"감독관님, 제가 곧 퇴사할 생각이라 규정대로 2주 전에 말씀드립니다."

"새 일자리를 얻은 거예요?"

"네."

"좋은 자리예요?"

"네, 아주 좋은 데예요. 전에 일하던 데랑 비슷한 곳이에요."

"사실, 여기 얼마나 계실지 늘 궁금했어요."

"그동안 정말 재밌었어요. 힘들기도 했지만요. 진짜 힘들었는데, 그래도 재밌었어요."

"근데 이렇게 미리 알려주지 않으셔도 돼요. 보통은 다들 그냥 안 나오는데, 이렇게 말해줘서 고마워요. 배달부님도 오늘까지만 나오고 싶으시면 그렇게 하셔도 돼요. 여기 일은 우리가 커버할 수 있으니까 괜찮아요."

"정말 이렇게 끝내도 되는 건가요?" 나는 뭔가 업무 인수인계 같은 걸 기대했던 것 같다. 조촐한 기념식 같은 것도.

"네. 그동안 정말 훌륭한 배달부셨어요. 원하시면 언제든지 다시 돌아오세요. 저흰 아무 때고 환영입니다."

우리는 악수를 나눴다.

나는 배지를 반납하고 걸어나와 트럭에 올라탔다. 아무에게도 제대로 작별 인사를 할 기회를 갖지 못한 채였다. 하지만 나는 이제 더 이상 우편배달부가 아니었다. 다시 그냥 평범한 시민이 되었다.

아무도 이해하지 못하는 일을 하는, 또 하나의 화이트칼라 유령이었다.

✦

그렇게 다시 머리 쓰는 일, 지식노동으로 돌아갔다. 월급과 복지에 감사하며, 그러나 그게 전부이고 내 일이 바로 나라는 감각에서 벗어난 모습으로. 할머니가 자주 말씀하셨듯 인간은 모두 땀을 흘려 자기를 먹이며 살아간다. 하지만 일이 인간을 정의하지는 않는다. 수십 년간 회사에 다니며 놓쳤던 것, 내내 시달려온 근본적인 혼동은 일이 곧 현실이라는 착각이었다. 내가 일하던 그 모든 세월 동안에도 세상은 계속 돌아갔다. 아침에 구름 위로 비치는 햇살. 괜찮은 점심 식사가 주는 만족. 자녀들의 사랑, 사랑하는 가족 안에서 아버지로 존재한다는 엄청난 선물. 그동안 나는 삶이 주는 풍요를 낭비하고 살았다. 우편배달부 일은 그 모든 것을 다시 돌려주었다. 이보다 더 소중한 선물을 나는 상상할 수 없다.

우연하게도 나는 인생 여정의 한가운데쯤에서 정부에서 봉사하는 일을 하게 되었다. 다른 사람들보다 쓸모가 부족한 사람이라고, 세상에 어떤 좋은 영향도 주지 못한다고 은근히 느끼며 수십 년을 살아오다가 우정국처럼 평범한 조직일지언정 어쨌든 무언가의 일부가 된다는 것이 나를 온전하게 만들어주었다. 화이트칼라 노동과 블루칼라 노동의 구분은 허상이라고 생각한다. 두 형태의 노동 모두 우리의 모든 시간을 요구하고 대가를 치르게 한다. 어느 하나가 다른 하나보다 더 귀한 것도, 덜 귀한 것도 아니다. 진짜 구분은 노동과 봉사 사이에 있고, 나는 그게 삶을 가르는 큰 경계선 중 하나라고 생각한다.

그래서 나는 파워포인트와 줌 회의로 돌아간 뒤에도 내가 이 도시와 이 나라의 집단적 이야기 속 일부라는 감각만큼은 계속 품고 있으려 노력한다. 지금도 어디로든 여행을 가면 내가 가장 좋아하는 일은 우편물을 배달하는 사람들을 붙잡고 이야기하는 것이다. 그들은 나의 형제자매들이기 때문이다. 하지만 봉사는 단순히 우편배달부와 우체국 직원을 친절하게 대하는 것보다는 훨씬 큰 일이다. 나는 선거 때 투표소에서 자원봉사를 시작했다. 그리고 우리 딸 워커가 속한 스카우트 부대의 성인 지도부에도 참여했다. 이건 사실 한때 스카우트 마스터였던 아버지와 더 가까워지는 느낌이 들기도 해서였다. 하지만 스카우트 지도자가 된다는 건 다른 사람들의 자녀를 좋은 사람이자 좋은 시민으로 키우는 일에 내 시간을 내어준다는 뜻이기도 하다. '공동체'라는 말은 지나치게 남용되는 단어 같지만 좋은 스카우트 부대는 꼭 대가족과도 같다. 아이들이 스포츠와 학교 바깥에서 함께 어울리고 어른들은 일터 바깥에서 우정을 나누는 곳이기 때문이다. 공동체를 진짜로 만드는 건 봉사다. 나는 그걸 스카우트에서 찾았고, 다른 이들은 그걸 식품 나눔 단체나 유기견 구조 단체에서 찾기도 한다. 봉사가 없다면 도시에 남는 거라곤 오직 인간의 영혼을 위한 주차장과 남아도는 자본을 위한 공간으로서의 부동산뿐일 것이다. 봉사는 소속감을 만들고, 소속감은 우리를 인간으로 만든다.

수천 개의 소포 상자와 수십만 개의 편지를 들고 다녔던 시간이 내게 남긴 건, 내가 이 세상의 일원으로 존재한다는 감각이었다. 우편배달을 하는 동안 내가 알게 된 게 있다면, 그건 내가 '애팔래치아 사람'이라는 사실이다. 덜컹거리는 트레일러와 콘크리트블록 위에 얹힌 녹슨 쉐비 같은 할리우드식 헛소리를 말하는 게 아니다. 이 산맥의 기묘함, 이 언덕의 주름마다 으스스한 무언가와 숭고한 무언가가 숨어 있는 듯한 느낌…… 마치 내가 여기에 던져진 건 이런 것들을 보라는 뜻인 것만 같았다. 이 초록 세상이 나의 집이라는 것. 때로는 내 고향에서 이방인이 된 기분도 들지만 나는 이 개울들에서 자랐다. 그리고 나는 200년이 넘는 세월 동안 그랜트 가문을 떠받쳐온 바로 그 돌들 사이에서 솟아난 존재다. 만약 이 언덕들에서 태어나지 않았더라면 내 과학자 아버지가 유체역학 혹은 물의 난류에 대해 거의 세포 수준의 감각을 가지거나 물리 세계의 작동 방식을 본능적으로 이해하는 건 아마 불가능했을 것이다. 이곳 가파른 산길과 비, 바위투성이 개울들 속은 온통 그런 물리적 복잡성으로 가득 차 있기 때문이다.

아버지는 늘 풍경의 떼어낼 수 없는 일부처럼 보였다. 살아 있는 석회암에서 솟아난 사람처럼. 마지막으로 함께 낚시하러 갔던 날, 아버지와 나는 물안개 자욱한 가을의 뉴리버 위를 둥둥 떠다녔다. 우리 둘이서. 아버지와 아들이 아니라 그저 물위에서 낚시하는 두 남자로. 우리는 함께 웃었다. 낚싯바늘에 걸린 농어의 세찬 버둥거림. 대머리수리와 물수리. 황금빛 눈을 반짝이며 물가를 걸어 다니는 큰푸른왜가리. 그 깃털. 어렸을 때 함께 카누를 타러 다니던 시절처럼 우리는 가까웠다. 과거는 없고 오직 낚시만이 존재했다. 낚싯대가 활처럼 휘어졌다. 우리는 그걸 보며 웃었다. 그 우연함, 그 영광스러움, 그리고 우리가 그 일부라는 사실과 그 일이 일어나는 순간에 우리가 함께라는 사실 때문에 나는 아버지와 내가 함께였던 그 순간을 영원히 간직하게 되었다. 나는 내가 있어야 할 곳에 있었고, 그렇게 만든 건 그 강을 빚어낸 바로 그 힘들이었다.

이제 나의 집은 이 시간대, 이 순간, 이 한 조각 공간임을 안다. 가족과 함께, 얼리샤와 딸들과 함께 살아가는 지금 이곳임을. 지금은 우리의 보금자리를 지키고 이 산에서 계속 살아가는 거다. 가정법으로 스스로를 고문하는 일을 그만두는 거다. 끝없는 후회를 끝장내는 거다. 그리고 그저 내 앞에 있는 것들, 사실 처음부터 내내 거기에 있었던 것들을 보는 거다. 세상을 움직이는 성스러운 불꽃을. 그리고 그 불꽃이 내가 사랑하는 사람들 안에서 어떻게 타오르는지를.

우편물을 싣고 길 위에서 보낸 그 1년 동안 나는 집으로 돌아오고 있었다.

✦

내가 누군지 혹은 어디에 속해 있는지를 알아내려고 우편배달에 나선 건 아니었다. 건강보험이 필요했고, 어쩌면 덤으로 새로운 모험 같은 것도 좀 할 수 있지 않을까 해서 시작한 일이었다. 하지만 나 자신보다 더 큰 무언가를 위해 일하는 경험이 나를 다시 가족과, 마을과 연결시켜줬다. 이 산들과도 그리고 물론 이 나라와도. 이 일이 끝없는 아름다움의 향연은 아니었다. 그건 노동이었다. 이 일을 끝낼 수 있게 해달라고 기도한 날들도 있었다. 가족의 생계가 저울 위에 올라가 있는 것 같은 느낌이 끝나기를. 미래의 불확실성이 그만 해소되기를. 그런데 막상 모든 게 끝나고 나니 우편배달부 시절이 그리워졌다. 지금도 그렇다.

사람들의 일을 돌보는 순례자라는 감각이 그립다. 홀로 길 위를 돌아다니며 느끼는 상쾌하고 확장된 기분. 온통 산들이 펼쳐진 길에서 우편물이 가득 실린 트럭을 모는 기분. 집에서 가족과 함께 지내며 일하고, 함께 먹고, 함께 있는 사람들을 보는 기분. 그들이 나를, 편지와 잡지와 약과 칼, 씨앗, 공구, 기계 부품을 기다린다는 감각. 이 모든 감각이 그립다. 물론 그들이 원치 않는 것들도 있다. 쓰레기 같은 것, 귀찮은 광고물, 실망스러운 소식, 혹은 날마다 쏟아지는 평범한 것들. 특별한 일이라곤 일어나지 않는 것처럼 느껴지는 또 다른 하루. 하지만 그렇지 않다. 매일매일 특별한 일이 벌어진다.

사람들은 기다린다.

온 세상이 전적인 필연성과 함께 온다. 지켜진 약속, 깨진 약속, 요리책, 소설, 사용설명서, 멀고도 가까운 과거의 역사들이. 살아 있는 병아리들과 살아 있는 귀뚜라미들. 20킬로그램짜리 자루에 담긴 과학적으로 배합된 개 사료. 사랑하는 이들의 사진, 졸업앨범, 합격과 불합격 통지서. 다른 사람들을 위한 기도와 돈이 필요하다는 간청. 생일 카드, 크리스마스 카드, 연애편지. 투표용지, 신문, 각종 고지서와 통지서. 우리가 원하든 원하지 않든, 삶의 모든 것이 충만한 그대로 온다. 그것은 진입로 끝 검정 철제함 속에서 우리가 집어 들기만을 기다리고 있다.

그 안엔 무엇이 들어 있을까? 알게 되는 것, 혹은 알지 못하게 되는 것이 들어 있다. 무언가가 바뀌리라는 희망, 혹은 그대로이길 바라는 희망. 가족과 아이들과 친구와 연인들이 보내는 다정한 헌신의 말들. 무게를 가진 말들, 고백, 거래, 사랑, 분노의 말들, 그리고 쓸모없는 말들과 사소한 말들. 그 모든 것이 희망과 결의 속에서 전달된다. 100만 개의 고속도로와 국도와 인도와 오솔길을 따라 전달된다. 더위 속에서도, 눈 속에서도. 새벽에도, 가슴이 부서지는 순간에도. 빛 속에서도, 어둠 속에서도.

우리는 그것을 나른다. 그리고 가족이 기다리는 집으로 돌아가 마음을 다잡는다. 힘을 달라고 기도하고, 다시 일어나 그 모든 걸 또다시 해낸다. 마지막 한 구간까지. 모든 편지, 모든 소포를 하루도 빠짐없이.

하루하루가 기적이다.

미국 버지니아주 블랙스버그에서

2024년 11월

감사의 말

에비타스 크리에이티브 매니지먼트사의 내 에이전트 데이비드 그레인저가 아니었다면, 지금 여러분은 아마 이 책을 손에 들고 있지 못했을 것이다. 그는 내가 처음 써둔 메모들을 보고 그게 책이 될 수 있다고 설득했다. 내가 제안서를 만들어 주고받는 모든 과정을 이끌고, 친구이자 멘토가 되어주었다. 업계의 거인이 이게 책이 되어야 하며 내가 그걸 쓸 수 있다고 믿어준다는 사실은 나의 내면이 부정적인 결론을 말할 때도 내게 '외생적 자신감'을 주었다. 그레인저, 나를 믿어주고 함께해줘서, 그리고 우정을 나눠줘서 고마워요.

이 책을 사이먼 앤 슈스터로 데려온 건 이 유서 깊은 출판사의 편집장 프리실라 페인턴의 비전이었다. 창작 석사 학위가 있는 광고쟁이를 출판 작가로 만든 것도 그녀의 결정이었다. 프리실라, 『메일맨』을 세계에서 가장 권위 있는 논픽션 임프린트로 데려와줘서 고마워요. 정말 영광이었어요.

나의 편집자 메건 호건은 우주비행사 같은 프로의 침착함을 지닌 언어의 달인으로, 그녀를 나의 파트너로 정한 건 정말 신의 한 수였다. 이 책을 내 안에서 끄집어낸 사람이 바로 메건이었기 때문이다. 첫 책을 쓰는 작가로서 메건과 함께 일하는 경험은 마치 뛰어난 비행교관의 왼쪽 자리에 앉아 하늘을 나는 느낌이었다. 메건의 세심함과 섬세함은 내게서 최고의 모습을 끌어냈다. 편집은 참 이상한 직업이다. 반은 기술자, 반은 치료사가 아닐까 생각한다. 메건은 환상적인 파트너였고, 그녀와 함께 일할 수 있었던 건 내게 큰 복이었다. 메건, 인내심을 발휘해줘서, 지성과 통찰을 나눠줘서 고마워요. 당신과 함께 일해서 정말 좋았고, 언젠가 다시 그럴 기회가 있기를 바랍니다.

앤드루 에식스는 이 모든 일이 일어나게 된 유일한 이유다. 내가 10여 년 전 도로가5에 채용됐을 때 앤드루는 광고 이야기는 꺼내지조차 않았다. 그의 우정은 내 삶에서 하나의 은총이었다. 지금까지 그는 내게 세 번이나 일자리를 줬고, 그 덕분에 나는 가족을 부양할 수 있었다. 앤드루, 지난 세월 내내 보내준 모든 지지에 감사하고 무엇보다 당신의 우정에 감사드립니다. 블루리지 출신과 퀸스 출신의 남자가 친구가 될 수 있다면, 이 나라에도 아직 희망이 있는 것이겠죠.

엘레나 두삭 캐시는 여러 해 동안, 그리고 여러 다른 회사를 거치는 동안 가장 가까운 동료이자 친구였다. 회고록을 쓰면서 거대한 글로벌 공룡 같은 조직 안에서 새로운 비즈니스 파트를 만드는 풀타임 일을 하는 것은 아마 내가 그동안 직업적으로 해본 일 중 가장 어려운 일이었을 것이다. 이 모든 일은 아버지의 죽음과, 그에 따른 모든 변화들과 겹쳐 일어났다. 엘레나의 사랑과 지지가 없었다면 두 일 중 하나도 해내지 못했을 것은 물론, 제정신조차 유지하지 못했을 것이다. 엘레나는 내 버팀목이었고, 이 책이 존재할 수 있게 해준 또 한 사람이다. 엘레나, 어디서부터 고마움을 말해야 할지 모르겠지만 당신의 우정은 내 인생의 큰 축복 중 하나였어요. 모든 게 다 고마워요.

애덤 넬슨은 내게 비공식 영국 대사였고, 아이디어의 세계에서 함께 공을 주고받은 환상적인 테니스 파트너이자 최고의 친구였다. 이 책의 초기 원고 일부를 읽고 이건 꼭 써야 한다고 말해준 것도 애덤이었다. 그건 사람들이 정말로 우편배달에 관한 책을 읽고 싶어 할지도 모르는 우주에서 보낸 또 하나의 신호였다. 애덤, 아이디어의 세계를 끝까지 포기하지 않아줘서 감사해요. 그리고 지성과 열정이라는 소중한 선물과 가끔씩 보내준 크런치 바도 정말 고마워요.

더스틴과 샘, 그리고 블랙스버그 중앙 우체국의 모든 배달부들이 없었다면 나는 우편배달 일을 배우지도, 그 일을 실제로 해낼 수도 없었을 것이다. 더스틴, 당신은 훌륭한 선생이었어요. 그리고 당신이 새 노조 대표가 된 만큼, 시골 배달부들은 이제 안심해도 좋다고 확신합니다. 샘, 당신의 응원과 친절이 없었다면 나는 이 일을 해내지 못했을 거예요.

그리고 우편배달부, 창구 직원, 우편물 분류 및 처리 담당 직원, 시설 관리자 등 미국 우정국이 미국 국민을 위해 계속 굴러

가도록 봉사하는 모든 관계자분들에게 감사드립니다.

토드와 플린첨 가족은 '우리가 선택한 가족'이다. 토드는 우리 딸들에게 세 번째 부모 같은 존재이고, 정말 남다른 독자이자 편집자였다. 토드, 우리 가족의 일원이 되어줘서, 그리고 한결같은 사랑과 지지로 곁을 지켜줘서 고마워. 우리 가족에게 네가 있다는 건 큰 축복이고, 우리가 너희 가족의 일부가 된 것 역시 축복이야.

단테 하퍼는 내가 열아홉 살 때부터 친구였다. 내가 이 책을 쓰는 동안 그가 보여준 관대함은 이 책을 끝내기 위한 토대가 되어주었다. 건빌 위쪽의 그 농장과 블루제이캐니언의 그 마법 같은 오두막이 없었다면 나는 이 일을 해낼 여유와 시간을 가질 수 없었을 것이다. 단테, 거기에 있어줘서 고맙고 이 책의 정말 거친 초고 일부를 읽어줘서, 그리고 이 책을 완성하려면 무엇이 필요한지에 대해 계속 생각하게 해줘서 고마워. 30년이 넘는 세월 동안 네 친구로 살아온 건 내게 큰 축복이었어.

마틸다와 워커 그랜트는 본인들이 원해서 내 딸이 된 게 아니다. 하지만 짧은 기간이나마 그들은 나와 함께 우편배달을 하겠다고 스스로 나섰다. 아이들이 대학에 지원할 때 쓴 자기소개 에세이들을 읽었을 때 팬데믹 초기에 내가 직장을 잃은 일이 그들의 경제적 안정감을 얼마나 산산이 부숴놓았는지, 그 이후로 내가 그걸 되돌리려 얼마나 애썼는지가 다 나와 있었다. 하지만 그땐 전혀 몰랐다. 아이들이 자기 나이와는 어울리지 않을 만큼의 큰 짐을 나 대신 짊어지고 있다는 것을. 그렇게 힘든 시기에 내가 계속 버틸 수 있었던 건 그들의 회복력과 밝은 기운 덕분이었다. 얘들아, 너희들의 아버지로 산다는 건 내 인생에서 단 하나의 가장 중요한 일이었고, 비록 잠깐이었지만 너희와 함께 일할 수 있었던 건 내게 가장 소중한 경험들 중 하나였다. 너희들이 준 모든 사랑, 너희들의 부서지지 않는 기쁨, 그리고 내가 너희 아빠라는 큰 축복에 고맙다는 말을 전하고 싶다.

2024년의 서늘한 10월 어느 날, 날이 밝아오기 전 북쪽 방향 460번 도로를 달리던 엘 카브리토, 내 사랑하는 2012년식 타코마가 마지막 남은 힘을 쏟아냈다. 그런데 갑자기 4차선 고속도로의 중앙분리대 쪽 관목에 숨어 있던 사슴 떼가 우리 앞으로 튀어나왔다. 사슴에 대해 아는 사람이라면, 하나가 건너면 나머지도 함께 있으려 목숨을 걸고 따라온다는 걸 안다. 나는 세 마리는 간신히 피했지만 네 번째만은 도저히 그러지 못했다. 타코마는 녀석을 들이받았고, 앞 범퍼의 중앙에서 살짝 왼쪽 부분에 강한 충격을 받았다. 갓길에 차를 세우고 손상을 살폈다. 이 늙은 녀석은 심장을 정면으로 얻어맞은 셈이었다. 라디에이터는 토르티야처럼 접혔고, 변속기 오일 쿨러는 박살났으며, 앞쪽은 완전히 우그러져 있었다. 에어백은 터지지도 않았고 트럭은 전손 처리되었다. 나는 은퇴할 때까지 우리가 함께할 거라 믿었다. 파워트레인도 한 20년은 더 갈 거라고. 하지만 그렇게 되지는 않았다. 가슴이 무너졌다. 타코마와 나는 사람과 기계 사이에도 가끔 생겨나는 깊은 유대를 나눴고, 그는 영원한 나의 우편 트럭으로 남을 것이다. 적어도 녀석이 이 책에서 영웅 역할을 한 것 같아 그나마 다행이다. 고맙다, 늙은 친구.

아버지는 늘 이 책의 큰 부분이었다. 내 삶에서 그랬던 것처럼, 특히 산에서 함께 보낸 10년 동안 더 그랬던 것처럼. 내가 이 책을 쓰는 동안 아버지가 세상을 떠난 일은 내게 엄청난 타격이었지만, 동시에 선물이기도 했다. 아버지는 돌아가신 직후 내 꿈에 나타났다. 겨울 배낭여행을 갈 때 입던 파타고니아 내복과 니트 모자를 쓴 모습이었다. 그는 내 모든 도구와 자신의 도구까지 써야 한다고 말했다. 그러곤 아버지답게, 자신의 공구들과 플라이 낚시 장비들을 줄줄이 열거하기 시작했다. 소켓 렌치 세트(미터용과 인치용 모두), 드라이버, 전기 및 배관 공구, 전동 공구, 각 무게별 낚싯대, 릴과 라인, 웨이더, 인조미끼 제작 장비 일체를. 웨스트버지니아의 동부 수역을 위해 직접 제작한 크림 설퍼 플라이 패턴 제작법까지 알려주었다. 아버지는 큰 사람이었고 내 삶에 큰 구멍을 남겼다. 아버지, 이 책을 직접 보지 못하시는 게 정말 아쉬워요. 제가 하는 최신 프로젝트 이야기를 들으실 때마다 엄청 좋아하셨잖아요. 하지만 아버지가 제게 주신 선물은 말 그대로의 공구나 비유적인 의미의 도구만이 아니었어요. 가장 큰 선물은 세상에 대한 끝없는 호기심, 그리고 인생의 큰 일들을 맡아 해내려는 욕심이었습니다. 아버지, 감사합니다. 함께할 시간을 내어주셔서, 모두를 위해 평생 열심히 일해주셔서 고맙습니다. 그게 어떤 의미인지 이젠 저도 압니다. 고맙습니다.

만약 이 책이 존재할 수 있게 한 단 한 사람을 꼽아야 한다면, 그건 말할 것도 없이 얼리샤다. 우리가 아주 어렸을 때부터

30년 동안 그녀는 내 모든 미친 아이디어와 종잡을 수 없는 꿈과 계획 곁을 묵묵히 지켜주었다. 비록 전 세계적으로 비상 상황이긴 했지만, 그녀는 쉰 살의 남자가 커리어를 바꾸겠다는 말에 동의해주었다. 내가 우편을 배달하며 겪은 새로운 이야기들을 들려줄 때마다 그걸 책으로 쓰라고 한 사람도 얼리샤였다. 내가 마케팅 전략 분야에서 풀타임으로 일하는 동시에 이 책을 마감일에 맞춰 끝내도록 모든 걸 뒤바꾼 사람도, 내가 아버지의 죽음의 여파를 감당할 수 있도록 도운 사람도 얼리샤였다. 우울하고, 가끔은 약간 미쳐 보이기까지 하는 파트너가 이 이야기에 실체를 부여하는 동안 계속 주변을 환히 비춘 사람도 얼리샤였다. 얼리샤, 당신에겐 여기 다 적을 수조차 없을 만큼 고마운 게 너무 많아. 사랑해줘서 고마워.

옮긴이의 말

'삶이 레몬을 주거든 레모네이드를 만들어라When life gives you lemons, make lemonade'는 영어 속담을 좋아한다. 이 말은 왜 하필 시큼한 레몬이냐며 불평만 하지 말고, 그 '불운'을 재료로 긍정적인 무언가를 만들어내어 역경을 기회로 바꾸라는 말이다. 물론 나는 그걸 잘 못하는 사람이기에 그런 이야기들에 늘 끌린다. 『메일맨』처럼 생생한 회고담을 특별히 사랑하는 이유도 바로 그 때문이다.

이른바 '잘나가는' 마케팅 컨설턴트 임원이자 두 아이의 아버지인 저자는 중년에 이르러 심각한 위기를 맞는다. 암 치료를 받던 와중에 팬데믹으로 직장마저 잃게 된 것이다. 전 세계를 휩쓴 치명적인 전염병, 그로 인한 실직, 암이라는 질병. 어느 것 하나 예상하거나 바라거나 계획한 일이 아니었다. 그러나 그는 그렇게 속수무책일 때 인간이 할 수 있는 최선의 일을 한다. 살아남을 방도를 찾고 희망을 품는 것이다. 이를테면 아름다운 애팔래치아 고향 마을의 우편배달부가 되어 당장 절실한 의료보험 혜택을 받으며, 평화로운 대자연과 달콤한 고독을 벗 삼아 인생에서 잠시 숨을 고를 수도 있으리라는 희망. 그러나 매정한 현실에서 그런 장밋빛 시나리오라고 순순히 실현될 리가……! 말할 것도 없이 저자는 산골 우편배달을 하며 온갖 고초를 겪는다. 목숨을 위협할 정도로 극단적인 추위와 더위, 찰진 욕을 쉴 새 없이 떠들어대는 동료, 자신을 향해 돌진하는 사냥개 무리, 총으로 위협하는 고객, 냉장고를 짊어지고 개울을 건너 언덕을 오르는 일은 빙산의 일각일 뿐이다.

우리의 주인공이 겪는 이 '웃픈' 수난사는, 그에겐 미안하지만 독자로서는 너무도 흥미진진하다. 그건 무엇보다 저자의 재기발랄한 입담 덕분일 것이다. 그러나 옛 자아를 철저히 버리고 새로운 삶의 규칙을 습득하려는 열린 자세라든지, 맡은 일에 내내 성심을 다하는 태도, 가장 절박한 순간에도 자신을 되돌아보는 모습이 아니었다면 지금처럼 감동을 주지는 못했을 것이다. "기도는 우리를 내려다보는 신을 향해 소원을 들어달라고 부탁하는 일이 아니라 해야만 하는 일을 시작하고 그 뒤에 따를 모든 노력을 기꺼이 감내하겠다는 의지의 표현이다. 나는 그 기도의 일부가 될 작정이었다." 이렇게 기도의 본질을 이해하고 용감하게 뛰어드는 대목에선 함께 숙연해지고, 외면하기 바빴던 자신의 벌거벗은 모습을 정면으로 들여다보고 삶의 진실을 온몸으로 깨닫는 장면에선 덩달아 카타르시스를 느끼게 된다. 그러다 가족, 이웃, 공동체에 대한 사랑을 되찾고 그들과 다시 연결되는 모습에 마음이 뭉클해진다.

우리에겐 이미 수많은 통과의례의 이야기가 있다. 예수가 세례를 받은 후 40일간 광야에서 사탄의 시험을 이기고 사역을 시작한 이야기, 이스라엘 사람들이 40년을 광야에서 떠돌며 훈련한 끝에 약속의 땅 가나안에 입성한 이야기, 그리고 오디세우스가 10년간 바다를 떠돌다 고향 이타카에 도착해 자기 자리를 되찾은 이야기처럼 말이다. 그럼에도 우리는 '집'을 떠나 죽도록 고생한 끝에 변화(성장)하고 자유를 얻는(구원받는) 이야기나 '광야'의 시간을 견디고 성찰함으로써 진정한 자기 자신과 사랑하는 이들의 품으로 돌아오는 이야기에 자꾸만 눈길이 간다. 살다 보면, 본문에도 인용된 단테의 이 한 구절이 우리의 가슴을 치는 때가 반드시 찾아온다. "인생길 한가운데서 나는 길을 잃고 캄캄한 숲속을 헤매고 있었다." 방황이 끝나고 나서야 우리는 비로소 그때가 나의 진짜 본모습, 처절한 진실과 마주할 기회였음을 알게 된다. 그리고 오직 그것을 마주할 용기만이 나를 성장시켜 그 시절을 통과할 추진력이 되어주었음을 깨닫는다. 이 시련이 대체 언제 어떻게 끝날지, 과연 끝나기는 할는지조차 알 수 없는 막막함이 늪처럼 발목을 끌어당길 때, 이런 이야기가 우리에게 작은 등불이 되어준다.

이 책과 더불어, 지금 캄캄한 숲속을 헤매는 모든 이들을 응원하는 마음이다. 부디 스티븐처럼 '썩은 찌꺼기와 타르 같은 우울의 늪' 대신 '내내 거기에 있었던' 문을 끝내 찾아내기를, 그래서 새로운 지평과 만나기를 바란다.

옮긴이
정혜윤

대학에서 영어영문학을, 대학원에서 정치학을 공부했다. 지금은 가족과 함께 뉴욕주 롱아일랜드에 거주하며 번역가로 활동하고 있다. 산책을 좋아하고 문학과 인문·사회 분야 도서에 관심이 많다. 옮긴 책으로 『H마트에서 울다』, 『내가 알게 된 모든 것』, 『미나 리의 마지막 이야기』, 『작가의 책』, 『지금, 호메로스를 읽어야 하는 이유』, 『디베이터』, 『예정된 전쟁』, 『전문가와 강적들』 등이 있다.

메일맨

초판 1쇄 발행 2026년 3월 10일

지은이 스티븐 스타링 그랜트
옮긴이 정혜윤

발행인 윤승현 **단행본사업본부장** 신동해
편집장 김예원 **책임편집** 김서영 **교정교열** 윤정숙
표지 디자인 [★규] **본문 디자인** pica(
마케팅 최혜진 이은미 **홍보** 반여진
국제업무 김은정 김지민 **제작** 정석훈

브랜드 웅진지식하우스
주소 경기도 파주시 회동길 20
문의전화 031-956-7212(편집) 02-3670-1123(마케팅)
홈페이지 www.wjbooks.co.kr
인스타그램 www.instagram.com/woongjin_readers
페이스북 www.facebook.com/woongjinreaders
블로그 blog.naver.com/wj_booking

발행처 ㈜웅진씽크빅
출판신고 1980년 3월 29일 제 406-2007-000046호

ISBN 979-89-01-29952-5 (03840)